フランス民事執行法典
（法律部・規則部）

フランス語動詞活用辞典

(大字版・説明部)

まえがき

　この資料は，法務資料第466号として，法務省大臣官房司法法制部から刊行されたものです。
　実務に携わる各位の好個の参考資料と思われるので，当局のお許しを得て頒布することといたしました。

　平成30年4月

　　　　　　　　　　　一般財団法人　法　曹　会

は し が き

　この資料は，フランス民事執行法典（2017年1月1日現在）の法律部及び規則部を翻訳したものである。

　監修，概説及び翻訳は，次の方々に委嘱した。また，翻訳に当たっては，訳語の調整等のため全員で議論を重ねた上で，下記のとおり分担して翻訳を作成いただいた。

○監修・概説　一橋大学教授　山本和彦
○監修・翻訳　東京大学教授　垣内秀介
　　翻訳につき，法律部・規則部第2巻第1編及び第5巻
　　規則部第3巻第3編
○翻訳　慶應義塾大学教授　大濱しのぶ
　　法律部・規則部第1巻第3編〜第6編及び第4巻
　　規則部第2巻第2編第3章及び第4章，第3編，第4編並びに第3巻第1編
○翻訳　立教大学兼任講師　荻村慎一郎
　　法律部・規則部第1巻第2編，第2巻第2編第1章及び第2章，第5編
　　法律部第2巻第2編第3章及び第4章，第3編，第4編
○翻訳　法政大学教授　杉本和士
　　法律部・規則部第1巻第1編及び第3巻第2編
　　法律部第3巻第1編及び第3編

　ここにその労に対し，深く謝意を表する次第である。

平成30年2月

　　　　　　　　　　　　　　　　　　　法務省大臣官房司法法制部

目　次

はしがき

［概説］フランス民事執行法典－概説

1　民事執行法制の沿革 ……………………………………………………… 1

2　民事執行法典の意義 ……………………………………………………… 5

3　民事執行法典の構成 ……………………………………………………… 6

4　民事執行法典の特徴：日本法との比較を中心に－総論 ……………… 8

5　民事執行法典の特徴：日本法との比較を中心に－各論 ……………… 11

フランス民事執行法典（2017年1月1日現在）

法律部

第1巻　総則

第1編　強制執行の要件 ………………………………………………………… 27

　第1章　債権者及び執行名義（第 L111-1条～11条）………………… 27

　第2章　差押可能財産（第 L112-1条～4条）……………………………… 32

第2編　執行及び債権回収に関わる司法機関及び人 ……………………… 34

　第1章　司法機関 ……………………………………………………………… 34

　　第1節　執行裁判官（第 L121-1条～4条）……………………………… 34

　　第2節　検察官（第 L121-5条～6条）…………………………………… 35

　第2章　執行を職務とする者（第 L122-1条～3条）…………………… 36

　第3章　第三者（第 L123-1条）…………………………………………… 37

　第4章　合意による債権回収を職務とする者（第 L124-1条）………… 38

　第5章　少額債権の簡易回収手続（第 L125-1条）……………………… 38

第3編　執行上の障害の回避 ………………………………………………… 38

　単独章　間接強制（第 L131-1条～4条）………………………………… 38

第4編　執行の実施 …………………………………………………………… 40

　第1章　総則（第 L141-1条～3条）……………………………………… 40

　第2章　建物における執行の実施 ………………………………………… 41

　　第1節　総則（第 L142-1条～2条）……………………………………… 41

I

第2節　住居に関する特則（第 L142-3 条）……………………………… 41

第3章　公会計官に送達する差押え（第 L143-1 条〜2 条）…………… 42

第5編　執行上の障害 ………………………………………………………… 43

第1章　手続（規定なし）………………………………………………… 43

第2章　情報の収集（第 L152-1 条〜3 条）……………………………… 43

第3章　警察の援助（第 L153-1 条〜2 条）……………………………… 44

第6編　特定の者及び特定の財産に関する特則 ………………………… 45

第1章　特定の者の保護（第 L161-1 条〜3 条）………………………… 45

第2章　特定の財産に関する特則（第 L162-1 条〜2 条）……………… 47

第2巻　動産等執行手続

第1編　金銭債権の差押え ………………………………………………… 49

第1章　帰属差押え（第 L211-1 条〜5 条）……………………………… 49

第2章　給料の差押え及び譲渡 …………………………………………… 51

第1節　総則（第 L212-1 条）…………………………………………… 51

第2節　公務員の給料の差押えに関する特則（第 L212-2 条〜3 条）…… 51

第3章　扶養定期金の直接払いの手続（第 L213-1 条〜6 条）………… 52

第2編　有体動産の差押え ………………………………………………… 54

第1章　売却差押え ………………………………………………………… 54

第1節　総則（第 L221-1 条〜2 条）…………………………………… 54

第2節　差押財産の売却（第 L221-3 条〜4 条）……………………… 55

第3節　差押えの附帯事件（第 L221-5 条〜6 条）…………………… 56

第2章　有体動産の引渡し及び引渡準備のための差押え …………… 56

第1節　引渡しのための差押え（第 L222-1 条）……………………… 56

第2節　引渡準備のための差押え（第 L222-2 条）…………………… 57

第3章　自動車に対する執行方法 ………………………………………… 57

第1節　行政機関への届出による差押え（第 L223-1 条）…………… 57

第2節　自動車の固定による差押え（第 L223-2 条）………………… 58

第4章　金庫内にある動産の差押え（規定なし）……………………… 58

第3編　無体財産の差押え ……………………………………………… 58

　第1章　総則（第 L231-1条）…………………………………………… 58

　第2章　差押えの実施（規定なし）…………………………………… 58

　第3章　売却の実施（第 L233-1条）………………………………… 58

第4編　他の動産等の差押え …………………………………………… 59

　単独章（第 L241-1条）………………………………………………… 59

第5編　換価金の配当 …………………………………………………… 60

　単独章（第 L251-1条）………………………………………………… 60

第3巻　不動産差押え

第1編　総則（第 L311-1条～8条）…………………………………… 61

第2編　不動産の差押え及び売却 ……………………………………… 63

　第1章　不動産の差押え（第 L321-1条～6条）…………………… 63

　第2章　差押不動産の売却 …………………………………………… 65

　　第1節　総則（第 L322-1条～2条）………………………………… 65

　　第2節　裁判所の許可に基づく任意売却（第 L322-3条～4条）……… 66

　　第3節　競売による売却（第 L322-5条～13条）………………… 66

　　第4節　共通規定（第 L322-14条）………………………………… 68

第3編　売却代金の配当 ………………………………………………… 68

　第1章　通則（第 L331-1条～2条）………………………………… 68

　第2章　合意による配当（規定なし）……………………………… 69

　第3章　裁判による配当（規定なし）……………………………… 69

　第4章　共通規定（第 L334-1条）…………………………………… 69

第4編　バ・ラン県，オー・ラン県及びモーゼル県に適用される規定

　（第 L341-1条　省略）………………………………………………… 69

第4巻　明渡執行

第1編　明渡執行の要件 ………………………………………………… 70

　第1章　総則（第 L411-1条）………………………………………… 70

　第2章　住居又は職業用建物に関する特則（第 L412-1条～8条）……… 70

第2編　執行上の障害の回避 ························· 75

単独章　間接強制（第 L421-1条〜2条） ················· 75

第3編　明渡執行の実施 ····························· 76

第1章　総則（第 L431-1条） ······················· 76

第2章　明渡執行調書（規定なし） ·················· 76

第3章　動産の処理（第 L433-1条〜3条） ············· 76

第4編　執行上の障害 ······························· 77

第1章　明渡対象者の再入居（規定なし） ············· 77

第2章　異議（規定なし） ··························· 77

第5編　放棄された建物の取戻しに関する固有の規定 ·········· 77

単独章　（第 L451-1条） ·························· 77

第5巻　保全処分

第1編　総則 ······································· 78

第1章　実施の要件（第 L511-1条〜4条） ·············· 78

第2章　異議申立て（第 L512-1条〜2条） ·············· 79

第2編　仮差押え ··································· 79

第1章　総則（第 L521-1条） ······················· 79

第2章　有体動産の仮差押え（第 L522-1条） ··········· 80

第3章　債権の仮差押え ····························· 80

　第1節　差押えの実施（第 L523-1条） ·············· 80

　第2節　帰属差押えへの転換（第 L523-2条） ········· 80

第4章　社員権及び有価証券の仮差押え（規定なし） ······ 81

第5章　金庫内にある財産の仮差押え（規定なし） ········ 81

第3編　保全担保 ··································· 81

第1章　総則（第 L531-1条〜2条） ·················· 81

第2章　仮の公示（第 L532-1条） ··················· 81

第3章　終局的な公示（第 L533-1条） ················ 82

Ⅳ

第4章　バ・ラン県，オー・ラン県及びモーゼル県に適用される

規定（規定なし） ……………………………………………………… 82

第6巻　海外県に関する特則

（省略）

規則部

第1巻　総則

第1編　強制執行の要件 ……………………………………………………… 84

第1章　債権者及び執行名義（規定なし） ……………………………… 84

第2章　差押可能財産（第 R112-1条〜5条）………………………… 84

第2編　執行及び債権回収に関わる司法機関及び人 …………………… 86

第1章　司法機関 ……………………………………………………………… 86

単独節　執行裁判官 ……………………………………………………… 86

第1款　管轄（第 R121-1条〜4条）……………………………… 86

第2款　手続 …………………………………………………………… 87

第1目　総則（第 R121-5条〜10条） ………………………… 87

第2目　通常手続（第 R121-11条〜22条） ………………… 88

第3目　申請命令（第 R121-23条〜24条）………………… 91

第2章　執行を職務とする者（第 R122-1条〜2条）………………… 92

第3章　第三者（第 R123-1条） ………………………………………… 92

第4章　合意による債権回収を職務とする者（第 R124-1条〜7条） …… 93

第5章　少額債権の簡易回収手続 ……………………………………… 95

第1節　総則（第 R125-1条〜6条）…………………………………… 95

第2節　利害衝突の防止（第 R125-7条〜8条）…………………… 98

第3編　執行上の障害の回避 ……………………………………………… 98

単独章　間接強制（第 R131-1条〜4条）……………………………… 98

第4編　執行の実施 ………………………………………………………… 99

第1章　総則（第 R141-1条〜4条）……………………………………… 99

第2章　建物における執行の実施（規定なし） ……………………… 100

Ⅴ

第3章　公会計官に送達する差押え（第 R143-1条～4条）……………… 100

第5編　執行上の障害 ……………………………………………………… 101

第1章　手続（第 R151-1条～4条） …………………………………… 101

第2章　情報の収集（第 R152-1条） ………………………………… 102

第3章　警察の援助（第 R153-1条） ………………………………… 102

第6編　特定の者及び特定の財産に関する特則…………………………… 103

第1章　特定の者の保護（第 R161-1条） …………………………… 103

第2章　特定の財産に関する特則（第 R162-1条～9条） …………… 103

第2巻　動産等執行手続

第1編　金銭債権の差押え ………………………………………………… 107

第1章　帰属差押え ……………………………………………………… 107

第1節　総則 …………………………………………………………… 107

第1款　差押え（第 R211-1条～3条）………………………… 107

第2款　第三債務者の陳述（第 R211-4条～5条） ………… 108

第3款　第三債務者による支払（第 R211-6条～9条）………… 109

第4款　異議（第 R211-10条～13条）………………………… 110

第2節　特則 …………………………………………………………… 111

第1款　継続的履行に係る債権の帰属差押え

（第 R211-14条～17条）……………………………………… 111

第2款　法律により預金口座受入れを認められた機関に開設

された口座の帰属差押え（第 R211-18条～23条）………… 112

第2章　給料の差押え及び譲渡 ………………………………………… 112

第1節　総則（第 R212-1条） ……………………………………… 112

第2節　公務員の給料の差押えに関する特則（第 R212-2条～6条）… 113

第3章　扶養定期金の直接払いの手続（第 R213-1条～10条）………… 114

第2編　有体動産の差押え ………………………………………………… 117

第1章　売却差押え ……………………………………………………… 117

第1節　総則（第 R221-1条～8条）………………………………… 117

VI

第2節　差押えの手続 ……………………………………… 121

第1款　共通規定（第 R221-9条～14条） ……………… 121

第2款　債務者に対する差押手続（第 R221-15条～20条） ……… 122

第3款　第三者の下での差押手続（第 R221-21条～29条） ……… 124

第3節　差押物の売却 ……………………………………… 127

第1款　任意売却（第 R221-30条～32条） ……………… 127

第2款　強制売却（第 R221-33条～39条） ……………… 128

第4節　差押えの附帯事件（第 R221-40条） ……………… 130

第1款　債権者の参加申立て（第 R221-41条～48条） ……… 130

第2款　差押物に関する異議（第 R221-49条） …………… 132

第1目　差押財産の所有権に関する異議
（第 R221-50条～52条） ……………………………… 132

第2目　差押えの有効性に関する異議
（第 R221-53条～56条） ……………………………… 132

第5節　生育中の農産物の差押えに係る特則
（第 R221-57条～61条） …………………………………… 133

第2章　有体動産の引渡し及び引渡準備のための差押え …………… 134

第1節　引渡しのための差押え …………………………… 134

第1款　執行名義に基づく引渡し（第 R222-1条） ……… 134

第1目　引渡義務を負う者の下での引渡し（第 R222-2条～6条）… 135

第2目　第三者の下での引渡し（第 R222-7条～10条） … 136

第2款　裁判官の命令に基づく引渡し（第 R222-11条～16条） … 137

第2節　引渡準備のための差押え（第 R222-17条～25条） ……… 139

第3章　自動車に対する執行方法 ………………………… 142

第1節　行政機関への届出による差押え（第 R223-1条～5条） …… 142

第2節　自動車の固定による差押え（第 R223-6条～13条） ……… 143

第4章　金庫内にある動産の差押え（第 R224-1条～12条） …………… 146

第3編　無体財産の差押え ………………………………… 149

第1章　総則（第 R231-1条）……………………………………………… 149

第2章　差押えの実施（第 R232-1条～8条）…………………………… 150

第3章　売却の実施 ………………………………………………………… 152

　第1節　総則（第 R233-1条～2条）…………………………………… 152

　第2節　売却の方法 ……………………………………………………… 153

　　第1款　規制市場又は多角的取引システムにおける取引が認

　　　められている有価証券（第 R233-3条～4条）……………………… 153

　　第2款　社員権及び規制市場又は多角的取引システムにおけ

　　　る取引が認められていない有価証券（第 R233-5条～9条）…… 153

第4編　他の動産等の差押え ……………………………………………… 155

　単独章（第 R241-1条）…………………………………………………… 155

第5編　換価金の配当 ……………………………………………………… 155

　単独章（第 R251-1条～11条）…………………………………………… 155

第3巻　不動産差押え

第1編　総則 ………………………………………………………………… 158

　単独章（第 R311-1条）…………………………………………………… 158

　　第1節　土地管轄（第 R311-2条～3条）……………………………… 158

　　第2節　手続（第 R311-4条～11条）………………………………… 158

第2編　不動産の差押え及び売却 ………………………………………… 161

　第1章　不動産の差押え ………………………………………………… 161

　第1節　差押行為 ………………………………………………………… 161

　　第1款　債務者に対する差押前支払催告状の交付

　　　（第 R321-1条～3条）………………………………………………… 161

　　第2款　第三取得者に対する差押前支払催告状の交付

　　　（第 R321-4条～5条）………………………………………………… 164

　第2節　差押行為の公示（第 R321-6条～7条）………………………… 165

　第3節　対象財産又は差押えが複数の場合（第 R321-8条～12条）… 165

　第4節　差押行為及びその公示の効果 ………………………………… 168

VIII

第1款　一般規定（第 R321-13条）……………………………… 168

第2款　差押財産の処分禁止（第 R321-14条）………………… 168

第3款　差押債務者又は第三取得者の権利の制限

（第 R321-15条）………………………………………………… 168

第4款　果実の差押え（第 R321-16条～18条）………………… 169

第5款　第三取得者に対する差押前支払催告の効果

（第 R321-19条）………………………………………………… 169

第6款　差押前支払催告の失効（第 R321-20条～22条）……… 170

第2章　差押不動産の売却………………………………………… 171

第1節　売却の準備行為…………………………………………… 171

第1款　不動産現況調書（第 R322-1条～3条）………………… 171

第2款　出頭の呼出し……………………………………………… 171

第1目　債務者の呼出し（第 R322-4条～5条）………………… 171

第2目　登記された債権者の呼出し（第 R322-6条～8条）…… 173

第3目　共通規定（第 R322-9条）……………………………… 174

第3款　売却条件明細書及び抵当権登記明細書の裁判所書記

課への提出（第 R322-10条～11条）…………………………… 174

第4款　債権の届出（第 R322-12条～14条）…………………… 175

第2節　売却方法決定期日（第 R322-15条～19条）…………… 176

第3節　裁判所の許可に基づく任意売却（第 R322-20条～25条）… 177

第4節　競売による売却…………………………………………… 179

第1款　一般規定（第 R322-26条～29条）……………………… 179

第2款　公告（第 R322-30条）…………………………………… 180

第1目　法定の公告（第 R322-31条～36条）…………………… 181

第2目　裁判による公告の調整（第 R322-37条～38条）……… 183

第3款　競り売り…………………………………………………… 183

第1目　競りに参加する資格（第 R322-39条）………………… 183

第2目　競り売りの進行（第 R322-40条～47条）……………… 184

　　　　第3目　競りの無効（第R322-48条〜49条）……………… 185

　　　　第4款　増加競売（第R322-50条〜55条）………………………… 186

　　　　第5款　代金の支払（第R322-56条〜58条）…………………… 187

　　　　第6款　競売判決及び売却証書（第R322-59条〜63条）………… 188

　　　　第7款　競売の効果（第R322-64条〜65条）…………………… 189

　　　　第8款　再競売（第R322-66条〜72条）………………………… 189

　第3編　売却代金の配当 …………………………………………………… 191

　　第1章　総則（第R331-1条〜3条）……………………………………… 191

　　第2章　合意による配当（第R332-1条〜10条）……………………… 192

　　第3章　裁判による配当（第R333-1条〜3条）……………………… 195

　　第4章　共通規定（第R334-1条〜3条）……………………………… 196

第4巻　明渡執行

　第1編　明渡執行の要件 …………………………………………………… 197

　　第1章　総則（第R411-1条〜3条）……………………………………… 197

　　第2章　住居又は職業用建物に関する特則（第R412-1条〜4条）…… 197

　第2編　執行上の障害の回避（規定なし）……………………………… 199

　第3編　明渡執行の実施 …………………………………………………… 199

　　第1章　総則（規定なし）………………………………………………… 199

　　第2章　明渡執行調書（第R432-1条〜2条）………………………… 199

　　第3章　動産の処理 ……………………………………………………… 199

　　　第1節　総則（第R433-1条〜6条）…………………………………… 199

　　　第2節　処分を禁止される動産（第R433-7条）…………………… 201

　第4編　執行上の障害 ……………………………………………………… 202

　　第1章　明渡対象者の再入居（第R441-1条）………………………… 202

　　第2章　異議（第R442-1条〜4条）…………………………………… 202

　第5編　放棄された建物の取戻しに関する固有の規定…………………… 203

　　単独章（第R451-1条〜4条）…………………………………………… 203

Ｘ

第5巻　保全処分

第1編　総則 …………………………………………………………… 206

　第1章　実施の要件（第 R511-1条～8条）……………………… 206

　第2章　異議申立て（第 R512-1条～3条）……………………… 207

第2編　仮差押え ……………………………………………………… 208

　第1章　総則（第 R521-1条）…………………………………… 208

　第2章　有体動産の仮差押え …………………………………… 208

　　第1節　仮差押えの実施（第 R522-1条～6条）……………… 208

　　第2節　売却差押えへの転換（第 R522-7条～10条）………… 210

　　第3節　仮差押えの競合〔及び仮差押えと差押えの競合〕

　　　（第 R522-11条～14条）……………………………………… 211

　第3章　債権の仮差押え ………………………………………… 213

　　第1節　差押えの実施（第 R523-1条～6条）………………… 213

　　第2節　帰属差押えへの転換（第 R523-7条～10条）………… 214

　第4章　社員権及び有価証券の仮差押え ……………………… 216

　　第1節　仮差押えの実施（第 R524-1条～3条）……………… 216

　　第2節　売却差押えへの転換（第 R524-4条～6条）………… 217

　第5章　金庫内にある財産の仮差押え（第 R525-1条～5条）………… 218

第3編　保全担保 ……………………………………………………… 220

　第1章　総則（第 R531-1条）…………………………………… 220

　第2章　仮の公示 ………………………………………………… 220

　　第1節　方式（第 R532-1条～4条）…………………………… 220

　　第2節　共通規定（第 R532-5条～9条）……………………… 221

　第3章　終局的な公示（第 R533-1条～6条）………………… 223

　第4章　バ・ラン県，オー・ラン県及びモーゼル県に適用される規定

　　（第 R534-1条　省略）………………………………………… 224

第6巻　海外県に関する特則

（省略）

XI

【文献の略記について】

　文献の引用については，引用が複数回にわたる場合にも，原則として，逐一書名等を示した。ただし，次の辞典類については，下記の略称を用いることとした。

　　　　中村ほか…中村紘一ほか監訳『フランス法律用語辞典（第3版）』（三省堂，
　　　　　　　　　2012年）
　　　　山口…山口俊夫『フランス法辞典』（東京大学出版会，2002年）

［概説］

フランス民事執行法典 – 概説

フランス民事執行法典－概説

一橋大学教授　山本和彦

1　民事執行法制の沿革

(1)　旧民事訴訟法典とその改正

　　フランスにおいて民事執行に関する規定は，かつてナポレオン法典の下では民事訴訟法典及び民法典の中に分散して規定されていた。特に，強制執行に関する条文は，旧民事訴訟法典（1806年法典）の第1巻第5編「判決の執行（l'exécution des jugements）」と題され，517条から779条までに規定されていた[1]。その後，このような規定は，1938年に大規模な改正がされた不動産執行の部分（(3)参照）を除いては，大きな改正がされないまま[2]，150年以上の命脈を保ってきた。しかるに，その間，時代遅れの批判を受け，何度か改正の取組がされたものの[3]，いずれも実現には至らなかった。そして，1970年代に進められた民事訴訟手続の全面改正においても，民事執行の部分は改正作業が進展しなかった。結局，民事訴訟法改正作業の集大成となる1976年の新民事訴訟法典においては，その第5巻に（具体的な条文は含まれていないものの）「執行手続（Les Voies d'Exécution）」という編名が付されており，立法者は，将来的には，この部分に民事執行

---

[1] なお，その編には他に，780条から805条までの債務拘禁に関する規定及び806条から811条までのレフェレ（迅速審理手続）に関する規定が置かれていたが，前者は1867年7月22日法により削除され，後者は強制執行に関するものとは考えられていなかった（最終的には，1971年9月9日法により削除され，新民事訴訟法典に統合された）。レフェレについては，山本和彦「レフェレ手続の近況」木川統一郎先生古稀祝賀『民事裁判の充実と促進下巻』（1994年）196頁以下など参照。

[2] 小規模な改正として，配当手続に関する1858年3月21日法，債権執行に関する1907年7月17日法，保全処分に関する1955年11月12日法などがあった。

[3] 最も重要なものとして，動産・債権執行に関する1894年改正法案があるとされる。

−1−

法の規律を統合する意図があったのではないかと思われる[4]。しかし，このように民事訴訟法典の中に民事執行の規律を維持する構想は，1991年法によって放棄されることになった（(2)参照）[5]。

(2) 新民事執行手続法の立法

現行民事執行法典の制定に直接繋がる改正作業が開始されたのは，法典が実際に制定される30年以上前の1983年12月のことである。このときに，当時の社会党政権のバダンテール司法大臣により，研究者，司法官，弁護士，代訴士，執行士，書記官等から構成される法改正委員会が組織され[6]，本格的な議論が開始された。その際には，不動産執行に関する検討は後回しにされ[7]，まず動産執行・債権執行を中心とした部分についての検討作業が先行した。この検討作業は，多くのヒアリングや比較法的検討など約5年間続けられ，その最終報告を受けて，動産・債権執行に関する改正法案が1989年7月5日に閣議決定された。

以上のような検討を経て議会に提出された法案は，両院における2度の読会と両院協議会の審議[8]を経て，1991年7月9日法律第960号として制定され，さらにそれを補充する1992年7月31日デクレ第755号の制定によっ

---

[4] 実際，新民事訴訟法制定後も，その改正を担った委員会は数か月間執行手続の改正案策定の作業を行ったようである。しかし，その議論は紛糾し，1977年及び1978年の国政選挙の影響などもあって，法務省は立案を断念したとされる。Roger Perrot = Philippe Théry, Procédures Civiles d'Exécution (Dalloz,2000), p. 13 note(2).

[5] その理由としては，①新民事訴訟法典は全て規則（デクレ）による規定であるのが，民事執行は法律による部分を含んでおり，その統一法典としての統合は技術的に困難である点（無理に統合しても，一覧性を害するおそれが大きいこと），②民事執行は判決の執行の場合に限られず，民事訴訟手続との必然的な連続性を欠いている点，③新たな民事執行ルールの基本思想の1つに「非司法化（déjudiciarisation）」の考え方があるところ，これを民事訴訟法典の中に組み込むことは法典に矛盾を来しかねない点等が指摘される。

[6] パリ大学の著名な民事訴訟法学者ペロ（Perrot）教授が委員長であったため，通称ペロ委員会と呼ばれる。

[7] その経緯については，山本和彦『フランスの司法』（有斐閣，1995年）61頁，町村泰貴・書評・民訴雑誌40号272頁など参照。

[8] 政府提出法案に対して，議会では，住居に対する強制立入り，金融機関を第三債務者とする帰属差押え，明渡執行等に関する規定が修正議決された。

-2-

て，新民事執行手続に関する規律が新設された[9]。その際には，前述のように，不動産執行についての改正は見送られたが，立法者は全面的な実質改正が完成した暁には法典化を図る意図をなお失ってはいなかった。すなわち，1991年法96条は「コンセイユデタ・デクレの方法によって民事執行法に関する法律及び規則の部分について法典化するものとする」と規定し[10]，民事執行手続全体の法典化を予告していた[11]。

(3) 不動産執行法の改正

前述のように，不動産執行については，1938年の段階で比較的大きな改正がされていたが[12]，動産・債権執行と併せた改正はいったん断念されていた[13]。しかるに，このような状況を打開したのが，担保法制の改革の動きであった。フランスにおいては，民法典200年を１つの契機として，またEU法の影響などもあり，民法典全体に関する改正の検討作業が行われつつあった。その中で，比較的作業が容易であり，かつ，経済的に緊急性の高いものとして，担保法制の改革があった[14]。そして，それと一体化する形で，不動産執行手続の改革が再び具体的な立法の日程に上ることになった。

---

9 その概要については，山本和彦「フランス新民事執行手続法について」ジュリ1040号69頁以下，同1041号61頁以下参照。

10 加えて，「法律の部分については，実質改正は排除され，法典化に必要な形式的な修正に止まるものとする」と定める。

11 その後，法典化の手続の変更があり，法律部分をデクレによって法典化することはできなくなり，議会の授権が必要とされるようになった。このような法典化手続に関する執行府と国会の権限をめぐる闘争の経緯については，ロラン・ルヴヌール（幡野弘樹訳）「現代フランスにおける民法の法典化および再法典化」ジュリ1426号82頁以下参照。

12 Anne Leborgne, L'ordonnance portant réforme de la saisie immobilière : entre tradition et innovations, JCP 2006.D.2108は，一般にフランス不動産執行法は19世紀の遺物と評価されているが，この1938年改正でほぼ新たな制度になったため，厳密にはそのような評価は妥当でないとする。

13 筆者が1997年10月に欧州評議会の民事執行セミナーに出席した際に，前述のペロ教授（注（５）参照）に直接当時の状況を伺ったところ，「あの改革は死んだ」と言われたことは大変印象的であった。

14 2003年９月に司法大臣からMichel Grimaldi教授を座長とする作業グループに検討が依頼されたことから，具体的な改正作業が始まったようである。

-3-

2005年7月26日の「経済の信頼回復及び現代化に関する法律（2005年法律第842号）」24条において，政府に対して，担保法制及び不動産執行法制について，オルドナンスの方法によって立法する権限が付与された。これを受けて，不動産執行については[15]，2006年4月21日オルドナンス第461号によって実質改正が実現した[16]。これは，主に民法典の中にあった不動産執行関係の規定を改正するもので，これによって不動産執行手続の新たな骨格が定められた。そして，これを補完する形で，2006年7月27日デクレ第936号が制定され，不動産執行手続の全体像が定められた。

　以上により，1991年法に始まった民事執行手続の改革はついに完成し，民事執行法の法典化の基盤が整ったことになる。

(4)　民事執行法典の制定

　以上のような経緯の下，2010年12月22日法律第1609号（ベタイユ法（loi Béteille））の7条は，憲法38条所定の条件の下，オルドナンスの方法によって民事執行法典の法律部の採用の手続を採ることを政府に許可する旨を定めた[17]。これは，いわゆる「既存の法を用いた法典化（codification à droit constant））」[18]，すなわち形式的法典化を政府に許容するものであった。これを受けて，法律部分について法典化を図ったのが2011年12月19日オルドナンス第1895号であり，次いで規則（デクレ）部分について法典化を図ったのが2012年5月30日デクレ第783号である。これにより，民事執行法典が誕生するに至った。

---

[15] 担保法制については，別途，2006年3月23日オルドナンス第346号が制定され，民法典第4編担保の部分の規定が一新されている。

[16] これについては，山本和彦「不動産執行法の改革（2006年）」日仏法学25号266頁以下，同「フランスの不動産競売」金法1806号41頁以下参照。

[17] ただし，2009年には，同様の趣旨の民事執行法典に関する授権のオルドナンスが一度議会によって拒絶されており，そのことが法典化高等委員会（Commission supérieure de codification）にも大きな打撃を与えたという経緯があったようである。ルヴヌール・前掲注（11）87頁参照。

[18] 「既存の法を用いた法典化」の概念については，ルヴヌール・前掲注（11）81頁参照。

2 民事執行法典の意義

(1) 実質改正の意義

前述のように，フランス民事執行法は19世紀から20世紀にかけて長期にわたり抜本的な改正が行われなかったため，1990年代以降の実質改正の理由は，何といってもその現代化に重点が置かれることになった。19世紀以降の経済的・社会的・法的な様々な変容に民事執行手続を適合させることである。

具体的には，まず最初に改正された動産・債権執行については，①債務者の責任財産のあり方の変容[19]に対する対応（財産態様の変化に応じた新たな差押方法の創設，財産の不透明性に応じた財産探知や保全処分の充実等），②強制性の貫徹の困難[20]による間接的履行方法及び観念的強制の優越（間接強制（アストラント）の強化，自動車の固定による執行，帰属差押制度の創設等），③債務名義の効力の強化と裁判所の関与の軽減[21]（裁判所の関与を要する停止差押え（saisie-arrêt）[22]から裁判所の関与を要しない帰属差押え（sasie-attribution）への転換等）などがその意義として指摘されている[23]。

次に，不動産執行の改正の意義については，オルドナンスによる改正を政府に許した，前記2005年7月26日法がその方向性を明らかにしている。すなわち，①手続の簡易化，②動産・債権執行手続への近接化，③裁判官によるコントロールの強化，④任意売却の活用といった点である。そして，実際に制定された2006年オルドナンスでは，上記の事項に加えて，⑤買受

---

[19] 現金から預金口座への変容や不動産から不動産会社の投資持分への変容などの現象を指す。

[20] これは，社会における様々な変化，例えば人権・私生活の尊重や住居の確保などの社会的要求が強まっている一方，裁判所の判決に対する尊重の意識の低下などがその背景にあるとされる。

[21] そして，裁判所が関与する場合も，その効率化のため，分散していた管轄を統合する目的で，執行裁判官（juge de l'exécution）制度が創設された。

[22] このような関与は，差止差押えにおいては，債務名義を有しない債権者の差押えも同様の手続で扱っていることに起因していたとされる。

[23] 以上につき，Perrot = Théry, op.cit.(4), p. 21f

人の売却代金支払の確実性確保による手続の安定化や，⑥引き延ばしのための異議の制限や配当手続の前倒しによる手続の単純化・迅速化なども立法の目的として挙げられていた。

(2) 法典化の意義

次に，上記のような実質的改正を束ねた民事執行法典による法典化の意義について，オルドナンスの提案理由書は以下のように説明する[24]。

第1に，法規定の理解しやすさの改善である。これは，市民の司法へのアクセスの改善を可能にする。すなわち，より読みやすく体系化された条文がよりよい執行手続を担保するという理解によるとされる。

第2に，民事執行手続の重要性の再確認である。全ての債務名義は，最終的には強制的に実現される必要がある。この点は，欧州人権条約6条等に基づき，欧州人権裁判所などによっても確認されているところである。民事執行手続を法典化することには，執行に対する権利を再確認する意味があるとされる。

第3に，債務者の防御権の保障である。上記のような債権者の利益のみならず，債務者の側からみても，読みやすい民事執行法の条文は自己の権利のよりよい防御に繋がる意義を有するとされる。

3 民事執行法典の構成

(1) 民事執行法典の規律事項

民事執行法典は，上記の1991年法及び2006年オルドナンス並びに関連デクレの内容のほか，若干の他の法律の規定等をも含んでいる。例えば，養育費の直接取立てに関する1973年1月2日法の内容は，新法典第2巻第1編第3章（扶養定期金の直接払いの手続）に含まれているし，公務員の給与等の差押えに関する1930年8月24日法の内容は，やはり新法典第2巻第

---

[24] Rapport au Président de la Répulique relative à l'ordonnance n.2011-1895 du 19 décembre 2011 relative à la partie legislative du code des procédures civiles d'exécution, JORF n.0294 du 20 décembre 2011, p. 21462.

1編第2章第2節（公務員の給料の差押えに関する特則）に含まれている。

　また，他の法典に存在した執行関係規定も民事執行法典に統合されたものがある。例えば，建築住居法典の中にあった建物明渡執行の規定は，第4巻第1編第2章（住居又は職業用建物に関する特則）に移されている[25]。特に，不動産執行については，2006年オルドナンスの結果として，民法典の中に設けられていた不動産執行の規定（民法旧2190条〜2216条）は，（条文の順序の再編はあるものの）内容的にはほぼ完全に新法典第3巻（不動産差押え）の中に統合されている。これらは，民事執行関係の規律の一覧性・透明性を高めるものとして重要な意義を有する。

　しかし，他の法典に存在する執行関係規定であっても，当該法典の他の部分と重要な関連性を有するものは新法典には統合されず，なお既存の法典に残されたものがある。例えば，労働法典における給料差押えの規定や交通法典における飛行機の差押えの規定等である。ただ，この場合でも，民事執行法典に参照規定を設けることによって可及的に分かりやすさを保つ工夫がされている。例えば，労働法典との関係では，民事執行法典第L212-1条及び第R212-1条がそのような役割を果たしているし[26]，飛行機や船舶，知的財産権等の差押えについては，同様に，同第L241-1条及び第R241-1条に参照規定がある。

(2) 民事執行法典の編別構成

　民事執行法典は，第1巻総則，第2巻動産等執行手続，第3巻不動産差押え，第4巻明渡執行，第5巻保全処分，第6巻海外県に関する特則という6巻構成になっている。このうち，第6巻はフランスに特有の事情で多くの法典に設けられている地域関係の特則であるが，当面比較法的な意味

---

[25] これには，不動産明渡執行に関する冬期の執行禁止の規定等が含まれている。フランス執行法の特徴の一部を体現するこのような規律等については，山本・前掲注（7）80頁参照。

[26] 第L212-1条は「給料の差押え及び譲渡は，労働法典第L3252-1条から第L3252-13条までの規定の定めるところによる」と規定するし，第R212-1条は，「給料の差押え及び譲渡は，労働法典第R3252-1条から第R3252-49条までの規定の定めるところによる」と規定する。

−7−

は少ない[27]。

第2巻は，第1編金銭債権の差押え，第2編有体動産の差押え，第3編無体財産の差押え，第4編他の動産等の差押え，第5編換価金の配当となっており，フランスの伝統に従い，動産執行と債権執行とが同一の巻の中で規定されていること，動産の引渡執行等も動産の差押えの一種として規律されていること，無体財産の差押えについて独立した編が設けられていることなどにその特色が見られる。

第3巻は，第1編総則，第2編不動産の差押え及び売却，第3編売却代金の配当，第4編一部の県に関する特則[28]となっており，中身的には，任意売却や合意による配当など興味深い制度はあるが，編別構成としてはオーソドックスなものと言える。

第5巻は，第1編総則，第2編仮差押え，第3編保全担保となっており，仮差押えのほか，保全担保（sûretés judiciaries）が保全処分として規定されている点に特徴がある。他方，日本法上，保全処分に含まれている仮処分に相当するような制度は，引渡準備のための差押え（saisie-revendication）として強制執行の中に含まれていたり（第2巻第2編第2章第2節参照），レフェレとして民事訴訟法の中に規定されていたりして，保全処分としては位置づけられていない点に注意を要する。

4　民事執行法典の特徴：日本法との比較を中心に—総論

(1)　法典の対象

まず，法典の対象について，狭義の民事執行手続とともに，民事保全をも対象としている点がある。日本法も，民事保全法の制定までは保全執行を民事執行法の中に規定していたが，現在は，両者が異なる法律で規律されている。確かに，両者の密接な関連性に鑑みれば，フランス法のような

---

[27] したがって，本書でも翻訳の対象とはしていない。
[28] これは，ドイツ法に近い不動産登記制度等を部分的に取り入れているアルザス・ロレーヌ地方の歴史的特殊性に配慮したものである。

−8−

規律が分かりやすいという見方もあり得るが[29]，担保権実行と保全処分の間には必然的な関連が薄いことなども考えると，保全処分を切り出す日本法の方が分かりやすいという評価もあり得ようか。

次に，フランス法は，給料差押えなど一部の強制執行については，規律の実質を他の法典に委ね，その規定を参照する規律のみを設けるスタイルを採る（3(1)参照）。日本法は，逆に，飛行機執行や電子記録債権執行など強制執行の根拠自体は他の法律に置くものの，執行手続の中身は民事執行法（規則）の中で完結的に規律するスタイルを採用する。これも一長一短であり，執行手続も実体法と関連付けて理解するにはフランス法が優れているが，執行手続の完結性・一覧性の観点からは日本法が優れていると言えようか。

(2) 法典の編別構成

法典の編別構成として，フランス法は（多くの法典に共通することであるが），法律部分とデクレ（規則）部分とを分けて規律する。この点は，法律と最高裁判所規則とに分けて規定を設ける日本法と類似する。手続の骨格部分を法律で規定し，細則を規則で規定することや，法律に規定がない部分も規則で規定する場合があることなども日仏で共通している[30]。

規定の順序としては，フランス法は動産等執行（債権を含む。）を不動産執行の前に配置するのに対し，日本法は不動産執行を前に出す。フランスは，債務者に打撃の少ない執行方法として，動産等執行，とりわけ債権執行を強制執行の中核に据えようとする基本理念を有する[31]のに対し，日本では，責任財産に占める不動産の重要性及び不動産執行の技術的な複雑性等に鑑み，まず不動産執行について規定し，適宜その条文を動産等執行

---

[29] ただし，フランス法も，実質的に保全処分的な機能を果たすレフェレなどは民事訴訟法の中で規定されており，必ずしも網羅性・一覧性が担保されているわけではない。

[30] ただし，言うまでもないことであるが，デクレは政府が定めるものであるのに対し，日本の規則は最高裁判所が定めるものであり，制定主体を異にする。その点も含めて，さらに(3)も参照。

[31] さらに，第L221-2条が明文で示すように，住居内の動産をより強く保護する考え方も取られている。この規律の趣旨につき，山本・前掲注（9）ジュリ1040号72頁参照。

-9-

に準用する方法をとる[32]。

最後に，フランス法は，日本法には対応するものがない独立の編や章をいくつか設けている。例えば，責任財産の情報収集に関する規定，扶養定期金の直接払いに関する規定，金庫内にある動産の差押えに関する規定，明渡対象者の再入居に関する規定等である。これらの規定の実質的内容は，日本法の中にも含まれているものもあるし，規定自体が存在しないものもあるが，いずれにしても，これらの規律事項に関するフランス法の重視の姿勢を示すものとして興味深い。

(3) 法典の分量

フランス民事執行法典の条文数等は，基準時において，法律166条，規則492条で，合計658条となっている。これに対し，日本法は，2016年1月1日現在，法律225条，規則229条で，合計454条となっている。これによれば，全体の条文数は，フランス法の方がかなり多いが[33]，フランス法は，規則が法律の3倍近い条文数に及んでいるのに対し，日本法は，両者が数的にはほぼ拮抗していることになる。すなわち，法律だけを見れば，日本法の条文数が多いが，規則は圧倒的にフランス法の条文が多い。

このような状況になっている1つの理由としては，法律と規則の役割分担についての考え方が日仏で若干異なるように思われる点がある。日本では，手続の骨格部分については必ず法律で規定を置き，その細則を規則に委ねるのに対し，フランスでは，規則だけで，ある部分の手続を完結することに余り躊躇がないように見える。例えば，金庫内の動産の差押えや不動産執行における配当の手続等，相当に重要な手続であっても，現段階では法律部において規定がなく，規則部のみで比較的詳細に手続が規定されているものも多く存在する。その意味で，フランス法では，実際上は規則

---

[32] 例えば，配当関係の規定は，基本的に不動産執行に関する条文を動産等執行に準用する方法をとっている。
[33] このような傾向自体は，民法や民事訴訟法など他の主要法典においても一般にみられる傾向である。ただし，条文による規律の実質的な詳しさは，個々の条文の長さや項の多さとも関連する問題であり，単純な条文数の比較は，一般的な傾向を示す以上の意味はない。

部分の重要性が際立っていることに注意を要しよう[34]。

5　民事執行法典の特徴：日本法との比較を中心に―各論

　　最後に，各論的に，フランスの民事執行法典における個別の制度や手続の特徴について，日本法との比較を中心に紹介する。以下では，日本の読者（特に実務家）の便宜に資するという観点から，日本法の構成に対応する形で概観してみる[35]。

(1)　執行名義

　　執行の根拠となる執行名義（債務名義）について，裁判や執行証書は基本的に日本と同様である（第L111-3条参照）。日本において別々に規定されている様々な裁判（民執22条1号～4号の2）は，第L111-3条1号の包括的規律に吸収されており，執行証書（民執22条5号）はやはり別出しにされている（第L111-3条4号）。また，執行判決・執行決定を要するもの（民執22条6号・6号の2）は，フランスでも別途規定され（第L111-3条2号），確定判決と同一の効力を有するもの（民執22条7号）も，ほぼ同様の規律ぶりである[36]（第L111-3条6号後段）。

　　以上のような原則的な類似性の中，やや異なるものとして，まず，フランスでは，同意離婚の場合の弁護士が署名した合意書が執行名義とされている点がある（第L111-3条4号の2）。日本でも養育費等離婚の際の給付の取立ては注目を浴び，執行証書の活用が議論されているが，フランスでは（協議離婚自体に弁護士の署名証書が必要である点を利用してか）より

---

[34] これが，本書において，規則部分も原則として翻訳の対象とした理由である。そのような規律方法となっている実質的理由は明らかでないが，民事手続法は基本的に全てデクレで制定できるという従来のフランスの考え方が背景にあるのであろうか。さらに，その背後には，デクレは（大統領制を含め）民主的基盤を有する政府が制定するものであるのに対し，日本の規則は民主的正統性を有しない最高裁判所が制定するという制定主体の差異（注（30）参照）も影響しているのかもしれない。

[35] なお，1991年法に関してそのような観点からの筆者の分析として，山本・前掲注（9）参照。また，2006年不動産執行法については，山本・前掲注（16）金法1806号45頁以下参照。

[36] ただ，歴史的な経緯もあってか，調停は別出しになっている（第L111-3条3号参照）。

―11―

緩和して特別の執行名義を構成している点は注目される。また，少額債権の回収等の場面（(3)参照）で，執行吏の交付する証書も執行名義となるものとされ（第 L111-3条5号），簡易性を高めている[37]。このように，フランスでは，裁判所や公証人といった公的機関が関与しない局面でも，執行名義の多様化を進めており，（法律家制度の基盤の差異[38]には注意を要するものの）敷居の低い強制執行の実現のため日本でも参考になる要素はあろう。

(2) 執行関連機関

次に，執行機関であるが，執行を追行する主体は執行吏に限定されている（第 L122-1条）[39]。その意味で，執行機関一元制が採用されていることになる。ただ，執行裁判官は，執行手続に関する専門裁判官として，執行をめぐる様々な場面で介入することが予定されている（第 L121-1条）[40]。特に，債権者による差押えの濫用や債務者による抵抗など一定の場面で損害賠償を命じる権限まで有していることは注目されよう（第 L121-2条・第 L121-3条）。なお，執行裁判官は，基本的には大審裁判所（日本の地裁に相当）に所属するが，給料債権の執行の場面では小審裁判所（日本の簡裁に相当）の裁判官となる（第 L121-1条）[41]。

執行関連機関に関するフランスの特色としては，まず，検察官の執行監督権限の定めがある（第 L121-5条）。これは，フランス法に特有のものであり，日本法では執行の場面で基本的に検察官は登場しない。フランスに

---

[37] なお，公法人の交付する証書も執行名義とされている（同条6号）。日本では公債権の取立ては国税徴収法等により自力執行の対象になるものとされており，この点はそのような法律構成の違いによるものと思われる。

[38] フランスの法律家制度の多様性については，山本・前掲注（7）12頁以下参照。

[39] フランスの執行吏（山本・前掲注（7）415頁注2などでは「執行士」と訳している）の特徴や役割等については，山本和彦「執行官制度の比較法的検討」新民事執行実務11号118頁以下など参照。

[40] 執行裁判官制度の創設による管轄集中が1991年改正の1つの大きな成果であったことを含めて，同制度の概要については，山本・前掲注（9）ジュリ1040号69頁以下参照。

[41] 日本でも，少額訴訟債権執行については簡易裁判所（書記官）の管轄とされていることと類似性があろう。

-12-

おける検察官の（公益を代表する立場からの）民事司法に関する幅広い関与の一環と言えるが，現実の実効性については疑義もある。また，合意による債権回収を職務とする者についての規定も興味深い（第L124-1条，第R124-1条以下）。債権回収が合意による場合は，サービサー的な規制（第L122-3条参照）を外したものかと思われる。この場合，一定の手続的規制を課しながら，それに反した行為を処罰する（第R124-7条）ことで緩やかな枠組みの規律としながら，第三者の執行への関与を認めるものであろう。

(3) 執行手続一般

執行手続一般については，両国で大きな違いはないように思われる。任意的口頭弁論（書面手続）といった審理方式や立会人の規制，警察の援助，当事者の代理[42]等である[43]。ただ，いくつかの点で，発想を異にする規律群がある。一方では債務者保護を重視しながら[44]，他方では実効的な執行方法（債権者保護）にも意を用い，両者のバランスを図っている[45]。

まず，債務者保護の観点からの規律として，比例原則の明定が注目される（第L111-7条後段参照）。強制執行は債務履行に必要な範囲を超過できないという根底の基本原則を法律で明示している点は注目されてよい。そして，それは様々な場面で具体化されており，不要執行や濫用的執行の禁

---

[42] フランスでは，大審裁判所でも弁護士強制を受けず，親族や従業員による代理が可能とされるが（第L121-4条，第R121-6条・121-7条），日本も許可代理を認め（民執13条），基本的に同様の枠組みになっている。

[43] その中で，債権者の立会権の否定（第R141-3条）は，面白い規定である。日本法では，動産の引渡執行において債権者又はその代理人の立会が原則とされる（民執規155条参照）ほか，その他の強制執行においても債権者の立会が禁じられることはない。

[44] なお，夜間執行については，日本は午後7時〜午前7時を原則禁止とし（民執8条1項），フランスは午後9時〜午前6時を原則禁止とする（第L141-1条1項）。この点は日本の方が厳格であるが，これは両国の一般市民の生活パターンの相違を反映したものである可能性があろう。

[45] 日本はこの対立する両局面においてやや中途半端な制度となっており，結果としてメリハリのない執行手続になっているのではないかとの問題意識をかねて筆者は有している。この点については，山本和彦「強制執行手続における債権者の保護と債務者の保護」竹下守夫先生古稀祝賀『権利実現過程の基本構造』（有斐閣，2002年）273頁以下参照。

止（第 L121-2条），執行の優先順序に関する規律（扶養料以外で535ユーロ（約
7万円）以下の執行債権では，原則として預金・給料債権の差押えが動産
執行に優先する（第 L221-2条）など）にその趣旨が表れている[46]。日本に
はない規定群である。

また，債務者に対する情報の提供によってその利益を保護しようとする
姿勢も興味深い。例えば，差押書等債務者に送付される書面において，債
務者保護等に関連する条文や不服申立ての方法（どこにいつまでに申立て
をすべきか）等の具体的記載を求める規律が，特に規則の中に多数存在す
る（第 R211-2条2項，第 R211-3条2項等）。債務者の不服申立て等の便宜
に資するものであり[47]，日本にはない類型の条文であるがやはり注目され
よう[48]。

他方，債権者の利益保護の制度として，債務者の責任財産に関する情報
収集手続が重要である（第 L152-1条以下，第 R152-1条）。これは，執行名
義を有する債権者（具体的にはその回収を担当する執行吏）が，行政機関
や公的監督を受けた企業等から債務者等の身元・不動産情報を，金融機関
から預金情報の開示を求め得るとする制度である[49]。他方，日本の財産開
示制度のような債務者からの情報開示制度は存在しない点に，両国の大き
な制度的差異がある[50]。

---

[46] 1991年法で新設されたものであるが，立案段階ではより強力な執行方法の順序規制が提案さ
れていたことにつき，山本・前掲注（9）ジュリ1040号72頁参照。

[47] 厳密には債務者に限定されず，手続関係者に広く情報を提供して不服申立て等の実効化を図
ろうとする姿勢が見受けられる。

[48] なお，日本でも近時，差押禁止債権の範囲の変更について，債務者に制度の存在を教示する
規定を設けるべきとの提案もあり（民事執行法の改正に関する中間試案第5の3参照），このよ
うな方向は一般に推し進められるべきであろう。

[49] その意義については，山本・前掲注（9）71頁参照。ただ，その後，情報の取得主体を検察
官から執行吏にするなど重要な制度改正がされ，その実効性が高められている。近時のこの制
度の概要及び運用状況については，山本和彦「フランス法からみた金銭執行の実効性確保」判
タ1379号44頁以下参照。

[50] ただし，周知のように，日本法でも近時，フランス的な第三者からの情報開示制度を導入す
る方向で立法に向けた議論が進められている。民事執行法の改正に関する中間試案第1の2（第
三者から債務者財産に関する情報を取得する制度の新設）参照。

最後に，フランスに独自の制度として，少額債権の回収手続も興味深い[51]（第 L125-1条，第 R125-1条以下）。これは，債務者の同意に基づき，執行名義なしに4000ユーロ（約50万円）以下の債権について，分割弁済等による回収を可能にする仕組みである。執行吏が弁済方法等の合意の提案（第 R125-4条）など積極的な役割を果たす。そして，合意ができれば執行吏が執行名義を作成することになる。これは，執行吏が実際に執行現場で果たしている役割を公認するものと位置づけられ，日本でもいわゆる執行 ADR の議論の中で執行官の ADR 実施者的役割を認めるべき旨の議論も存在する中[52]，興味深い制度である。フランスの制度は，その手続の中で合意により作成された執行名義の強制執行には当該執行吏は関与できない（第 R125-3条）など利益相反の防止等にも留意がされており，日本の将来の手続の在り方にも示唆を与えよう。

⑷　不服申立て

　フランスの民事執行法典が日本法と異なる点の１つとして，不服申立てに関する一般的な規定がほとんどないという点が挙げられよう。日本法は，周知のように，不当執行に対する異議訴訟と違法執行に対する不服申立て（執行異議・執行抗告）を峻別して，精緻な不服申立ての体系を有するが，フランス法はそのような体系を有していないように見える。その中で特徴的な点として，まず執行の実施を妨げる執行上の障害に遭遇した場合に，執行吏の執行裁判官に対する不服申立権が認められている点がある（第 R151-1条以下）。日本では，このような場合も，あくまで不服申立ての主体は執行当事者であるが，フランスでは執行吏は，執行機関でありながら一種の当事者性を承認されている点が興味深い。

　また，差押えに関する異議については，（総則ではなく）個別の執行手

---

[51] この制度の詳細については，荻村慎一郎「少額債権の簡易回収手続の創設」日仏法学29号280頁以下参照。
[52] このような議論については，ドイツ型執行官モデルの中での合意調整業務の拡大との関係で，山本・前掲注（39）124頁及びそこに掲載の文献参照。

-15-

続の中で規定されている[53]。異議事由について詳細な規定は少なく，手続的規定を中心とする。前述のように，日本法のような不当性に関する異議と違法性に関する異議の区別は曖昧であるが，これは訴訟事件と非訟＝決定事件の区別がフランス法ではそもそも明確でないことに起因するものとも思われる。いずれにしても，不服申立ての実情は，法律の条文からは窺い難いところがある。

(5)　債権執行

　次に，個別の執行手続として，まず債権執行である[54]。まず，差押禁止債権については，総則の中に差押禁止動産と併せて規定されている点に特徴がある（第 L112-2 条）。規律内容の特色として，第 1 に，給料差押えについては，他の法律，具体的には労働法典等に委ねられているが（同条 1 号），収入額や被扶養者数等によって詳細な規律がされている点が日本とは異なる[55]。第 2 に，扶養の性質を有する債権については，広範囲に差押禁止を定める（同条 3 号）。日本法では差押禁止範囲変更の申立て（民執153条）に委ねられているところ，条文で明確化したものである[56]。第 3 に，差押禁止債権が銀行口座に振り込まれた場合の差押禁止について明文規定がある（第 L112-4 条）。日本でも繰り返し立法論として議論されているが，実現していない点である。そして，銀行口座の決済機能に鑑み，差押後の口座引落しや入金について詳細な規律が設けられ（第 L162-1 条，第 R162-1 条），さらに債務者の生活保護の要請から一定の生活必要額の解放処分等が認められている（第 L162-2 条，第 R162-2 条以下）。日本の将来の立法論に示唆

---

[53] すなわち，債権執行に関する異議（第 L211-4 条・第 R211-10 条以下），動産執行に係る所有権に関する異議（第 R221-50～52条），動産執行に係る差押えの有効性に関する異議（第 R221-53～56条），不動産執行に関する異議（第 R311-5 条以下），明渡執行に関する異議（第 R442-1 条以下）等である。

[54] なお，フランスでは，不動産以外の財産に係る執行が広く動産等執行（exécution mobilière）と呼ばれ，債権執行はその一種と位置づけられている。

[55] その具体的内容については，山本・前掲注（9）ジュリ1041号62頁以下参照。

[56] ただ，被差押債権が扶養の性質を有すること及びその範囲の確定については，やはり債務者の裁判所への申立てが可能とされている（第 R112-4 条参照）。

-16-

を与えるものであろう。

　フランスの債権執行の最大の特徴として，帰属差押制度（saisie-attribution）の原則的採用がある（第L211-1条以下）。これは，債権の差押えによって，原則として被差押債権の差押債権者への帰属の効果を認めるものであり[57]，日本法の転付命令よりも強力な[58]，優先主義を強く貫徹させた制度である[59]。他方，給料差押えについては，例外的に従来の停止差押え（saisie-arrêt）の考え方が維持されている。ただ，その実質は労働法典の規定に譲られており[60]，民事執行法典には参照条文のみが掲げられている（第L212-1条，第R212-1条）。

　最後に，扶養定期金の取立てについて，日本法にはない強力な制度が用意されている。まず，このような債権については，債権者に代わって公的機関の取立てが可能とされる（第L161-3条）[61]。さらに，直接払い（paiement direct）の手続も用意されている（第L213-1条以下）。これは，差押えの手続は不要ながら，他の全ての債権者に優先するものとされる（第L213-2条）。そして，第三債務者の不履行は刑事罰の対象とされ（第R213-5条），極めて強力なものとして，扶養定期金の回収に対する強い保護が与えられている[62]。日本でも，扶養料等の執行の実効化は現下の大きな課題であり，フランス法の規律は一定の参考となろう。

---

[57] したがって，債権者が競合するのは，差押命令の同一日の送達の場合に限られる（第L211-2条3項）。

[58] 日本法の転付命令は，差押債権の弁済擬制（消滅）の効果を伴うが（民執160条），帰属差押えでは差押債権は残存するので，仮に被差押債権が（第三債務者の無資力等の理由により）弁済されないときは，差押債権者は再度債務者の財産に対して差押えをすることが可能である。

[59] この制度の詳細及び意義については，山本・前掲注（9）ジュリ1041号61頁以下参照。

[60] その実質は，法律部分13か条，規則部分49か条に及ぶ膨大なものである。給料停止差押えの手続の詳細については，山本・前掲注（9）ジュリ1041号62頁以下参照。

[61] ここでも具体的な手続は他の法律（扶養定期金の公的取立てに関する法律及び適用デクレ）に委ねられている。

[62] その代わり，手続的には執行吏の関与が必要とされ（第L213-5条），債権者による濫用等の防止が図られている。

(6) 動産執行

　次に，動産執行である。その対象として，船舶，航空機，知的財産権[63]等の特別な動産等に対する執行については，他の法典に規定があり，民事執行法典では参照条文（L241-1条，R241-1条）のみが置かれ，一覧性を維持している。このような場合，日本法では，執行の根拠は特別法に置かれるものの，手続の内容自体は民事執行規則において規定される[64]のとは異なっている[65]（4(1)参照）。

　差押禁止動産については，総則の中に差押禁止債権と併せて規定されている点が特徴的である（第L112-2条）。その内容は，日本法と大きく異なるものはないが[66]，仕事や生活に必要な財産の内容は広く規則委任されており（同条5号，第R112-2条），柔軟な対応を可能にしている[67]。

　執行手続として，差押え⇒売却⇒配当という手続の基本構造は日本法と変わらない[68]。その中でやや特徴的な点として，まず差押えの要件について（これは動産執行だけではないが）差押前支払催告書の送達の必要性がある（第L221-1条1項）。これは，債権者に執行名義があっても，なお債務者に弁済の機会を付与して，債務者保護を図る趣旨である[69]。また，第三

---

[63] 日本ではその他財産権の執行とされているものもここに含まれている。この点については，注（53）も参照。

[64] 民事執行規則における航空機執行（民執規84条以下），自動車執行（民執規86条以下），建設機械・小型船舶執行（民執規98条以下），振替社債等執行（民執規150条の2以下），電子記録債権執行（民執規150条の9以下）などである。

[65] なお，フランスでは，自動車執行について民事執行法典に詳細な規定がある（第L223-1条以下，第R223-1条以下）。行政機関への届出（登録簿への記載）による差押え（第L223-1条）に加えて，固定化による差押え（第L223-2条）が認められている点に特徴がある。

[66] もちろん細かな点の差異はある。例えば，遺言・贈与による差押禁止の指定の可能性が認められること（第L112-2条4号）などは興味深い。

[67] その内容も，日本法と実質的に大きな違いはないように見える。ただ，例えば，第R112-2条14号は，室内動物・防犯用動物を差押禁止としている点は面白い。後者はあるいは日本でも差押禁止になり得るかもしれないが，前者はペットを重んじる社会感情の表れかもしれない。

[68] いわゆる場所単位主義（民執規99条）も同じと思われる（第R221-9条参照）。

[69] 他方でこれは債務者に財産隠しの機会を与える面もあるので，1991年法制定時にはその廃止も検討されたが，議会審議の過程で存続されたという。山本・前掲注（9）ジュリ1040号72頁参照。

-18-

者占有動産の差押えも，裁判所の許可により可能である点（第 L221-1条 3 項）も，日本法とは異なる。日本では，第三者の同意がない限り，引渡請求権の差押え（民執163条）が必要となり，引渡訴訟等が必要となることと異なる。従来はフランス法もそのような制度であったが，1991年改正によって転換したものである[70]。第三占有者は，自己の権利を主張して異議を述べることが可能とされるが（第 R221-23条 7 号 8 号），その手続的負担は重くなっている。また，金庫内の動産の差押えについて，日本法では明文規定がなく，判例法理によっているが[71]，フランス法は明文規定を置く。そこでは，差押えにおいて金庫に対するアクセスの禁止命令を含む点（第 R224-2条），執行吏が開扉や回収を担当する点（第 R224-4・5 条）等に特色がある[72]。

次に，売却の手続については，債務者による任意売却の制度が法定されている（第 L221-3条 1 項）。日本法上も，実質的には任意売却による弁済，それに基づく申立ての取下げはあり得るが，それを制度化したものと言えよう[73]。任意売却の期間は 1 か月であり，売却結果については，債権者に申出額が不十分であることを証明する機会が付与されている（同条 3 項，第 R221-31条）。他方，強制売却については，規定上大きな違いはない[74]。

最後に，配当については，債権者の参加申立ての制度が用意され（第 L221-5条，第 R221-41条以下），参加（配当要求）を認めている。参加する債権者には，差押えの拡張権が認められるが（第 R221-43条），義務的ではない。その代わり，超過差押えの規制は存在しないようである。この点

---

[70] 改正の趣旨及び意義については，山本・前掲注（9）ジュリ1040号72頁参照。
[71] 最判平成11・11・29民集53巻 8 号1926頁参照。
[72] なお，金庫の内容物の引渡しの強制執行についても同旨の規定がある（第 R224-10条以下）。
[73] 手続の意義及び詳細については，山本・前掲注（9）ジュリ1040号72頁以下参照。フランスでも，配当による終結は申立事件全体の 1 ％以下に止まるとされ，このような手続は，その実態を反映して任意売却の実効性・適正性の確保を図ったものとされる。
[74] ただし，その実態は大きく異なっているものと見られる。日本の軒下競売と評される状況に対し，フランスでは現実に動産競売が一定程度機能しているようである。この点の実情については，やや古いものであるが，競売士の実務との関係で，山本・前掲注（7）429頁以下参照。

－19－

で，一般債権者には配当要求を禁じながら事件の併合（民執125条）による参加を求める日本法との相違が見られる。なお，具体的な配当手続は規則で規定されているが，売却担当者が合意による配当を目指しながら，合意ができない場合には執行裁判官が配当するという点で，基本的には日本法と類似の構造となっている。

(7) 不動産執行

不動産執行については，前述のように（1(3)参照），他の執行手続と比べて比較的最近中身の改正がされたものである。そこでは，不動産という資産の重要性に鑑み，特に債務者保護の規定が充実している。総論的な規律としては，例えば，差押えの手続をとらずに不動産を売却できるとする合意は無効であること（第L311-3条），仮執行の名義では強制売却はできないこと（第L311-4条），ある不動産で債権回収ができない場合に限って別の不動産の差押えが可能であること（第L311-5条）など不動産執行を制限する規律が見られる[75]。

まず，差押えについて，処分禁止等の効力は基本的に同じであるが，不動産の差押えによって当然に債務者の用益管理の権限も制約される（第L321-2条）点に差異がある[76]。その結果，不動産の果実にも差押えの効果が及ぶことになり（第L321-3条），果実は売却代金に含まれて配当の対象となる（第R321-16条）。日本では，賃料等には別途強制管理ないし担保不動産収益執行が必要になる点と異なる。

次に，売却準備については，執行吏による現況調査がされる点（第L322-2条）は日本と同様である。他方，売却条件や売却方法を決定する期日（売却方法決定期日）が存在する[77]（第R322-4条以下）。そこでは，売

---

[75] さらに，弁護士強制のない他の手続（注（42）参照）とは異なり，不動産執行では例外的に弁護士強制の原則が採用されている（第R311-4条）点にも，そのような債務者保護の趣旨が見える。

[76] ただし，価格減少行為をしないとの前提で，債務者による不動産の使用の継続は認められる（第R321-15条）。

[77] 日本でも，民事執行法の立案過程において売却条件決定期日の構想があったことについては，

却条件明細書（日本の物件明細書に相当）や最低売却価額が定められるが，これらは第1次的には差押債権者がその内容を定め（第 L322-6条，第 R322-10条），債務者や登記のある債権者等からの異議があった場合に初めて裁判所がそれらを確定する仕組みがとられる。すなわち，裁判所の介入は当事者間に争いがある場合に限られる点で，裁判所の責任で売却条件を確定する日本法との差異が見られる[78]。

　さらに，売却については，強制売却とともに，裁判所の許可に基づく任意売却の制度が明定されている（第 L322-3条以下，第 R322-20条以下）。日本でも，実際上は任意売却及び申立ての取下げによる処理が多いとされるが，それが法定（手続化）されている点に特徴がある。任意売却期間は原則4か月（例外的に3か月の延長が可能）であり（第 R322-21条3項4項），裁判所による最低売却価額等の条件設定が可能で（第 R322-21条1項），差押債権者の監視（第 R322-22条），裁判所による条件確認を経て許可がされる仕組みである（第 R322-25条）。他方，強制売却の手続は，（期間入札を基本とする日本とは異なり）競り売り（第 L322-5条）により[79]，最低売却価額での競りがなければ差押債権者が（最低売却価額で）買受人となる（第 L322-6条1項）[80]。売却の面でフランス法の大きな特徴として，増価競売制度の存在がある[81]。すなわち，いったん競落がされても，競落後10日以内は当初売却価額の10％増しで増価競売を申し立てることが可能とされる（第 R322-50条以下）。日本ではかつて滌除の場合に限って増価競売制

中野貞一郎『民事執行法〔増補新訂6版〕』（青林書院，2010年）476頁注6b参照。

[78] このような裁判所の介入の少なさにフランス不動産執行法の特色をみるものとして，山本・前掲注（16）金法1806号45頁以下参照。

[79] 競りの手続については詳細な規定が設けられており，競りの申出に係る弁護士強制（第 R322-40条），最低売却価額の10％の保証金（第 R322-41条），競りの間に90秒の間隔の付与（第 R322-45条。ナポレオン法典が蠟燭3本の燃え尽きる時間としていたのを近代化したもの）等が定められている。

[80] また，公告については新聞等による旨の規定はあるが（第 R322-30条以下），日本のようにインターネットによる公告は規定されていない。

[81] なお，競落人による代金の支払がないときは再競売がされる（第 R322-66条以下）。

度が規定されていたが[82]，フランス法はより高価な売却を目指して一般法としてその存在を維持している点が注目される[83]。

最後に，配当については，裁判による配当とともに，合意による配当の手続が明示されている（第 R332-1 条以下）。具体的には，差押債権者による配当案の作成送付（第 R332-3 条），15 日以内に異議がないときは承諾擬制（第 R322-5 条 2 号），裁判官による認可（第 R322-6 条），異議があれば裁判による配当（第 R333-1 条）及び裁判官による配当表の作成（第 R333-3 条）となっており，その実質は日本法とほぼパラレルなものと言えよう。

(8) その他の強制執行

以上のような金銭執行と対比し，日本法では非金銭執行という独立したカテゴリーが法律上観念されているわけであるが（民執第 2 章第 3 節参照），フランス法では，非金銭執行という括りはされず，個別の規定によっている[84]。

まず，間接強制は，総則において「執行上の障害の回避」の方法として理解されている（第 L131-1 条以下）。その基本的な手続の仕組みは日本法と類似しているが（というか日本がフランス法に依拠して立法したものであるが），例えば，判決等をする裁判官が自己の裁判にも間接強制を付与できる（第 L131-1 条 1 項）点など日本と異なる部分も多い[85]。

また，動産の引渡請求は，動産執行の個所において，引渡しのための差押えという位置づけがされている（第 L222-1 条）。執行官が対象動産を取り上げるという点で日本法とパラレルであるが，動産執行と同じく，第三

---

[82] ただ，平成 15 年改正において民法上滌除制度が廃止されたことに伴い，増価競売の制度（民執旧 185 条〜187 条）も廃止されている。

[83] フランス不動産執行法における売却価格確保の仕組み全体については，山本・前掲注（16）金法 1806 号 46 頁参照。

[84] 財産開示については，（3）の情報収集手続を参照。日本の代替執行に相当する手続は，民事執行法典には規定がないようである。

[85] フランスの間接強制制度の詳細については，大濱しのぶ『フランスのアストラント』（信山社，2004 年）参照。

者に対しても執行裁判官の許可を前提に執行が可能である点（同条3項）
は，引渡請求権の差押えの方法による日本法（民執170条）とは異なって
いる。

　最後に，不動産の明渡執行については，独自の詳細な規律が置かれて
いる（第4巻）。そこでは，住居等に関する特則が存在し（第L411-2条以
下），特に債務者保護に厚い規律は，日本法にはないものである。まず，
催告後2か月の明渡しの猶予期間がある[86]（第L412-1条）。さらに，代替住
居の手当てが付かない場合には，裁判官が期間の付与をすることができ
（第L412-3条），その期間は，3か月以上3年以内（第L412-4条）と極めて
長期にわたる。また，住居関係の行政との連携に関する詳細な仕組みが設
けられている（第L412-5条）。加えて，冬季（11月1日〜3月31日）の明
渡執行は原則停止される（第L412-6条）。執行官の事実上の措置に，債務
者保護が委ねられている日本法とは異なり，手厚く，かつ，明確な住居保
護の制度には興味深いものがある。なお，建物内の残置動産の処理（第
L433-1条以下，R433-1条以下）については，執行吏の引取催告（第L433-1条）
から売却に至る（第L433-2条1項）点は基本的に日本法と同じであるが，
放棄の宣言も可能である点が特徴的である（同条2項，第R433-6条）[87]。

(9) 保全処分

　最後に，保全処分に関する規定である。フランスの保全処分は，仮差
押えと保全担保の2種類とされる（第L511-1条2項）。日本法の仮処分に
相当するものは規定されていないが，まず係争物仮処分に当たるものと
して，動産の引渡準備のための差押えがある（第L222-2条）。これは，講
学上はやはり保全処分の一種と位置づけられているとされる（同条注参
照）[88]。他方，仮の地位を定める仮処分については，レフェレで対応してい

---

[86] 日本法は，明渡しの催告（民執168条の2）の制度はあるが，それは必須のものではないし，
期間も1か月である（同条2項）。
[87] ただし，債務者の個人的な文書等については，執行吏が一定期間保管し，その旨を債務者に
通知するものとされる（第R433-6条2項）。
[88] 他方，不動産の明渡しの準備のための保全処分は，法典には見当たらない。

-23-

るものと思われ[89]，保全処分という位置づけにはなっていない[90]。

　まず，保全処分の実施要件として，被保全権利（債権がその原因において存在すること）と保全の必要（その取立てを妨げるおそれのある事情）がある点（第 L511-1条1項）は，日本法と基本的に同様である[91]。債権者が執行名義を有しないときは，1か月以内にその取得の手続を開始しないと，保全処分は失効する（第 L511-4条，第 R511-7条）。日本法のように，起訴命令（民保37条）を前提とせず，保全処分と本案を当然に連結させる手続構造となっている。また，不服申立てについては，事前許可を要しない場合も含めて，前記実施要件を充足していないとする異議申立てが可能とされる（第 L512-1条，第 R512-1条）。

　仮差押えについて，動産に関しては，基本的には動産執行の差押えと同じ手続により（第 L521-1条，第 R521-1条以下），日本法と大きな差異はない。債権者が執行名義を取得したときは，売却差押えへの転換がされる（第 R522-7条以下）。債権に関しても同様で，やはり帰属差押えへの転換がされ（第 L523-2条），転換書の送達により当然帰属の効果が生じる（第 R523-7条2項）。ただ，債権の仮差押えにより担保等のための供託（民法典2350条）の効果が発生するものとされ（第 L523-1条），保全段階で優先権が確保される点は，フランス債権執行法の優先主義を貫徹するものと言えよう[92]。

　最後に，保全担保である。これは，日本法の全く知らない制度であるが，フランス法は，不動産等の財産には仮差押えを認めない代わりに，優先権を取得する保全担保を認めたものである[93]。保全担保の対象は，不動産，

---

[89] フランスのレフェレ手続については，山本・前掲注（1）参照。

[90] なお，裁判官の命令に基づく動産の引渡し（第 R221-11条以下）は，動産引渡しの断行の仮処分に相当するものであろうか。

[91] ただ，執行名義のある場合や手形小切手・賃貸借契約による場合等は裁判所の許可を要しないものとされる（第 L511-2条）。

[92] このような評価については，山本・前掲注（9）ジュリ1041号64頁参照。

[93] その意義や手続の詳細も含めて，山本・前掲注（9）ジュリ1041号64頁参照。

－24－

営業財産，株式，有価証券等の財産であり（第 L531-1 条），債権者が執行名義を取得した後に終局的な公示がされる（第 R533-4 条）。保全担保によって 3 年間優先権が保全され（更新も可能とされる。第 R532-7 条），有効期間内に終局的公示がされない場合は抹消される（第 L533-1 条，第 R533-6 条）。他方，終局的な公示前に目的財産が売却されたときは，保全担保権者のために配当額が供託される（第 R532-8 条）。このように，保全処分も含めて考えると，フランス執行法は優先主義の色彩を強く帯びる点は，フランス法がかつて日本法の平等主義の範とされたこと[94]を考えると，興味深いものがある。

---

[94] 中野・前掲注（76）44頁は，「平等主義の純型に近い外国立法例として，フランス法が挙げられるのを常とする」とされるが，その相当性に対しては適切に疑義を呈せられている。

フランス民事執行法典
（法律部・規則部）

フランス民事執行法典（2017年1月1日現在）

法律部

第1巻　総則

第1編　強制執行（exécution forcée）の要件

第1章　債権者及び執行名義（titre exécutoire）

第L111-1条①　全ての債権者[1]は，この法律の定める要件に従い，不履行に陥った債務者に対してその債務の強制執行を行うことができる。

②　全ての債権者は，その権利を保全するため，保全処分（mesures conservatoires）を行うことができる。

③　強制執行及び保全処分は，執行免除（immunité d'exécution）[2]が認められた者に対して行うことができない。

第L111-1-1条　保全処分又は強制執行処分は，申立て（requête）に基づく命令によって裁判官があらかじめ許可をしなければ，外国国家に属する財産に対して行うことができない。

第L111-1-2条　外国国家に属する財産を対象とする保全処分又は強制執行処分は，次に掲げる要件のいずれかを満たす場合に限り，裁判官は許可をする

---

[1]「全ての債権者」とは，一般債権者と担保権者とを区別しないことを意味する。
[2] 執行免除（immunité d'exécution）とは，「裁判権免除の受益者を，いかなる強制執行からも保護する特権」を意味し，裁判権免除（immunité de juridiction）とは，「外国の外交官及び君主が享受する特権」であり，「この特権によって，それらの者は，刑事事件においても，民事事件においても，居住している国の裁判所で裁判を受けることがな」く，また，「外国国家自身も，法人として同じ特権を享受している」（中村ほか225頁）。

−27−

ことができる。

1　関係国（Etat concerné）が保全処分又は強制執行処分の適用につき明示的に同意していること。

2　関係国が当該財産を手続の対象とされる請求の満足のために割り当てていること。

3　判決又は仲裁判断（sentence arbitrale）が関係国に対してなされた場合であって，当該財産が商業目的でない公役務（service public）と異なる目的で関係国により特別に用いられ又は用いられることが予定されており，かつ，手続の対象となった実体との関係を有するとき。

　　本号の適用に当たり，とりわけ次に掲げる財産は，関係国により商業目的でない公役務の目的で国家により特別に用いられ又は用いられ得ることが予定されているものとみなされる。

　a)　国家の外交使節団若しくは領事，特別の代表，国際機構の代表，又は国際機構の機関若しくは国際会議の代表の職務行使のために用いられ又は用いられることが予定されている財産。これには銀行口座も含まれる。

　b)　軍事的性質の財産若しくは軍事役務行使のために用いられ又は用いられることが予定されている財産

　c)　国家の文化資産に属する財産，又は売却されておらず，かつ，売却されることが予定されていない古文書に属する財産

　d)　科学的，文化的又は歴史的関心の対象としての展示物に属する財産であって，売却されておらず，かつ，売却されることが予定されていないもの

　e)　国家の税務上又は社会保障上の債権

第 L111-1-3条　保全処分又は強制執行処分は，関係国により明示的かつ特別の放棄がなされている場合を除き，外国国家の外交使節団若しくは領事，特別の代表，又は国際機構の代表の職務行使のために用いられ又は用いられることが予定されている財産に対し行うことができない。銀行口座についても

-28-

同様である。

第 L111-2条　金額が確定し（liquide）[3]，かつ，期限が到来した（exigible）債権を証する執行名義を有する債権者は，その債権につき，各執行処分に関する要件の下で，債務者の財産に対して強制執行を行うことができる。

第 L111-3条　執行名義は，次に掲げるものに限られる。

1　司法系統（ordre judiciaire）又は行政系統（ordre administratif）[4]の裁判所による裁判であって執行力（force exécutoire）を有するもの，及びこれらの裁判所により執行力を与えられた合意〔書〕（accords）

2　外国判決（les actes et les jugements étrangers）及び仲裁判断につき，執行停止効（recours suspensif d'exécution）を有する不服申立ての対象とならない裁判により執行力を宣言されたもの。ただし，EU法の規定が適用される場合は，この限りでない。

3　裁判官及び当事者双方による署名がなされた調停調書（procès-verbaux de conciliation）[5]の抄本

4　執行文（formule exécutoire）の付された公正証書（actes notaiés）

4の2　弁護士の副署のある私署証書（acte sous signature privée）による離婚につき夫婦が相互に同意した合意〔書〕（accords）であって，民法典

---

[3] «liquid»とは，債権の具体的な数額が確定していることを意味する。一般的に，「差押えの条件」として，「原則として債権者は，債権の『存在が確定し』〔certaine〕（現実の，かつ，争いのない存在を有する），『数額が確定し』〔liquide〕（金銭で評価される），『請求が可能な』〔exigible〕（停止期限のない）場合にしか，差押手続きを開始することができない」とされる（中村ほか131頁。同261頁も参照）。第 L111-6条，第 L211-1条参照。

[4] フランスにおいては，フランス革命以来，裁判所の系統（ordre de juridicitions）として，破毀院（Cour de cassation）を頂点とする司法系統（民事又は刑事手続）と，コンセイユ・デタ（Conseil d'État）を頂点とする行政系統が区別されており，前者は民事裁判所（juridiction civile）及び刑事裁判所（juridiction pénale）により構成される司法裁判所（juridiction judiciaire）が，後者は行政裁判所（juridiction judiciaire）が担っている（中村ほか250頁，301頁，山口318-319頁，405-406頁，山口俊夫『概説フランス法（上）』（東京大学出版会，1978年）241頁以下，271頁以下等参照）。

[5] 調停（conciliation；勧解，和解）とは，一定の（例えば別居および離婚）訴訟において，訴訟前の段階で，裁判官が訴訟当事者を協議による解決へ導こうとすることができることを意味し，手続のあらゆる段階においてこれを行うことが認められる（中村ほか99-100頁）。

第229-1条の定める方式（modalités）に従って公証人の〔保管する〕原本
として提出されたもの[6]

5　小切手不払の場合[7]又は第 L125-1条の定める要件で債権者及び債務者の
間で合意がされた場合に，執行吏（husssier de justice）[8]により交付された
証書（titre）

6　法律により資格を付与された公法人により交付された証書（titre）又は
法律が判決（jugement）と同一の効果を付与した判断（décisions）[9]

第 L111-4条① 　第 L111-3条第１号から第３号までに掲げる執行名義による執
行は，10年間に限り行うことができる。ただし，債権の存在を確認する債権
取立訴権（actions en recouvrement des créance）が，10年より長期の時効
消滅期間にかかるときは，この限りでない[10]。

② 　民法典第2232条[11]の定める期間は，前項の場合には適用しない。

第 L111-5条〔モーゼル（Moselle），バ・ラン（Bas-Rhin）及びオー・ラン（Haut-Rhin）

---

[6] 2016年11月18日の法律第1547号により創設された，裁判によらずに弁護士の関与する私署証
書に基づく相互の同意による離婚の方式を意味する。

[7] これは，通貨金融法典第131-73条の定める支払拒絶証明書（certificat de non-paiement）を意
味する。支払拒絶証明書とは，「1985年７月11日の法律第695号によって，執行力ある拒絶証書
〔protêt exécutoire〕に代わるものとして制度化された証明書」であり，「支払人は，小切手の
最初の支払呈示から30日の期間内に支払いがない場合には小切手の所持人の請求に基づいて，
また，改めて小切手が呈示された場合には当然に，支払拒絶証明書を小切手所持人に交付する」
とされている。この「支払拒絶証明書は，小切手の支払拒絶を公式に確認することを目的とし
ており，この支払拒絶証明書に基づいて，執行吏は執行名義を交付し，それによりすべての形
態の差押えが可能になる」（以上，中村ほか70頁）。

[8] 執行吏（husssier de justice）については，第 L122-1条の脚注を参照。

[9] 同号は，公債権（créance publique）の取立てを容易にするために（特に租税の領域について）
行政に認められた一般法の例外的特権に関するものであり，「職権執行特権（privilège d'exécution
d'office）」とも呼ばれる（V. BRENNER, *Procédures civiles d'exécution*, Dalloz, 2015, p. 50, n°
82.）。

[10] この場合には，執行名義において確認される債権に関する時効が適用されるからだとされる
（BRENNER, *Procédures civiles d'exécution*, Dalloz, 2015, p. 51, n° 83.）。

[11] 民法典第2232条（2008年６月17日2008-561号の法律による創設）「①時効の起算点の延期，停
止又は中断は，権利の発生の時から20年を超えて時効期間を延長する効果を有さない。②前項
の規定は，第2226条，第2227条，第2233条，第2236条，第2241条第１項及び第2244条には適用
しない。人の身分に関する諸訴権についても同様とする。」

-30-

の各県における特則〕（省略）

第 L111-6条　債権は，金銭で評価される場合，又は執行名義がその評価を可能とする全ての要素を含む場合，その金額が確定する（liquide）[12]。

第 L111-7条　債権者は，その債権の執行又は保全のための処分を選択することができる。この処分の執行は，債務の履行を得るのに必要と認められる範囲を超過することはできない[13]。

第 L111-8条①　コンセイユ・デタ・デクレ（décret en Conseil d'État）[14]の定める要件の下で債権者に部分的に課すことのできる取立て又は受領に関する比例税（droits proportionnels）を除いて，強制執行の費用は，債務者の負担とする。ただし，〔実際に強制執行に支出を要する〕費用が示されたものの，この費用〔の支出〕が明らかに不要である場合は，この限りでない。〔費用に関する〕争い（contestations）は，裁判官によって裁定される。

②　執行名義なくしてなされた取立費用は，債権者の負担とする[15]。ただし，債権者が行うものとして法律が規定する行為に関しては，この限りでない。これに反する約定は，法律に別段の定めがあるものを除き，全て書かれていないものとみなされる。

③　前項にかかわらず，債権の取立てを行う過程の必要性を証明した債権者は，提示された費用の全部又は一部につき，不誠実な債務者（débiteur de mauvaise foi）の負担とする旨を執行裁判官（juge de l'exécution）に求めることができる。

第 L111-9条　これに反する規定がない限り，執行処分及び保全処分の実施は，

---

[12] 第 L111-2条・脚注（3）参照。

[13] この比例性（proportionnalité）に関して，第 L121-2条，第 L122-1条第2項を参照。

[14] 行政諮問機関としてのコンセイユ・デタ（山口俊夫『概説フランス法（上）』（東京大学出版会，1978年）254頁以下参照）は，「政府から付託を受けた問題または政府提出法律案に対する答申を義務的にまたは任意に表明する」権限を有しており，コンセイユ・デタ・デクレ（「コンセイユ・デタの議を経たデクレ」；décret en Conseil d'État）とは，このように「コンセイユ・デタ〔Conseil d'État〕の意見を聴いた後に採択されるデクレ」をいう（中村ほか108頁，140頁）。

[15] これは，いわゆる取立債務の原則（民法典第1342-6条。「支払は債務者の住所地で行わなければならない。」）を規定したものである。

-31-

管理行為（acte d'administration）とみなされる。

第 L111-10条① 第 L311-4条の場合を除き，仮の執行名義（titre exécutoire à titre provisoire）[16]による強制執行は完遂することができる。

② 執行は債権者の危険において遂行される。後に仮の執行名義が変更されたときは，債権者が現物又はこれに相当するものによって債務者の権利を回復する。

第 L111-11条① これに反する規定がない限り，民事事件における破毀申立て（pourvoi en cassation en matière civile）は，その対象となっている裁判の執行を妨げない。

② 〔前項の破毀申立てが認められた場合であっても，〕前項の執行は返還しか生じさせず，いかなる場合もフォート（faute）[17]によるものとされない。

第２章 差押可能財産

第 L112-1条① 差押えは，債務者に帰属する全ての財産に対して行うことができる。その財産が第三者によって占有されている場合も同様である。

② 差押えは，条件付，期限付又は継続的給付に係る債権に対しても行うことができる。これらの債権に付された履行の付款（modalités）は，差押債権者に対して対抗することができる。

第 L112-2条 次に掲げるものは，差し押さえてはならない。

1 法律が差押禁止と定めている財産

2 法律が譲渡禁止と定めている財産。ただし，別段の定めがあるときは，この限りでない。

---

[16] 仮の執行名義（titre exécutoire à titre provisoire）とは，支払命令（injonction / ordonnance de payer）を意味する（「支払命令」につき，中村ほか234頁参照）。

[17] フォート（faute；非行）とは，「懈怠，不注意，悪意によって，契約上の約務（契約上のフォート〔faute contractuelle〕）または他人に対して損害を生じさせない義務（不法行為上のフォート〔faute délictuelle〕，準不法行為上のフォート〔faute quasi-délictuelle〕と呼ばれる）を果たさないという態度」（中村ほか198頁）であると定義される。詳細については，山口俊夫『概説フランス法（下）』（東京大学出版会，2004年）164頁以下を参照。

3 　扶養の性質を持つ仮払金（provisions），金銭及び定期金。ただし，差押債権者が債務者に既に供給した生活必要物資に関する支払を求めるための差押えのときは，この限りでない。

4 　遺言者又は贈与者によって差押禁止と定められた処分可能な財産。ただし，贈与行為又は遺贈開始の後の債権者が，裁判官の許可を得て，その定める範囲内で差押えを求めるときは，この限りでない。

5 　債務者及びその家族の生活及び労働に必要な動産。ただし，コンセイユ・デタ・デクレの定める範囲内で，かつ，第6号に掲げる動産を除いて，その対価の支払のために差押えを求めるとき，それらの動産が，債務者の通常居住し若しくは労働する場所以外に存するとき，特に重要性，材質，希少性，骨董性，豪華性の理由により価値があるとき，その量の多さのため必要性を失っているとき，又は営業財産（fonds de commerce）の構成要素をなしているときは，この限りでない。

6 　前号に掲げる動産につき，その対価の支払のためであっても，社会家族福祉活動法典（Code de l'action sociale et des familles）第 L222-1条から第 L222-7条までで定める児童社会援助給付（prestations d'aide sociale à l'enfance）[18]の受給者がこれを所有するとき。

7 　障害者に不可欠な物又は病人の看護に充てられた物

第 L112-3条 　用途による不動産（immeuble par destination）[19]は，不動産と独立して差し押さえてはならない。ただし，その対価の支払のためであるときは，この限りでない。

---

[18] 社会家族福祉活動法典（Code de l'action sociale et des familles）とは，フランスに居住する者であって，法定の受給要件を満たすものが様々な形態により社会援助（aide sociale）を受けられる旨を規律する法典である（同法典第 L111-1条参照）。ここで引用されている第 L222-1条から第 L222-7条までの条文は，同法典第2巻「社会援助及び活動の諸形態」第2編「児童」第2章「児童社会援助給付」に関する規律である。

[19] 用途による不動産（immeuble par destination）とは，「所有者の意思により，あるいは不動産の便益および利用に充てられ（例：農業経営に用いられるトラクター），あるいはこの不動産に永続的に固定されているために（例：壁にはめ込まれた暖炉），法律により不動産とみなされる動産」をいう（中村ほか224頁）。民法典第524条参照。

第L112-4条　差押禁止債権は，その金額が口座に振り込まれたときでも，コンセイユ・デタ・デクレ所定の要件に従い，差し押さえてはならない。

第2編　執行及び債権回収に関わる司法機関及び人

第1章　司法機関

第1節　執行裁判官

第L121-1条①　執行裁判官は，司法組織法典第L213-6条[20]に定める要件に従い，本法典の規定の適用について審判する。

②　前項の規定にかかわらず，小審裁判所裁判官は，司法組織法典第L221-8条[21]に定める要件に従い，給料の差押えを管轄する。

第L121-2条　執行裁判官は，不要な若しくは濫用的な全ての処分の取消し[22]を命じ，また債権者が差押えの濫用をしたときは，その者に損害の賠償を命じる権限を有する。

---

[20] 司法組織法典（Code de l'organisation judiciaire）中の本条は，大審裁判所における執行裁判官の権限について定める。

[21] 司法組織法典（Code de l'organisation judiciaire）中の本条は，小審裁判所裁判官の執行裁判官としての権限について定める。

[22] 取消し（mainlevée）は，裁判官又は当事者が処分の障害を除去する又は処分の効果を停止する行為である。なお，取消し（mainlevée）については，無効（nullité）との違いに着目して，次のように説明されることがある。

　無効は，手続上又は実体上の瑕疵に関するサンクションであり，有効要件を満たしていない裁判上の行為（acte judiciaire）を遡及的に消失させる。取消しは，これに対して，債権者の意思又は裁判官の命令の帰結であり，手続上の瑕疵又は本案の理由の有無（toute absence de fondement）とは独立に，差押え又は異議申立ての効果を停止させる。この点については，特に以下の文献を参照。GUINCHARD et MOUSSA (Dir.), *Droit et pratique des voies d'exécution*, 8 éd., Dalloz, 2015, n° 718.51, p. 711.

　民事執行手続においては，例えば売却差押え（saisie-vente）の取消しがある。この場合，裁判官の裁判（décision）又は差押債権者及び参加債権者の同意（accord）が必要となる（第R221-47条）。この用語は，また，「解除」と訳すことが適切な場合もある（第R211-16条，第R212-6条，第R213-2条など）。

-34-

第L121-3条　執行裁判官は，債務者が〔執行手続に〕不当に抵抗したときは，その者に損害の賠償を命じる権限を有する。

第L121-4条　当事者は，執行裁判官の面前での手続においては，小審裁判所に適用される規定に従い，補佐又は代理[23]を受けることができる[24]。ただし，不動産，外航船舶，航空機及び20トン以上の内航船舶の差押えに適用される特別規定に係る場合は，この限りでない[25]。

第2節　検察官

第L121-5条　共和国検事[26]は，判決その他の執行名義の執行を監督する。

第L121-6条①　共和国検事は，自己の管轄区域の全ての執行吏に関与[27]を命じることができる。

②　共和国検事は，法律に特別の定めがあるときは，裁判所の裁判[28]の執行を職権で行う。

---

[23] 補佐（assistance）は，訴訟当事者への助言及び訴訟当事者の弁護を指す。通常，補佐の任務は代理（représentation）の任務（訴訟当事者の委任に基づく手続行為）に含まれる。

[24] 本条が小審裁判所の手続を準用しているのは，当事者が負担する手続費用の軽減を考慮したからである。この点につき，特に次の文献を参照。PERROT et THÉRY, *Procédures civiles d'exécution*, 3 éd., Dalloz, 2013, n° 337, p. 342.

[25] 本条の原文は1文で記述されている。

[26] 共和国検事（procureur de la République）は，大審裁判所の検察の長を務める司法官で，当該管轄区域の検察を代表する。

[27] 関与（ministère）については，第L122-1条の注（31）を参照。

[28] 裁判（décision）には，判決（jugement, arrêt）と命令（ordonnance）とが含まれる。

第2章　執行を職務とする者

第 L122-1条①　執行を職務とする執行吏[29]だけが，強制執行及び保全執行を追行できる[30]。

②　執行吏は，〔執行への〕関与又は協力[31]の義務を負う。ただし，協力等を

---

[29] 執行吏（及び競売吏）という訳語の選択については，以下の理由による。

執行吏(huissier de justice)は，弁護士と同様に自由専門職(profession libérale)であるものの，職株制(office)を前提とした裁判所付属吏(officier ministériel)でもある(後者の点が弁護士とは根本的に異なる)。こうした，一国の法制史的文脈を踏まえて，職業法律家の中での位置づけや特徴を反映した翻訳を行う場合には，伝統的に用いられてきた「執行吏（及び競売吏）」という訳語がふさわしい。

他方で，現代社会における自由専門職の社会的立場及び国家との関係におけるその職務の独自性(政府部門と民間部門という対比でみた場合に，民間部門に属しながらも公益性の高い職務に従事していること)を重視すれば，特に公務員制を選択している諸外国との違いを明示するためには，「huissier de justice」に「執行士（及び競売士）」という訳語を用いることが適切であると思われる。

いずれの立場にも十分な説得力が認められるが，本翻訳では，裁判所付属吏であることをわかりやすく示すために，「執行吏（及び競売吏）」の訳語を用いる。

執行吏は，さらに，弁護士，公証人，会計士，建築士，医師等と並んで，特定自由専門職（profession libérale concernée)として専門職民事会社(société civile professionnelle, SCP)の下で活動できる。ただし，既に指摘しているように，職株制を前提とする裁判所付属吏である点で，弁護士よりは公証人に似る。また，各地の会（barreau）が緩やかに連合する弁護士団体（ordre）とは異なり，執行吏の職業団体（chambre）は，他の裁判所付属吏と同様に，中央集権的に階層化されている。

いずれにしても，現行日本法の執行官はもちろん，旧法下における「執行吏」とも異なる。以上につき，特に次の文献を参照。滝沢正『フランス法　第4版』（三省堂，2010年，初版は1997年）225頁以下，山本和彦『フランスの司法』（有斐閣，1995年）393頁以下及び414頁以下，同「フランスの執行士制度」新民事執行実務4号（2006）65頁以下，同「執行官制度の比較法的検討」新民事執行実務11号（2013年）115頁以下。

[30] 「執行を職務とする（chargé de l'exécution)」という場合，執行吏の任務の二重性が含意されている。執行吏は，まず，債権者の受任者（mandataire）として顧客に対する責めを負う（chargé par son client)。執行吏は，また，裁判所付属吏兼公署官すなわち国家の（被）授権者（délégataire）として，執行及び公署分野における公権力の行使を分担し，一般利益を実現する責めを負う（chargé par l'État)。このため，業務独占が認められ，その引き換えに受任義務が課される。

以上につき，特に次の文献を参照。COUCHEZ et LEBEAU, *Voies d'exécution,* 12éd., Sirey, 2017, pp. 73-75, PERROT et THÉRY, *Procédures civiles d'exécution,* 3 éd., Dalloz, 2013, pp. 275-282., HOONAKKER, *Procédures civiles d'exécution,* 6 éd., Bruylant, 2017, pp. 79-86, CAYROL, *Droit de l'exécution,* 2 éd, LGDJ, 2016, pp. 142-150.

日本語文献としては，本頁の注（29）を参照。

[31] 関与（ministère）は，協力（concours）や仲介（entremise, intervention）と重なる概念である。

－36－

求められた処分が違法性を帯びていると思われる場合は，この限りでない。
〔執行〕費用の額が請求債権額を超えると明白に認められる場合も，この費
用の額が，債務者が履行を拒否している名目的な金額の支払命令[32]に基づく
ときを除き，この限りでない[33]。

第 L122-2条　執行を職務とする執行吏は，執行の追行[34]の責任を負う。この者
は，法律が求める場合には，執行裁判官又は検察官に対して，許可の付与又
は必要な処分の命令を請求する権限を有する。

第 L122-3条　執行吏と同一の資格で強制執行及び保全処分の手続を行う権限
を有するその他の者については，この者による手続が認められる分野ととも
に，法律により別に定められる。

第3章　第三者

第 L123-1条①　第三者は，債権の執行又は保全のためになされる手続を妨害
してはならない。この者は，法律の定めによりその協力を要請されたときは，
本項前段の手続に協力する。

②　正当な理由なく前項の義務を免れようとする者に対しては，必要があれば
間接強制[35]の制裁をもって，その履行を強制することができる。ただし，損
害賠償請求はそれにより妨げられない[36]。

③　差押えがその者に対して行われている第三者は，前項と同様の要件で，差
押えの原因債権の弁済を命じられ得る。ただし，債務者に対する求償は妨げ
られない[37]。

以下，両者に言及する場合は，「協力等」とする。
[32] 名目的な金額の支払命令（condamnation symbolique）とは，1ユーロの支払などを指す。
[33] 本項の原文は1文で記述されている。
[34] 本条の「執行の追行」は，執行の実施（opérations d'exécution）と追行（conduite）を合わせ
た翻訳である。
[35] 間接強制（astreinte）については，「単独章　間接強制」の注（38）を参照。
[36] 本項の原文は1文で記述されている。
[37] 本項の原文は1文で記述されている。

-37-

第4章　合意による債権回収を職務とする者

第L124-1条　職業的規制に服していない自然人又は法人の行為は，その者が他人のために合意による債権回収を図る場合には，当該行為が通常業務又は一時的業務であれ，付随的資格に基づくものであれ，コンセイユ・デタ・デクレが定める要件に従って行われる。

第5章　少額債権の簡易回収手続

第L125-1条①　少額債権の簡易回収手続は，コンセイユ・デタ・デクレで定められた金額未満であり，かつ，契約を原因とする又は規程に基づく債務に由来する債権の弁済についての債権者の申立てに応じて，執行吏により実現される。

②　この回収手続は，執行吏による配達証明付書留郵便の送付から1か月以内に進められる。〔ただし，〕債務者の同意は，執行吏がこれを確認することにより，時効〔の進行〕を停止する。

③　弁済金額及び弁済方法に関する債権者及び債務者の同意を受領した執行吏は，他の形式によらず，〔債権者に対して〕執行名義を交付する。

④　本条の手続に起因するあらゆる性質の費用は，専ら債権者の負担とする。

⑤　本条の適用態様，とりわけ執行吏が執行名義を交付するときの利害衝突を防止する規定については，コンセイユ・デタ・デクレにより定める。

第3編　執行上の障害の回避（La prévention des difficultés d'exécution）

単独章　間接強制[38]（L'astreinte）

第L131-1条①　いかなる裁判官も，自己の裁判の履行を確保するために，職

---

[38] アストラントと呼ばれるフランスの間接強制は，かつて日本の間接強制のモデルとされた制

権でも，間接強制を命ずることができる。

② 執行裁判官は，事情により必要があると認めるときは，他の裁判官がした裁判に間接強制を付すことができる。

第 L131-2条① 間接強制は，損害賠償とは独立したものとする。

② 間接強制は，暫定的(provisoire)又は確定的(définitive)とする。間接強制は，〔発令した〕裁判官がその確定的性格を明示していない限り，暫定的とみなす。

③ 確定的間接強制は，暫定的間接強制の発令後，かつ，裁判官が期間を定める場合に限り，命ずることができる。このいずれかの要件を欠くときは，その間接強制は，暫定的間接強制として総額を確定する[39]（liquidée）。

第 L131-3条 間接強制は，確定的〔間接強制〕であっても，執行裁判官が総額を確定する。ただし，間接強制を命じた裁判官に事件がなお係属しているとき又はその裁判官が間接強制〔金〕の総額を確定する権限を明示的に留保したときは，この限りでない。

第 L131-4条① 暫定的間接強制の総額は，命令を受けた者の態度及びその者が命令を履行する際に遭遇した困難を考慮して確定する。

② 確定的間接強制の〔発令時に定められた〕額は，その総額を確定する時に，変更することができない。

③ 裁判官の命令の不履行又は履行遅滞の全部又は一部が，外在的原因[40]（cause étrangère）によることが証明されたときは，暫定的又は確定的間接強制は，その全部又は一部を取り消す。

度であるが，日本の制度と異なり，強制執行ではないと解するのが一般である。本法典の間接強制の位置づけも，この一般的な考え方に従うものと思われる。アストラントにつき，大濱しのぶ『フランスのアストラント』（信山社，2004年）等。

[39] フランスの間接強制は，発令（prononcé）と，事後における間接強制金の総額確定（liquidation）の二段階構造をとる。後者は，「清算」と訳されることが多い。なお，総額確定後，再び間接強制を発令することも可能である。

[40] 不可抗力（force majeure）に類似するが，それよりも広く，第三者の行為も含むとされる。なお，外在的原因は，従来，債務不履行による損害賠償責任の免責事由として，不可抗力と区別して民法典に規定されていた（旧第1147条）が，2016年改正後の現行民法典には，これに相当する規定はない。

第4編　執行の実施（Les opérations d'exécution）

第1章　総則

第L141-1条① いかなる執行処分も，日曜日又は休日に行うことができない。ただし，必要がある場合に裁判官の許可を受けたときは，この限りでない。

② いかなる執行処分も，午前6時前又は午後9時後に開始することができない。ただし，必要がある場合に裁判官の許可を受け，かつ，住居以外の場所において行うときは，この限りでない。

第L141-2条① 差押〔書〕（acte de saisie）は，その対象となった財産の処分を禁止する。

② 有体動産に対する差押えの場合においては，差押債務者又は有体動産を占有する第三者（tiers détenteur）で，その下で差押えが行われたもの[41]を差押物の管理人とみなし，刑法典第314-6条[42]に規定する制裁の対象とする。

③ 債権に対する差押えは，その債権の時効を中断する。

第L141-3条 債権の執行又は保全のための処分に際して，文書を援用する者は全て，当該文書を伝達[43]（communiquer）し，又はその写しを交付する義

---

[41]（日本の動産執行に相当する）売却差押えでは，第三者が債務者のために占有している動産を直接差し押さえることが可能であり（第L221-1条），その場合の第三者が，本条の第三者の典型例と思われる（第R221-23条第10号参照）。

[42] 差押えを受けた者による差押物の破壊・横領及びその未遂の刑罰として，3年（以下）の拘禁刑及び37万5000ユーロ（以下）の罰金を規定する。

[43] 本条は，民事訴訟における当事者間の書証伝達義務（民事訴訟法典第132条）を民事執行手続に導入する趣旨のようである。故に，本条の「伝達」も，民事訴訟における書証の伝達と同様，自発的かつ適時に文書の内容を知らせることを意味すると考えられる。また，本法典における他の規定でも，伝達の語は，同様の意味で用いられていると考えられる。

　民事訴訟法典第748-1条以下には，オンライン（voie électronique）による伝達に関する一連の規定がある。オンラインによる伝達の利用には，原則として名宛人の明示の同意を要する。もっとも，名宛人たる当事者が，たとえば弁護士に代理されている場合には，その弁護士がオンラインによる伝達のための一定のネットワークに加入していれば，この同意があるとみなされる（同第748-2条）。本法典が定める伝達も，オンラインですることができると解される（第R121-5

-40-

務を負う。ただし，当該文書が既に送達（notifié）されているときは，この限りではない。

第2章　建物（locaux）における執行の実施

第1節　総則

第L142-1条① 建物の占有者が不在のとき又はその者が立入りを拒むときは，執行を職務とする執行吏は，執行の実施に立会いを求められた市町村長，市町村会議員，このために市町村長の委任を受けた市町村職員，警察官若しくは憲兵，又はこれらの者がいない場合には，債権者及び執行を職務とする執行吏の従業者以外の2人の成人の証人の立会いがあるときに限り，その建物に立ち入ることができる。

② 〔前項と〕同様の要件に従い，動産の開扉の手続をすることができる。

第L142-2条　執行吏が立ち入った建物（lieux）に債務者又は所在すべき者全員が不在のときは，執行吏は，入った戸又は出入口の施錠に責任を負う。

第2節　住居（locaux servant à l'habitation）に関する特則

第L142-3条　執行吏による支払催告書の送達から8日の期間が経過し，かつ，それが効を奏しなかったときは，執行吏は，執行名義を提示して，住居（lieu servant à l'habitation）に立ち入り，必要があれば，戸及び動産の開扉の手続をすることができる。

条参照）。

－41－

第3章　公会計官[44]（comptables publics）に送達する差押え

第 L143-1条　公会計官の下で処分をすべきときは，執行名義又は保全処分の許可を有する債権者は全て，支払命令官[45]に対し，送達を受ける権限を有する公会計官を明らかにすること，及び処分の実施に必要な全ての情報〔の提供〕を求めることができる。

第 L143-2条①　給料を譲渡し又は差し押えるための文書を除き，公会計官に宛てた差押通知[46]（oppositions）及び執行吏送達[47]（significations）は，その日から5年間に限り，効力を有する。この期間内に再度実施した場合を除き，

---

[44] 公会計官は，通常は財務大臣により任命され，国・地方公共団体等の公法人の出納等を独占的に担当する公務員であり（もっとも個人的な金銭上の責任を負う），財務省財政局（direction générale des finances publiques）等に所属し，支払命令官（ordonnateur 収支命令官と訳すことも考えられる）の支払命令・徴収命令に基づき，支払・収納を行う。支払命令官は，公法人の収入・支出の執行を命じる機関であり，大臣・県会議長等がこれに当たる。支払命令官と公会計官の兼務は，禁止される。予算管理及び公会計に関する2012年11月7日デクレ第1246号第8条以下等参照。

　公会計における命令機関と出納機関の分離原則は，フランスと日本に共通するが，出納機関の機能は，日本では，命令機関と同じ省庁や地方公共団体の出納官吏にあるのに対し，フランスでは，財務省の公会計官が独占する点で異なるとされる。また，命令機関には責任を問わず，その代わりに，出納機関に命令機関を監視させ，出納機関に個人的弁償の義務まで課すことも，フランスの特徴とされる。中西一『フランス予算・公会計改革』（創成社，2009年）4頁，亀井孝文編著『ドイツ・フランスの公会計・検査制度』（中央経済社，2012年）86頁以下〔中西一〕参照。

　なお，本章の規定は，概していえば，公法人が第三債務者となる差押え（帰属差押え等）に関するものである。

[45] 前掲注（44）参照。

[46] この oppositions の意味は明らかでないが，公法人が第三債務者となる場合における第三債務者に対する差押えの通知を意味するように思われるので，ひとまず「差押通知」と訳しておく。

[47] 送達（notification）のうち，執行吏によるものであり，執行吏が作成する証書（執行吏証書。第 R211-1条の注（62）参照）を用いて行う（民事訴訟法典第651条第2項）。執行吏送達によらない通常の方式の送達は，郵便によって又は（署名もしくは受領証と引換えに）文書を交付してする（同第667条）。送達は，常に執行吏送達によることができること（同第651条第3項），一定の文書は執行吏送達によらなければならないこと等から，執行吏送達は，送達の原則的な方式といわれる。執行吏送達は，オンラインですることもできる（同第653条）。オンラインによる場合には，この方法を利用することにつき，名宛人の同意を要する（執行吏証書にその同意を記載する。同第662-1条第2項。その他の要件に関し，同条等参照）。

−42−

当該差押通知及び執行吏送達に基づいて，いかなる行為（actes）又は判決がされた場合でも，同様とする。

② 前項の規定は，預金供託金庫[48]（Caisse des dépôts et consignations）の総括会計責任者[49]及びその受託者（préposés）に宛てた差押通知及び執行吏送達に準用する。

第5編　執行上の障害

第1章　手続　〔規定なし。規則部に規定あり。〕

第2章　情報の収集

第L152-1条　統計に係る義務，協力及び秘密に関する1951年6月7日法律第711号第6条[50]に規定する場合を除き，国，州，県及び市町村の行政機関，国，州，県及び市町村が許可し（concédées）又は監督する企業〔並びに〕行政が監督する公施設法人[51]（établissements publics）又は組織は，自己が保有する情報で，債務者の住所，その使用者又は金額が確定し，若しくは期限が到来した債権の第三債務者若しくは受寄者全ての身元及び住所並びに債務者の不動産を特定することができるものについては，それ以外の全ての情報を除

---

[48] 金銭・有価証券の供託を受け入れ管理すると共に，非課税の貯蓄預金を原資とする低家賃の社会住宅建設事業への融資をはじめ，とくに公益性の高い事業を行う公的金融機関であり，通貨金融法典第L518-2条以下に規定がある。特徴として，立法府の監督の下に置かれ，国会議員等から成る監査委員会の監査を受ける点が挙げられる。運営機関としては，総裁（directeur général）の他に，caissier général が置かれる。後者は，資金の出し入れに責任を負うもので，総括会計責任者と訳しておく。

[49] 前掲注（48）参照。

[50] 公的機関が行う統計調査で得られた個人情報について，一定の例外（刑事訴訟関係等）を除き，提供を禁止する旨を定める。

[51] 公法人の一種であるが，その性格は多様である。伝統的なタイプである行政的性格の公施設法人は，公法の規律に服するが，商工業的性格の公施設法人は，原則的には私法の規律に服する。なお，フランス電力（EDF）やフランス・ガス（GDF）は，公施設法人であったが，近年，株式会社化された。

-43-

き，執行を職務とする執行吏に伝達しなければならない。この場合には，職業上の秘密を理由に伝達を拒むことができない。

第 L152-2条　預金の受入れを行うことを法律により認められている機関は，債務者の名義で，1 又は数個の口座，共同口座[52]又は融合口座[53]（comptes joints ou fusionnés）が開設されているか否か，及び口座を保有する場所について，それ以外の全ての情報を除き，執行を職務とする執行吏に開示しなければならない。この場合には，職業上の秘密を理由に開示を拒むことができない。

第 L152-3条①　1 又は数個の執行名義のために請求し，取得した情報は，当該執行名義の執行に必要な範囲においてのみ，利用することができる。この情報は，いかなる場合でも，第三者に伝達し，又は氏名情報が含まれるデータベース（fichier d'informations nominatives）の対象とすることができない。

②　前項の規定に対する違反は全て，刑法典第226-21条[54]に規定する軽罪に対する刑罰の対象となる。ただし，必要な場合には，懲戒及び損害賠償の請求を妨げない。

第 3 章　警察[55]（force publique）の援助

第 L153-1条　国は，判決その他の執行名義の執行を援助する義務を負う。国

---

[52] 複数の者の名義で開設される口座で，かつ，口座名義人が連帯債権者となる点（solidarité active）が特徴であり，各口座名義人は，金融機関に対し，単独で残高の全部又は一部の支払を請求することができる。夫婦等で広く利用されているようである。共同口座の差押えに関し，第 R211-22条等参照。

[53] この意味は明らかではないが，同一人の複数の口座を一体化あるいは連結して扱うような約定がある場合を指すようである。その態様は様々であるが，大別すると，同一人の複数の口座を包括する口座を設けるもの（convention d'unité de comptes），同一人の複数の口座にわたる相殺を可能とするもの（convention de compensation）等があるとされる。PARLEANI, JurisClasseur Banque-Crédit-Bourse, Fasc. 250, Pluralité de comptes en banque ouverts à un même client, 2015等参照。

[54] 個人情報の登録・分類・送付その他の取扱いの際に，これを保有する者の目的外利用につき，5 年（以下）の拘禁刑及び30万ユーロ（以下）の罰金を定める。

[55] force publique は，一般に，民事執行や治安維持を確保するために実力行使をする公務員組織（警察・軍隊）を意味するとされ，「公の武力」と訳されることもある。もっとも，実質的には

が援助を拒むときは，損害賠償を請求することができる。

第 L153-2条　執行を職務とする執行吏は，警察の援助を求めることができる。

第6編　特定の者及び特定の財産に関する特則

第1章　特定の者の保護

第 L161-1条①　個人事業者の事業活動を原因とする契約に基づく債権を有する者が，当該事業者の財産につき，執行名義に基づく強制執行処分をしようとする場合において，当該事業者は，第 L112-2条第5号の規定にかかわらず，事業の遂行に必要な財産が，当該債権の弁済を担保するのに十分な価値があることを証明するときは，債権者に対し，まずこの財産について執行をするよう請求することができる。

② 　債権者は，前項の申入れによると自己の債権を回収できなくなるおそれがあることを証明するときは，前項の請求を拒むことができる。

③ 　〔前項により〕債務者の請求を拒んだ債権者の責任は，〔債務者を〕害する意図に基づく場合を除き，追及することができない。

第 L161-2条　有限責任個人事業者[56]（entrepreneur individuel à responsabilité limitée）が債務者となる執行手続の場合において，その対象とすることがで

警察又はこれに準じる憲兵を意味すると思われるので，わかりやすさ等を考慮して，ここでは「警察」と訳しておく。

[56] 個人事業者が，法人を設立しないで，事業活動による債務の責任財産を個人財産から分離することができる企業形態である（商法典第 L526-6条以下）。この事業用の責任財産は，patrimoine affecté と呼ばれ，「充当財産」「充当資産」と訳されているが，ここでは，ひとまず「事業用財産」と訳しておく。この制度を創設した2010年6月5日法律第658号に関し，マリ＝エレーヌ・モンセリエ＝ボン（片山直也訳）「充当資産（patrimoine d'affectation）の承認による個人事業者の保護」法研84巻4号（2011年）65頁以下，鳥山恭一・立法紹介「有限責任個人企業者（EIRL）」日仏法学26号（2011年）192頁以下参照。

-45-

きる財産は，商法典第 L526-12条[57]の規定に従い，債権者が有する一般担保
権の目的となる財産に限る。

第 L161-3条　扶養定期金，民法典第214条に規定する婚姻費用負担金，同法
典第276条[58]に規定する定期金（rentes）又は同法典第342条[59]に規定する援助
金（subsides）として，司法裁判所[60]の裁判でその支払を命じられた債権の
執行については，扶養定期金の公的取立て（recouvrement public）に関す
る1975年 7 月11日法律第618号[61]に規定する要件及び方式により，管轄公会計

---

[57] 同条は，概して次のように定める。事業用財産（前掲注（56）参照）を設定する届出（déclaration d'affectation）は，その届出後に生じた権利を有する債権者に対抗しうる。その場合において，有限責任個人事業者の事業活動により生じた権利を有する債権者は，事業用財産のみを一般担保（すなわち責任財産）とし，それ以外の債権者は，非事業用財産（patrimoine non affecté）（すなわち個人財産）のみを一般担保とする。ただし，後者の場合，非事業用財産では満足を受けることができないときは，直近の事業年度末に有限責任個人事業者が得た利益に対し一般担保権を行使しうる。

[58] 裁判官は，例外的に，離婚の補償給付を終身定期金の形式で命ずることができる旨を定める。

[59] 父子関係が適法に証明されない子は，法定の懐胎期間内に母と関係した者に対して，援助金の支払を求める訴えを提起することができる旨を定める。

[60] 第 L111-3条第 1 号の注（ 4 ）参照。

[61] 同法の適用に関する細則として1975年12月31日デクレ第1339号がある（本法典第 R161-1条参照）。同法が定める扶養定期金の公的取立ての手続の概略は，次のようである（以下，同法は「法」，上記デクレは「デクレ」という）。

公的取立てができるのは，強制執行が不奏功の場合に限る（法第 1 条。また，現行同条は，執行力を有する司法裁判所の裁判がある場合に限定するが，2018年 4 月施行予定の改正同条は，私文書を含む一定の合意文書がある場合にも公的取立てを認める）。債権者は，その住所地の大審裁判所に所属する共和国検事に対し，公的取立てを求める申立てをする。強制執行の不奏功が証明されれば，申立ては認められる（法第 2 条）。共和国検事の判断に対し，不服を申し立てることができるが，これに公的取立てを停止する効力はない（法第 4 条第 5 項）。この不服申立てについては，大審裁判所所長がレフェレ（日本の仮処分に相当する手続）で裁判し（法第 4 条第 1 項），この裁判に対しては，控訴・異議を申し立てることはできない（法第 4 条第 3 項）が，破毀申立てはできる（デクレ第 8 条第 4 項・第 9 条）。

共和国検事は，債権者の申立てを認める場合には，（債務者に対する）徴収執行命令書（état exécutoire）を作成して，これを県（場合により州）財政局長に送付し（法第 3 条第 1 項・デクレ第 6 条第 1 項），県財政局長は，債務者の住所地の公会計官に交付する（デクレ第11条）。徴収執行命令書には，扶養定期金の支払を命ずる判決・取り立てるべき扶養定期金の額・取立費用の額を記載すると共に，徴収執行命令書が執行名義に相当する旨の記載をする（デクレ第 6 条第 2 項・第 3 項）。取立ての対象となる扶養定期金は，弁済期未到来分及び申立て前 6 か月間に弁済期が到来した分である（法第 3 条第 1 項）。債権者は，公的取立ての対象となる債権を

官[62]が債権者のために取り立てることができる。

第2章　特定の財産に関する特則

第 L162-1条① 　預金の受入れを行うことを法律により認められている機関の下で，差押えがされたときは，この機関は，差押えの日における債務者の口座の残高（solde）を陳述する義務を負う。

② 　差押え後15取引日の期間内は，口座に残された金額の処分を禁止する。この期間内において，前項に規定する残高は，次に掲げる取引によって，差押債権者の有利又は不利に変更することができる。ただし，その取引の日付が，差押えの前であることが証明される場合に限る。

1 　貸方について

　　〔差押えの〕前にした小切手又は手形の取立てのための呈示で，口座にまだ記入していないもの

2 　借方について

　　a) 　差押えの前に，取立ての呈示をし又は口座の貸方に記入し，かつ，不払となった小切手の充当

　　b) 　差押えの前にした現金自動支払機による引出し，及び受益者について

他の手続で取り立てることはできない（法第5条）。一方，公会計官は，債権者に代位して，債権者のとり得る手続（直接払い〔本法典第 L213-1条以下〕等）をすることができる（法第6条）。公的取立ては，公会計官が直接税（contributions directes）に関する手続によって行う（法第7条第1項）。公会計官は，取り立てるべき扶養定期金の額の10％を増額して徴収し，この増額分は，取立費用（frais de recouvrement）として国庫に納める（法第7条第2項）。債務者は，強制徴収費用（frais de poursuites）も負担する（法第7条第3項・租税一般法典第1912条）。

　公的取立ての手続の続行中，債務者は，公会計官に対してのみ有効に弁済ができる（法第9条）。債務者死亡・取立て不能の場合（法第10条），債権者が手続を放棄する場合（法第11条），連続して12か月間遅滞なく支払をした債務者の申出がある場合（法第12条）には，共和国検事は手続を終了させ，公会計官の取立ての職務を解く。公的取立ての停止後2年内に新たな不履行があり，遅滞が1か月を超えるときは，債権者は，予め強制執行によることなく，共和国検事に公的取立ての実施を求めることができる（法第13条第1項）。債権者による公的取立手続の濫用については，民事罰金等の制裁がある（法第17条）。

[62] 前掲注（44）参照。

－47－

差押えの前に有効に貸方に記入した場合におけるカードによる支払

③　前項の規定にかかわらず，割り引いた手形で，その呈示の時又は差押え後に到来する満期の時に支払われなかったものについては，差押え後1か月の期間内に修正記入[63]（contrepassés）をすることができる。

④　帰属差押えをされている残高が，本条第2項及び前項による貸方及び借方に係る取引によって減少するのは，その累積した結果が，借方超過（négatif）であり，かつ，その決済の日において差押えの及んでいない金額を超える場合に限る。

第L162-2条①　債務者が自然人であるときは，第三債務者は，差押えの日における1又は複数の口座の貸方残高の限度において，社会福祉活動・家族法典第L262-2条[64]に規定する単身世帯の受給者1人当たりの基準額（montant forfaitaire）と同額の扶養料の性質を有する金額を債務者に解放する（laisse à disposition）ものとする。

②　債務者が有限責任個人事業者であるときは，前項の規定は，非事業用財産[65]に係る口座の差押えの場合に限り，適用する。

---

[63] ある勘定記入を消去するため，これと反対の意味の勘定記入をする（反対勘定に同額を記入する）会計手法である。手形割引については，金融機関が割り引いた手形の額を顧客の口座の貸方に記入した後，手形の支払がない場合に，その口座の借方に記入することにより，処理することをいう。

[64] 世帯の収入（ressources）が基準額に満たない者には，一定の要件のもとに積極的連帯所得手当（revenu de solidarité active：RSA）の受給権があること等を定める。基準額は，デクレで定め，毎年4月1日に改定される（社会福祉活動・家族法典第L262-3条第1項）。2016年4月時点の単身世帯の受給者1人当たりの基準月額は524.68ユーロである（2016年4月27日デクレ第538号第1条）。

[65] 第L161-2条の注（56）及び（57）参照。

第2巻　動産等執行手続
（les procédures d'exécution mobilière）[66]

第1編　金銭債権（créances de sommes d'argent）の差押え

第1章　帰属差押え（saisie-attribution）[67]

第L211-1条　金額が確定し，かつ，期限が到来した債権（créance liquide et exigible）を証する執行名義を有する全ての債権者は，その支払を得るため，労働法典に定める給与の差押えについて別に定める場合を除き，債務者の金銭債権を第三者に対して差し押さえることができる。

第L211-2条①　差押え（acte de saisie）は，差押債権の額に達するまで，第三者に対して請求できる（disponible）被差押債権及びその全ての附帯債権について，差押債権者のために即時帰属の効果を生ずる。差押えは，その第三者を，その債務を限度として，差押債権の（des causes de la saisie）直接の債務者とする。

②　他の差押えその他の徴収処分（mesure de prélèvement）[68]の送達（優先債権に基づくものを含む。）で差押えに後れるもの及び企業保護（sauvegarde）[69]，裁判上の更生若しくは裁判上の清算手続を開始する判決の

---

[66] ここでの exécution mobilière は，直訳すれば「動産執行」となるが，日本法と異なり，ここでの動産には，債権のその他の無体財産が含まれる。そのため，ここでは，「動産等」執行と訳すこととした。

[67] 山本和彦「民事執行法の法典化」日仏法学27号（2013年）156頁による。中村ほか383頁は「差押え＝帰属」，山口534頁は「帰属＝差押え」とする。

[68] 山本和彦「試訳・フランス新民事執行手続法及び適用デクレ（1）」法学58巻2号（1994年）409頁による。prélèvement については，中村ほか330頁は「先取り」，山口447頁は「先取控除」，「課税」などの訳語を当てる。

[69] sauvegarde とは，企業の維持・継続を目的として支払停止前の企業に適用される一種の倒産手続であり，「保護」，「再生」などとも訳される。同制度の内容については，山本和彦「私的整理と多数決」NBL1022号（2014年）15-16頁参照。

-49-

出現は，前項に定める帰属の効果に影響を及ぼさない。

③　同一の日に同一の第三者に対して（entre les mains d'un tiers）送達された差押えは，同時にされたものとみなす。請求できる債権額（sommes disponibles）が差押債権者の全員に対して弁済するのに足りないときは，差押債権者の競合が生じる。

④　帰属差押えが効力を失ったときは，差押えに後れる差押え及び徴収処分は，それらがされた日に遡って効力を生ずる。

第 L211-3条　第三債務者（tiers saisi）は，債務者に対する債務の範囲及び附款（modalités）[70]のうち債務に影響を及ぼす可能性があるもの並びに先行する債権譲渡，支払指図（délégations）[71]又は差押えがあるときはそれらについて，債権者に対して陳述しなければならない。

第 L211-4条①　差押えに関する全ての異議は，コンセイユ・デタ・デクレで定める期間内に申し立てる。

②　異議の申立てがない場合には，債権者は，差押えによって帰属した債権の支払を求める。

③　前項の規定にかかわらず，第1項に定める期間内に異議の申立てをしなかった債務者は，本案の請求について管轄権を有する裁判官に対して，不当利得返還の訴えを提起することができる。

第 L211-5条　異議の申立てがあった場合には，裁判官が金額を定めて支払を許可した場合を除き，支払は猶予される。

---

[70] modalités とは，債務の通常の効果を変更させる特殊な属性を指し，期限，条件のほか，連帯性や不可分性，選択債務性などを含む。
[71] délégation とは，指図人（délégant）が被指図人（délégué）に対して，受取人（délégataire）に対して債務の履行をするように求め，受取人が被指図人を自己の債務者として認める旨の3者間の取引を指す。民法典第1336条以下参照。

第2章　給料 (rémunération) の差押え及び譲渡 (cession)

第1節　総則

第L212-1条　給料の差押え及び譲渡は，労働法典第L3252-1条から第L3252-13条までの規定[72]の定めるところによる。

第2節　公務員 (agents publics) の給料の差押えに関する特則

第L212-2条①　第L212-1条に定める給料の差押え及び譲渡に関する規定は，文民である官吏 (fonctionnaires civils) の俸給 (salaires et traitements) 並びにその階級にかかわらず，陸軍，海軍又は空軍の現役の士官若しくは士官相当官，下士官その他の軍人又はその相当官及び予備役将官 (officiers généraux du cadre de réserve)[73]の俸給 (soldes) に適用される。

②　前項の軍人については，デクレで，控除の計算に算入されない俸給の附帯金を定める。

第L212-3条　第L212-2条の規定は，採用に関する法律で認める軍人に対する諸手当 (primes accordées aux militaires)[74]には，適用されない。

---

[72] 労働法典第L3252-1条から第L3252-13条は，給料について差押えが可能な金額及びその算定方法，給料差押えの管轄裁判所，債権者競合の場合の取扱い，第三債務者の陳述義務，手続における代理人資格などを定める。

[73] officier général とは，軍の士官のうち，陸軍，空軍及び国家憲兵隊の将軍並びに海軍の提督を指す。そのうち，予備役の将官は，退職年金に相当する額の予備役俸給を受けるものとされる。

[74] primes とは，各種の費用や担当する役務に特有な困難などを考慮して，通常の賃金に加えて支給される金銭をいう。軍人の場合，初任手当，住居手当その他，各種の手当が存在するようである。

-51-

第3章　扶養定期金の直接払いの手続

第 L213-1条① 全ての扶養定期金債権者は，その債務者に対して金額が確定し，かつ，期限が到来した債務を負う第三債務者に対して，その定期金を直接取り立てることができる。扶養定期金債権者は，この権利を，とりわけ給料の名目で債務を負う全ての〔第三〕債務者及び全ての財産受寄者に対して，行使することができる。

② 直接払いの請求は，扶養定期金が以下の各号に掲げるものによって定められたものであり，かつ，その履行期の１つについて，期限に従った支払がされなかった場合に，することができる。

1 執行力のある司法裁判所の裁判

2 相互の同意による離婚（divorce par consentement mutuel）の合意書であって，弁護士の副署のある私署証書（acte sous signature privée contresigné par avocats）[75]の方式によって作成され，公証人の証書原簿に登録されたもの

3 公証人が公署証書の方式で作成した証書

③ この手続は，民法典第214条に定める婚姻費用負担金の取立てに適用される。この手続は，民法典第276条に定める定期金[76]及び同法典第342条に定める援助金[77]の取立てにも，同様に適用される。

第 L213-2条① 〔直接払いの〕請求は，他の手続を要することなく，かつ，他の全ての債権者に優先して，対象となる金額を期限到来ごとに請求者（bénéficiaire）に帰属させる効力を有する。

---

[75] 弁護士の副署のある私署証書は，2011年に新たに創設された制度であり，私人が自署して作成する私署証書の一種であるが，弁護士が副署することによって特別の効果が認められるものである。相互の同意による離婚は，従来裁判官による言渡しを必要としたが，2016年11月18日の法律により，弁護士の副署のある私署証書の公証役場への登録によってすることができることとなった。

[76] 民法典第276条に定める定期金については，第 L161-3条注（58）を参照。

[77] 民法典第342条に定める援助金については，第 L161-3条注（59）を参照。

② 第三者は，判決で定める履行期に従って，前項の金額を請求者に直接支払う義務を負う。

第 L213-3条 反対の合意がない限り，扶養定期金債権者に支払われる金額は，その住所又は居所において支払われる。

第 L213-4条① 直接払いの手続の効力は，以後履行期が到来する扶養定期金に及ぶ。

② 手続の効力は，直接払いの請求の送達に先立つ最後の6か月の間に履行期が到来した扶養定期金にも，同様に及ぶ。

③ 前項の金額は，12か月にわたり，等分して支払われる。

④ 家族手当（prestations familiales）[78]の債務者である機関が扶養定期金債権者のために請求をする場合には，直接払いの手続の効力は，直接払いの請求の送達に先立つ最後の24か月の間に履行期が到来した扶養定期金にも，同様に及ぶ。この金額は，12か月にわたり，等分して支払われる。

第 L213-5条① 直接払いの請求は，執行吏を介して行われる。

② 行政機関が扶養定期金債権者の権利を代位する場合には，自ら直接払いの請求をし，第 L152-1条及び第 L152-2条の規定を援用することができる。

③ 家族手当の債務者である機関が扶養定期金債権者のために請求をする場合には，自ら直接払いの請求をすることができる。

第 L213-6条 この章の規定を適用するための要件については，コンセイユ・デタ・デクレで定める。

---

[78] 家族手当とは，家族構成に応じて社会保障機関が行う現金給付をいう。

第2編　有体動産の差押え[79]

第1章　売却差押え（saisie-vente）

第1節　総則

第L221-1条①　金額が確定し，期限が到来した債権を表示する執行名義を有する全ての債権者は，債務者に帰属する有体動産について，それが債務者によって占有されているか否かにかかわらず，差押前支払催告書の執行吏送達の後[80]，差押え及び売却の手続を行うことができる。

②　前項の要件を満たす全ての債権者は，参加申立て[81]の方法により，手続に参加することができる。

③　差押えは，第三者が占有し，かつ，その者の住居に所在する動産に対してなされるときは，執行裁判官の許可による。

第L221-2条　債務者の住居における〔有体動産の〕売却差押えは，それが扶養債権以外で，かつ，命令に定める金額[82]を下回る債権の回収に係る場合には，執行裁判官の許可がある場合を除き，債権の回収が預金口座又は給料の差押えによっては不可能であるときに限り，これを行うことができる。

---

[79] フランスの動産執行及び動産引渡執行に関する解説として，山本和彦「フランス新民事執行手続法について（上）」ジュリスト1040号（1994年）69頁以下，特に72頁以下，同『フランスの司法』（有斐閣，1995年）61頁以下，特に73頁から80頁までを参照。

[80] 差押前支払催告書（commandement de payer）の執行吏送達から8日間を経過しなければ，差押えに入ることができない（第R221-10条）。

[81] 他の債権者が行う参加申立て（opposition）には，併合参加申立て（opposition-jonction）と補充差押え（saisie complémentaire）の2種類がある。前者は，既に開始されている売却差押手続に他の債権者が参加するための手続であり，後者は，既に開始されている売却差押手続の対象を他の財産へ拡張するための手続である（第R221-41条以下）。

[82] 本条にいう命令（実質的には規則部のこと）に定める金額とは，具体的には535ユーロ（元本額）である（第R221-2条）。

第2節　差押財産の売却

第 L221-3条①　動産の強制売却は，差押えの日から1か月の期間を経過した後，公の競り売り[83]により行われる。この期間内は，債務者は本条に定める要件に従い，任意売却を試みることができる[84]。

②　強制執行処分の対象となっている債務者は，コンセイユ・デタ・デクレに定める要件に従い，その代金を債権者への弁済に充てるために，差押財産を任意的に売却することができる。

③　債務者は，自己宛てになされた〔買受けの〕申出を，執行を職務とする執行吏に知らせる。この申出が不十分である旨を債権者が証明したときは，執行吏は，公の競り売りにより売却するため，動産回収の手続を行う。

④　任意売却の承認に対する〔債権者の〕拒否が債務者を害する意図に基づく場合を除き，債権者の責任を追及することはできない。

⑤　動産の所有権の移転は，売却代金の支払を条件とする。

第 L221-4条①　法律により売却手続を実施する権限を認められた者は，売却動産の代金が差押債権者及び参加債権者の元本，利息及び費用を弁済するのに十分な額に達したときは，売却手続を終了する[85]。

②　前項に定める者は，売却代金[86]の支払確保[87]に責任を負う。

③　売却代金に対しては，反対の規定のない限り，いかなる差押えも行うこと

---

[83] 公の競り売り（enchères publiques）では，3回の呼上げを経て，最終的に最高額を提示した申出人が競落する（第 R221-38条）。

[84] 本項の原文は1文で記述されている。

[85] 原文の「arrêter」はここでは「止める」「終える」という意味であるため，「終了する」とした。

[86] 本項の売却代金の直訳は，競落代金（prix de l'adjudication）である。

[87] 売却手続における競落人は，売却代金の即時支払を求められる（第 R221-38条）。その帰結として，売却手続を職務とする者は，支払確保（représentation）の義務を負う。例えば，売却手続を職務とする者が，代金支払の猶予を競落人に許可すること又は代金として過振小切手（chèque sans provision）を受領することを認めた場合には，債権者に対して売却代金を賠償しなければならない，とされる。この点につき，特に次の文献を参照。GUINCHARD et MOUSSA (Dir.), *Droit et pratique des voies d'exécution*, 8 éd., Dalloz, 2015, n° 716.81, p. 705.

-55-

ができない。

第3節 差押えの附帯事件

第L221-5条 売却代金についての権利の主張が認められるのは，差押財産の検認[88]前に申立てをしていた差押債権者又は参加債権者及び差押前にこの財産について保全処分の手続をなしていた者に限られる。

第L221-6条① 債権者が競合するときは，売却担当者は，債権者間での合意に基づく配当を勧試する。

② 前項の合意ができないときは，前項に定める者は，売却代金を預金供託金庫へ供託し，その配当を行うため，執行裁判官に申し立てる。

第2章 有体動産の引渡し及び引渡準備のための差押え

第1節 引渡しのための差押え[89] (saisie-appréhension)

第L222-1条① 執行を職務とする執行吏は，執行名義に基づき，債務者が債権者に対して引渡し又は返還の義務を負っている動産を取り上げる。ただし，債務者が自己の費用によるこの動産の移転を申し出た場合は，この限りでない[90]。

② 執行裁判官は，コンセイユ・デタ・デクレによる要件に従い，前項に定め

---

[88] 民事執行法上の検認（vérification）は，売却を職務とする裁判所付属吏が，差押物の構成及び性状を確認して調書を作成する行為であり，売却の前に行われる。調書に記載されるのは，喪失物や破損物に関する情報に限られる。なお，本条にいう売却担当者には，執行吏の他に競売吏（commissaire-priseur judiciaire），公証人，宣誓商品仲買人（couturier de marchandises assermenté）が含まれる。これらの者については，第R221-37条の注（107）を参照。

[89] 本節の制度を「引渡しのための差押え」と翻訳する理由については，規則部第2巻第2編第2章第1節の注（113）を参照。なお，本法典の条文中の表現に関しては，「取り上げる（appéhender）」と訳している。

[90] 本項の原文は1文で記述されている。

-56-

る執行名義を作成することができる。

③　動産が第三者の下にあり，かつ，その者の住居に所在するときは，執行裁判官の許可に基づく場合に限り，この動産を取り上げることができる。

第2節　引渡準備のための差押え[91]（saisie-revendication）

第 L222-2条　有体動産の引渡し又は返還の請求につき理由があるものと認められる全ての者は，その引渡しを期待して，引渡準備のための差押えの方法により，この動産の処分を禁止することができる。

第3章　自動車に対する執行方法

第1節　行政機関への届出による差押え

第 L223-1条①　執行名義に基づく執行を職務とする執行吏は，〔債務者の〕自動車[92]の差押えのために，管轄行政機関に届出[93]をすることができる。

②　前項届出の債務者への送達は，差押えの全ての効果を発生させる。

③　本条の適用要件は，コンセイユ・デタ・デクレによる。

---

[91] 引渡準備のための差押え（saisie-revendication）は，動産の処分禁止を目的とした保全処分の一種であり，講学上は保全処分の項で取り扱われる（以下の文献は，例外的に，法典上の制度配置に従って説明する。LAUBA (R. et A.), *Le contentieux de l'exécution*, 13 éd., LexisNexis, 2017, DONNIER (M. et J.-B.), *Voies d'exécution et procédures de distribution*, 9 éd., LexisNexis, 2017)。
一般に金銭債権の仮差押えと対比して把握され，わが国の係争物に関する仮処分に相当する。この機能に着目して，本制度の名称にある「revendication」は所有権に基づく申立て（その例として action en revendication de propriété）と結びついた通常の意味（返還）とは異なる，と説明されることがある。最後の点につき，特に次の文献を参照。CAYROL, *Droit de l'exécution*, 2 éd., LGDJ, 2016, p. 462.

[92] 原文では原動機付陸上車両（véhicule terrestre à moteur）であり，日本法の用語法と同様に2輪車等も含まれる。

[93] 行政機関への届出（déclaration auprès de l'autorité administrative）は，執行吏送達による（第 R223-2条）。届出は，オンラインですることもできる（民事訴訟法典第748-1条以下）。

－57－

第2節　自動車の固定による差押え

第 L223-2条　執行名義を有し，執行を職務とする執行吏は，債務者の自動車の所在するあらゆる場所において，その価値の低下をもたらさない限りでのあらゆる方法によって，固定して自動車を差し押さえることができる。債務者は，執行裁判官に対して，自動車の固定の解除を求めることができる。

第4章　金庫内にある動産の差押え[94]　〔規定なし〕

第3編　無体財産の差押え

第1章　総則

第 L231-1条　金額が確定し，期限が到来した債権を表示する執行名義を有する全ての債権者は，金銭債権以外の，債務者が有する無体財産（権）の差押え及び売却の手続を行うことができる。

第2章　差押えの実施　〔規定なし〕

第3章　売却の実施

第 L233-1条　売却前に申立てをしていた差押債権者又は参加債権者だけが，売却代金について権利を主張することができる。

---

[94] ここでいう金庫（coffre-fort）とは，「第三者に帰属する金庫（coffre-fort appartenant à un tiers）」（いわゆる貸金庫など）である（第 R224-1条）。

第4編　他の動産等の差押え

単独章

第 L241-1条　その他の動産執行手続に関する特則は，以下の法典に規定される。

1　船舶及び航空機の差押えについては運輸交通業法典[95]

2　20トン以上の内航船舶の差押えについては河川公物・内航水運法典[96]

3　文芸所有権，芸術的所有権[97]及び工業所有権に係る差押えについては知的所有権法典[98]

4　農業共済組合等[99]の第三債務者への差押通知[100]については農業・海洋漁業法典[101]

5　社会保障金庫等[102]の第三債務者への差押通知については社会保障法典[103]

---

[95] 運輸交通業法典（Code des transports）

[96] 河川公物・内航水運法典（Code du domaine public fluvial et de la navigation intérieure）

[97] 文芸所有権（propriété littéraire）及び芸術的所有権（propriété artistique）は，作家（文芸）又は芸術家（芸術）が自己の著作物について有している財産権及び人格権の総体である。狭義には，期間の限定された排他的財産権のみを指す。

[98] 知的所有権法典（Code de la propriété intellectuelle）

[99] 農業共済組合等（mutualités sociales agricoles）

[100]　第三債務者への差押通知(opposition à tiers détenteur)は，公法上の行政執行手続(徴収手続)の一種であり，税法上の手続（avis 又は saisie）とそれ以外の公法上の手続（opposition）がある。公的機関は，これらの手段により，債権回収を優先的に実行できる。民事執行法学上は，帰属差押えの延長上で説明されることもある（例えば，PERROT et THÉRY, *Procédures civiles d'exécution*, 3 éd., Dalloz, 2013, p. 479 et s.，PIÉDELIÈVRE, *Procédures civiles d'exécution*, Economica, 2016, p. 521 et s.）。この点につき，第 R212-3条の注（71）も参照。

　各種の差押通知については，第 R221-7条の注（87）を参照。また，税法上の徴収手続としての第三債務者への差押通知（avis à tiers détenteur）一般については，特に以下の文献を参照。COLLET et COLLIN, *Procédures fiscales*, 3 éd., PUF, 2017, pp. 340-344, LAMBERT, *Procédures fiscales*, 3 éd., LGDJ, 2017, p. 577, n° 1525.

[101]　農業・海洋漁業法典（Code rural et de la pêche maritime）

[102]　社会保障金庫等（caisses de sécurité sociale）

[103]　社会保障法典（Code de la sécurité sociale）

第5編　換価金の配当

単独章

第 L251-1条　本巻に定める民事執行手続の執行により生じた売却代金の配当手続は，コンセイユ・デタ・デクレにより定められる。

第3巻　不動産差押え[104]

第1編　総則

第 L311-1条　不動産差押えは，売却代金を配当するため，債務者又は場合により第三取得者（tiers détenteur）[105]の不動産の強制売却（vente forcée）を実施することを目的とする。

第 L311-2条　金額が確定し（liquide），かつ，期限が到来した（exigible）債権を証する執行名義を有する全ての債権者は，本巻所定の要件及び本巻の規定に反しない限りで，第1巻所定の規定により，不動産差押えを実施することができる[106]。

第 L311-3条　債務の履行がないとき，債権者が不動産差押えについて定められた形式によらずに債務者の不動産を売却することができると定める全ての合意（convention）は，無効とする。

第 L311-4条①　執行力ある仮の判決（décision de justice exécutoire par provision）によるとき，強制売却は，終局判決が確定した（une décision définitive passée en force de chose jugée）後にしか実施することができない[107]。

---

[104]　今日の民事執行法典として法典化される以前の不動産執行全般については，山本和彦『フランスの司法』（有斐閣，1995年）62頁以下，金子敬明「フランスにおける不動産執行競落人のための占有移転手続」千葉大学法学論集20巻1号49頁（2005年），山本和彦「フランスの不動産競売手続（競売制度研究会）」（法務省HP内：http://www.moj.go.jp/content/000011247.pdf），山本和彦「フランスの不動産競売」金法1806号41頁（2007年），山本和彦「不動産執行法の改革（2006年）」日仏法学25号266頁（2009年）を参照。

　なお，不動産執行に関する条文はかつて民法典に置かれていたが（旧民法典第2190条から第2216条まで），民事執行法典の制定に伴い，同法典第3巻「不動産差押え」に置かれるに至った（山本和彦「フランス民事執行法典─概説」本書1頁，特に7頁を参照）。

[105]　抵当権や先取特権により債権者の担保に供されている不動産の所有権を債務者から譲渡された第三取得者を意味する（V. BRENNER, *Procédures civiles d'exécution*, Dalloz, 2015, p. 166, n° 328.）。

[106]　第 L111-2条参照。

[107]　第 L111-10条参照。

-61-

② ただし，故障の申立て（opposition）の期間内は，欠席判決（décision rendue par défaut）により強制売却の実施を行うことはできない[108]。

第L311-5条① 債務者の不動産に差押えを実施した債権者は，既に差し押さえた財産では不足するときに限り，債務者の別の不動産に対する新たな差押えの手続を実施することができる[109]。

② 債権者は，自らの有する抵当権によってその権利の満足を得ることができないときに限り，抵当権を有していない不動産の差押えをすることができる。

第L311-6条 法律に特段の定めのないかぎり，不動産差押えは，譲渡の対象とすることのできる，不動産とみなされる従物（accessoires réputés immeubles）[110]を含む不動産に属する全ての物権（droits réeles）について及び得る。

第L311-7条 共通財産としての不動産（immeubles communs）の差押えは，配偶者双方に対して実施される[111]。

第L311-8条① 解放されているか（émancipé）否かにかかわらず未成年者[112]

---

[108] フランス民事訴訟法において一定の場合につきいわゆる欠席判決主義が採用されており，この欠席判決（jugement par défaut）に対しては故障の申立て（opposition）と呼ばれる不服申立てによる取消しが認められている（中村ほか140-141頁，298頁参照。詳細については，法務大臣官房司法法制調査部編『注釈フランス新民事訴訟法典』（法曹会，1978年）（法務資料434号）280頁以下参照）。

[109] 第L111-7条参照。

[110] これは，典型的には，用途による不動産（immeuble par destination）を意味する（第L112-3条及びその脚注（19）参照）。

[111] フランス法において夫婦（なお，2013年5月17日の法律2013-404号により，いわゆる同性婚も認められるに至ったため〔民法典第143条〕，正確には「カップル（couple）」と翻訳すべきかもしれない。）間での共通財産制（communauté entre époux）が採用されている。これは，「夫婦が有している財産の一部を共通財産とし，婚姻の解消後，これを分割する夫婦財産制」（中村ほか92頁）のことをいう。そして，配偶者の一方を債務者とする強制執行であっても，執行対象財産が共通財産である場合，強制執行は配偶者の双方に対して実施されることとなる（これは夫婦各自の財産管理を認める民法典第1421条の例外に当たると言える）。第R321-1条第3項，第R311-11第1項参照。

[112] 「解放（emancipation）」とは，「未成年者に完全な行為能力を取得させる法律行為」を意味し，これにより未成年者は成年者とみなされる。「法律によって直接に認められている場合（例：婚

-62-

の，又は保佐若しくは後見を受けている成年者の不動産は，その動産の検索（discussion）をした後でなければ，差押えをすることができない[113]。

② 前項にかかわらず，動産の検索は，成年者と未成年者との間，又は成年者と保佐若しくは後見を受けている成年者との間で共有されている不動産をその共通の債務のために差し押さえる前には要求されない。成年者がいまだに保佐又は後見を受けていなかった時に差押えが開始されたときも同様である。

第2編　不動産の差押え及び売却

第1章　不動産の差押え

第 L321-1条　債権者は，債務者又は第三取得者[114]に送達される証書（acte）[115]により不動産の差押えを行う。

第 L321-2条① 差押行為（acte de saisie）[116]により，不動産は処分が禁止され（indisponible），債務者又は第三取得者（saisi）[117]の用益及び管理の権限（droits de jouissance et d'administration）が制約される[118]。

② 第 L322-1条の規定の定める場合を除き，債務者はその財産を譲渡し，その

姻は法律上当然に解放を生じる）には法定解放〔émancipation légale〕であり，親権者および利害関係人の意思の表明によって生じる場合には，任意解放〔émancipation volontaire〕であ〕り，「解放は裁判によるもの」とされ，「後見裁判官の決定により生じる」（以上，中村ほか178頁）。

[113] この規定は，無能力者（incapable）の不動産所有を保護するための規定である（FRICERO, *Procédures civiles d'exécution*, Gualino, 2016, 6° éd. 2016-2017, p. 168.）。

[114] 第 L311-1条・脚注（105）を参照。

[115] この「証書（acte）」とは，債務者に対して支払がなければ差押えが実施される旨を示す差押前支払催告（commandement de payer valant saisie）を意味する（第 R321-1条第1項参照）。

[116] 「差押行為（acte de saisie）」とは，具体的には差押前支払催告を意味する概念である（第 L321-1条・脚注（115）参照）。

[117] «saisi» とは，直訳すれば「差押えを受けた者」を意味するが，ここでは意訳をして「債務者又は第三取得者」と翻訳している。以下，同様である。

[118] 第 R321-14条参照。

-63-

財産に対して物権を設定することができない。

③　財産が賃貸されていない限り，債務者は，その係争物管理人（séquestre）[119]
となる。ただし，事情により第三者の指名又は重大な原因のため債務者の明
渡し（expulsion）が認められるときは，この限りでない。

第L321-3条　不動産の差押行為によりその果実に対する差押えが生じる。た
だし，先行する差押えの効果が存するときは，この限りでない[120]。

第L321-4条①　差押行為後に債務者によって締結された賃貸借は，その期間
にかかわらず，差押債権者（créancier poursuivant）及び買受人（acquéreur）
に対し対抗することができない。

②　賃貸借が〔差押行為に〕先行すること（antériorité）の証明は，全ての証
拠方法（moyen）によって行うことができる。

第L321-5条①　不動産差押えは，不動産登記簿（fichier immobilier）[121]に公示
された時から，第三者に対して対抗することができる。

②　公示されていない，又は〔前項の公示の〕後に公示された譲渡であり，
かつ，第L322-1条の定める要件の下でなされていないものは，差押債権者
及び買受人に対し対抗することができない。ただし，預金供託金庫（Caisse
des dépôts et consignations）に対して，登記された債権者（créanciers
inscrits）[122]及び差押債権者に対して支払うべき元本，利息及び費用の弁済に
相当する金額が供託（consignation）されたときは，この限りでない。供託

---

[119]　係争物管理人（séquestre）とは，「訴訟または強制執行の目的となっている物を保存するた
め，裁判所または個人によって指名された者」（中村ほか392頁）をいう。
[120]　第R321-16条以下参照。
[121]　不動産登記簿（fichier immobilier）とは，「土地台帳に記載されている不動産にそれぞれが
対応する不動産票の総体」をいい，土地公示の対象となる記載事項を不動産毎に纏めたもので
ある（中村ほか200頁）。不動産の差押え（具体的には，差押前支払催告）は，これにより公示
される。実態に即して厳密には「不動産票函（箱）」と翻訳すべきであるが，このように，わが
国における不動産登記簿に近い役割を果たしているため，便宜上，本法典の翻訳に際しては「不
動産登記簿」と翻訳することとした。ただし，フランス法においては，「登記簿」を意味する
« registre » という用語もある。
[122]　「登記された債権者（créanciers inscrits）」とは，不動産に対する抵当権又は先取特権の登
記がなされている債権者を意味する。

－64－

された金額は，特別にこれらの債権者に対して支払われる。

③　差押えの公示前になされていない債務者又は第三取得者による登記も，〔差押債権者に対して〕対抗することができない。ただし，売主，売買代金（deniers pour l'acquisition）の貸主及び共同分割する者が民法典第2379条から第2381条までの定める期間内において同法典第2374条が認める先取特権を登記する権利については，この限りでない[123]。

第 L321-6条①　複数の不動産につき同時に差押えがなされたとき，債務者は，裁判官に差押えの制限を求めることができる

②　債務者は，差押えの公示の日における順位に従い，複数の不動産に対する差押えの一部を抵当権に変換することを求めることもできる。ただし，裁判の送達がなされた月における担保の登記については，この限りでない。

第２章　差押不動産の売却

第１節　総則

第 L322-1条　財産は，裁判による許可（autorisation judiciaire）[124]に基づく合意（amiable）又は競売（adjudication）によって売却される。

第 L322-2条①　〔不動産現況調書を作成する〕執行吏（huissier de justice instrumentaire）は，差押不動産につき〔現況を〕調査するため，不動産（lieux）に立ち入ることができるほか，場合によっては扉及び動産を開扉することが

---

[123]　民法典第2374条は不動産に対する特別の先取特権者を列挙しており，同法典第2379条から第2381条までは，先取特権が登記されなければならない各場合について，その登記の方法や期間について定めている（条文訳については，法務大臣官房司法法制調査部編『フランス民法典―物権・債権関係―』（法曹会，1982年）（法務資料433号）310頁以下を参照。なお，現在では条数が変更されているが，旧法第2103条が現行第2374条に，旧法第2108条から第2109条までが現行法第2379条から第2381条に相当する）。

[124]　この許可は，執行裁判官（juge de l'exécution）が行う。第 R322-12条参照。

-65-

できる[125]。

② 不動産の（local）占有者が不在であるとき，又は占有者が立入りを拒絶するときは，執行吏は，本法典第 L142-1条及び第 L142-2条の定めるとおり実施する。債務者に対抗できる権利に基づき第三者が現場を占有するときは，執行吏は，執行裁判官の事前の許可がある場合に限り，占有者の同意がなくてもそこに立ち入ることができる。

第2節　裁判所の許可に基づく任意売却（vente amiable）

第 L322-3条　裁判所の許可（autorisation judiciaire）に基づく任意売却（vente amiable）は，合意に基づく売買（vente volontaire）としての効果を生じる。この売却は，過剰損害を理由とする取消し（rescision pour lésion）[126]の対象となり得ない。

第 L322-4条　売却の公正証書（acte notarié）は，預金供託金庫に対する売却代金及び費用の供託並びに査定された費用の支払がなされた場合に限り，作成される。

第3節　競売（adjudication）による売却

第 L322-5条　不動産の競売（adjudication）[127]は，〔執行〕裁判官の立ち会う期

---

[125] 執行吏は，実際に不動産を所得しようとする者に対する情報提供のため，不動産現況調書（procès-verbal de description des lieux）を作成することを任務とする。第 R322-1条，第 R322-2条及び第 R322-3条参照。

[126] 過剰損害（lésion；レジオン）とは，「双務契約における給付相互間，または共同分割人の割当分相互間の価額の差から生じる，意思の合致時における損害」を意味し，これにより一定の要件の下で当該契約の取消し（rescision）の原因となる。

[127] 競売（adjudication）とは，競り売り（enchères）に付された動産又は不動産を，最も高い価額を申し出た者に帰属させることを意味し，この動産又は不動産の競り売りにおいて最後のかつ最高の競り値を付けた者を競売人（adjudicataire）という（中村ほか17-18頁参照）。

-66-

日における公の競り売り（enchères publiques）で実施される[128]。

第 L322-6条①　最低競売価額（montant de la mise à prix）は，差押債権者によって定められる。〔その価額を満たす〕競り（enchère）がないときは，差押債権者は職権でその価額による競売人（adjudicataire）として宣言される。

②　債務者は，最低競売価額が明らかに低額であるときは，不動産の市場価格（valeur vénale）及び市場における諸条件に即して最低競売価額を定めるため，裁判官に申立てを行うことができる。ただし，競り〔の申出〕がないときは，差押債権者（poursuivant）は，最初の最低競売価額でのみ競売人として宣言され得る。

第 L322-7条　従事する職務を理由とする欠格（incapacités）の場合を除き，全ての者は，支払保証を証明することで競り売りに参加すること（se porter enchérisseur）ができる。

第 L322-8条　競売において，真の取得者の申述（déclaration de command）[129] をすることができない。

第 L322-9条①　競売人は，係争物管理人口座に代金を振り込み，又は預金供託金庫に対して供託を行い，かつ，売却費用を支払う。

②　競売人は，〔前項の〕振込み又は供託及び支払を行う前は，財産に対する処分行為を行うことができない。ただし，財産の取得資金を得るための〔金銭〕消費貸借契約（contrat de prêt）に伴う抵当権の設定は，この限りでない。

第 L322-10条①　競売により差押財産の強制売却がなされ，競売人にその財産の所有権が移転する。

②　競売によって，債務者又は第三取得者に帰属する権利以外のものは競売人に与えられない。債務者又は第三取得者は，競売人に対して不動産の引渡し

---

[128]　競りの自由（liberté des enchères）を確保すべく，競りの自由を妨害する行為に対しては刑事罰が科されている（刑法典第 L313-6条）。
[129]　真の取得者の申述（déclaration de command）とは，「不動産の競売後24時間内になされる申述」であり，「これにより競落人はその競落の真の取得者の氏名およびその者の承諾を知らせる。」とされていたが，「競売に参加しなかった第三者に代わって申述をなすというこの権能は，透明な手続きにしたがって競り手に競争させるために，2006年4月21日のオルドナンス第461号によって廃止された」（中村ほか86頁）。

-67-

と追奪担保（garantie d'éviction）の義務を負う。

第 L322-11条　売却証書（titre de vente）は，査定された費用の支払が証明されなければ競売人に交付されない。

第 L322-12条①　〔第 L322-9条第 1 項の〕振込み又は供託及び支払がないときは，売却は当然に解除される。

②　〔前項の〕履行しない競売人は，再競売（revente）における価額が〔自らの〕競り〔の価額〕を下回るときは，その差額を支払う義務を負う。競売人は，既に支払った金額の返還を求めることはできない。

第 L322-13条　競売判決（jugement d'adjudication）は，債務者又は第三取得者に対する明渡しの〔執行〕名義となる。

第 4 節　共通規定

第 L322-14条　〔第 L322-9条第 1 項の〕代金の振込み又は供託及び売却費用の支払により，売却証書が公示された時から，債務者により設定された不動産上の全ての抵当権及び全ての先取特権が消除される。

第 3 編　売却代金の配当[130]

第 1 章　通則

第 L331-1条　売却代金に対して権利を主張することが認められるのは，差押債権者，差押えの効力を有する差押前支払催告の公示の日[131]に差押不動産につき登記されている債権者，売却証書の公示前に当該不動産につき登記さ

---

[130]　売却代金の配当（distribution du prix）は，合意による配当（distribution amiable）と裁判による配当（distribution judiciaire）という 2 種類の方法がある。両者に関する詳細な規律は法律部ではなく規則部に置かれている（第 R331-1条以下参照）。

[131]　第 L321-5条第 1 項及びその脚注（121）参照。

－68－

れ，かつ，手続に参加した債権者及び民法典第2374条第1号以下及び第2375条所定の債権者[132]のみである。

第L331-2条　債権の届出を命じられているにもかかわらず，それを怠った債権者は，不動産の売却代金の配当に対する担保の利益を失う。

第2章　合意による配当（La distribution amiable）〔規定なし〕

第3章　裁判による配当（La distribution judiciaire）〔規定なし〕

第4章　共通規定

第L334-1条　代金の配当が規則により定められた期間内に実施されないとき，代金の支払又は供託は，債務者に対して，債権者に配当されるべき売却代金の額に至るまで弁済の効果を生じる。

第4編　バ・ラン県，オー・ラン県及びモーゼル県に適用される規定

第L341-1条　（省略）

---

[132]　民法典第2374条は不動産に対する特別の先取特権者について列挙し，同法典第2375条は不動産に対する一般の先取特権者を列挙する（第L321-5条・脚注（123）を参照。旧法第2103条が現行第2374条に，旧法第2104条が現行第2375条に相当する）。

-69-

第4巻　明渡執行[133]（L'expulsion）

第1編　明渡執行の要件

第1章　総則

第L411-1条　特別の定めがある場合を除き，不動産又は住居（lieu habité）の明渡執行は，執行力のある裁判又は和解調書に基づき，かつ，建物を明け渡すべき旨の催告書の執行吏送達の後に限り，行うことができる。

第2章　住居[134]又は職業用建物[135]に関する特則

第L412-1条　明渡執行は，明渡対象者又はその者の権原に基づいて占有する全ての者の主たる住居[136]については，催告後2か月の期間が経過した場合に

133　expulsion は，日本の不動産明渡執行に相当すると考えられることから，「明渡執行」と訳すが，「強制退去」の訳もあり，日本の不動産明渡執行のように，債権者に不動産の占有を取得させることまで含むものか否かは明らかでない。

　なお，本巻の規定及びこれに関連して注で言及する規定については，本法典の翻訳の基準時（2017年1月1日）後，2017年1月27日法律第86号により改正が加えられているが，本巻の規定の改正のみ，注で言及するにとどめる。

134　原語は locaux d'habitation である（住居と訳しているが，居住用建物と訳すこともできる）が，2017年1月27日法律第86号により，lieux habités（直訳すれば居住場所。この語は第L411-1条にも用いられている）に改められ，本章の他の条文（第L412-1条・第L412-3条・第L412-6条）についても，同趣旨の改正が加えられている。この改正は，居住用の場所であれば，建物（locaux〔local〕一般に屋根付の囲まれた場所〔家屋・部屋等〕を指す）でなくとも本章の規定の対象になるとするもののようであり，第L412-1条の「主たる住居」の「主たる」を削除する改正と相まって，本章の規定の適用対象を拡大する趣旨とみられる。

135　弁護士事務所や診療所として使用される場合が典型である。職業用建物（locaux à usage professionnel）は，賃貸借法制では，商事用のものを含まないとされるが，商事用建物に，本章の規定（旧法下のもの）の適用を認める破毀院判決がある。Cass. 2ᵉ civ., 4 juill. 2007, n° 06-14601, Bull. civ. II, n° 202.

136　「主たる住居」については，2017年1月27日法律第86号により，「主たる」という制限を外

-70-

限り，行うことができる。第 L412-3条から第 L412-7条までの規定の適用は，妨げない。ただし，特に，明渡しを命じられた者が明白な違法行為[137]（voie de fait）によって建物の占有を開始していた場合，又は建築・住宅法典第 L442-4-1条[138]の適用による代替住居（relogement）を得る手続が，賃借人の行為によって効を奏しなかった場合には，裁判官は，この期間を短縮し，又は認めないことができる。

第 L412-2条　明渡執行が，特にその季節又は気候条件〔等の事情〕により，関係人に例外的に苛酷な結果をもたらすときは，裁判官は，3か月を超えない範囲で，第 L412-1条に規定する期間を延長することができる。

第 L412-3条①　住居又は職業用建物の占有者に対し，その明渡しが裁判上命じられていた場合において，関係人が標準的な条件で代替住居〔等〕を得ることができないときは，この占有者が占有を開始した時の権原（titre à l'origine de l'occupation）を証明することを要しないで，裁判官は，期間を付与することができ，その期間は更新することができる。

②　明渡しを命ずる裁判官は，〔前項と〕同様の条件で，同様の期間を付与することができる。

③　住居又は職業用建物の賃貸人及び賃借人又は占有者の関係に関する法制の改正及び法典化を行い，住宅手当を創設する1948年 9 月 1 日法律第1360号19

す等の改正（建物であることも不要とする。前掲注（134）参照）が加えられている。こうした改正の結果，キャンピング・カーやバンガロー等の一時的な居住場所も，本条の対象となると解されるようである。

[137]　voie de fait は，一般的な意味としては，公然と法規に違反する行為で，被害者は，侵害行為を止めさせるため，緊急の手続による救済が認められる等と説明され，暴力行為とも訳される。本条にいう voie de fait の例としては，squatter と呼ばれる不法占拠者が空家やバカンス中の留守宅に無断で住みつく行為が挙げられよう。

[138]　住居の賃貸借において，賃借人が，契約に定める用法に従い，平穏に使用する義務（1989年 7 月 6 日法律第462号第 7 条 b。同法第 2 条参照）を遵守せず，この遵守を求める催告も不奏効の場合，賃借人は，その必要及び資力に応じた代替住居の提供を受けることができる（この提供は，賃貸人の義務ではない。建築・住宅法典第 L442-4-2条）が，賃貸人がこれを拒絶し，又は 1 か月の期間内に回答しないときは，賃貸人は，裁判官に賃貸借の解約請求をすることができる旨を定める。

-71-

条[139]に規定する要件に従い，所有者が取戻権を行使する場合，並びに建築・住宅法典第L442-4-1条[140]の適用による代替住居を得る手続が，賃借人の行為によって効を奏しなかった場合には，本条の規定は，適用しない。

第L412-4条　第L412-3条に定める期間は，いかなる場合も，3か月未満とすること又は3年を超えるものとすることができない。この期間を定めるに際しては，占有者が債務の履行において示した誠実又は不誠実な態度（bonne ou mauvaise volonté），所有者及び占有者の双方の事情，特に年齢，健康状態，戦争行為被害者の資格，双方の家族又は財産の状況，気候条件並びに占有者が証明する代替住居を得るために行った努力を考慮する。適切で独立した住居を得る権利[141]（droit à un logement décent et indépendant），建築・住宅法典第L441-2-3条及び第L441-2-3-1条[142]に規定する方式による手続に要する期

139　不動産の所有者が，居住継続権（droit au maintien dans les lieux）を有する者に対し，不動産の取戻しを求めることができる要件（自己・尊属・卑属等の居住を目的とし，その者は標準的な必要を満たす住居を有しないこと，不動産取得後一定の年数の経過，6か月前の通知等）について定める。

140　第L412-1条の注（138）参照。

141　後掲注（142）参照。

142　2つの条文は，住居に困窮する者が，低家賃の賃貸社会住宅（logement locative social 概していえば日本の公営住宅に相当する）への入居や宿泊施設等への受入れを求めて，県のあっせん委員会（commission de médiation）や行政裁判所に申し立て，救済を図る手続を定める。これは「対抗できる住居権（droit au logement opposable）」に基づく手続とされる。この権利につき補足すると，「住居権」は，本条の「適切で独立した住居を得る権利」と同義である。「対抗できる」は，直訳でわかりにくいが，上記（不服）申立てが可能であり，国に対し個別的救済を求め得る具体的権利であることを意味すると思われる。上記手続の概略は，次のようである（以下の条文は，特に断らない限り，建築・住宅法典の条文）。

賃貸社会住宅の申請をしたが，一定期間内に相応の住宅の提案がされない者，住居のない者，明渡執行を受けるおそれがあるが，代替住居がない者等一定のもの（第L441-2-3条Ⅱ）は，各県の「県における国の代表者」（県知事。第L412-5条の注（143）参照）の下に設けられているあっせん委員会（以下，委員会という）に申し立てることができる。委員会の構成員は，県知事が選任する国の代表者，県会議長が選任する県の代表者等である（第L441-2-3条Ⅰ・第R441-13条）。委員会は，申立人のうちから優先して緊急に住宅の割当てを受けるべき者（以下，優先者という）を選定し，割り当てるべき住宅の特徴を定め，住宅の提案等を行う。申立てに対する委員会の決定は，3か月（人口30万人以上の都市圏を擁する県では6か月。第R441-15条）以内に行い，書面で申立人に送達する。委員会は，優先者のリストを県知事に送付する。県知事は，優先者と認められた申立人を賃貸組織に紹介したり，住宅の提案・割当て等をする（第L441-2-3条Ⅱ。

間並びに関係人が代替住居を得るために〔必要と〕見込まれる期間も考慮する。

第 L412-5条①　県における国の代表者[143]が，住居権を実現するための1990年5月31日法律第449号第7-2条に規定する賃貸住宅明渡執行回避活動調整委員会[144]（commission de coordination des actions de prévention des expulsions locatives）に対し，建物の明渡しの催告について通知し，かつ，賃借人の世帯に対し，対抗できる住居権[145]に基づいて代替住居を求める申立てをあっせん委員会[146]にすることが可能な旨を通知するために，明渡処分の執行を職務

宿泊施設等への受入れに関し，同条ⅢⅣ）。なお，委員会は，優先者と認めた申立人が，裁判で住所地の明渡しを命じられているときは，裁判官に対し，本法典第 L412-3条・第 L412-4条による期間の付与を求めることができる（第 L441-2-3条Ⅷ）。

委員会に優先者と認められた申立人は，委員会の前記決定から 3 か月（人口30万人以上の都市圏を擁する県では 6 か月。第 R441-16-1条）以内に，県知事から相応の住宅の提供を受けなかったときは，行政裁判所に訴えを提起することができる。地方行政裁判所所長（又は所長が選任する裁判官）は，提訴から 2 か月以内に裁判し（手続につき，行政裁判法典第 R778-1条以下等），原告の請求を認めるときは，国に対し住宅を割り当てるよう命じ，この裁判に間接強制を付すこともできる（第 L441-2-3-1条Ⅰ）。なお，この間接強制は，本法典が定める間接強制とは異なる。間接強制金の額は，あっせん委員会が定めたタイプの住宅の家賃平均額に応じて定め，総額を確定する裁判があるまで，年 2 回に分けて，優先者の支援や優先者向けの住宅管理の活動資金のために設けられた全国住宅支援基金（Fonds national d'accompagnement vers et dans le logement）に支払われる（同条Ⅰ・第 L300-2条）。

[143] 県知事（préfet）を指す。なお，県知事は官選であり，1982年の地方分権化の改革により，県の執行機関としての権限は，県知事から県会議長に移っている。

[144] この委員会（略称は CCAPEX。以下，この略称を用いる）は，住居へのアクセス及び新たな都市計画に関する2014年 3 月24日法律第366号（ALUR 法と呼ばれる）により権限が強化されており，同法による明渡執行回避の改善策の柱の一つとされている。同法により新設された1990年 5 月31日法律第 7-2条によると，CCAPEX は，各県に設けられ，その任務は，①困窮者の住居・宿泊のための県の行動計画に定める賃貸住宅明渡執行回避対策及び明渡執行回避要綱（charte）の調整・評価・方針決定，②明渡執行回避に関与しうる全ての組織・人及び家賃滞納・明渡執行のおそれのある状況の賃貸人・賃借人に対する意見提示・勧告をすることである。②の任務のため，CCAPEX は，県における国の代表者（県知事）から，本条（第 L412-5条）に基づく催告に関する通知を受けるほか，明渡執行のための警察の援助請求（第 L153-2条）に関する報告も受ける。また，あっせん委員会・住宅手当支払機関等も，CCAPEX に情報を提供する。なお，CCAPEX の構成員は，県知事（又はその代理人）・県会議長（又はその代理人）・各住宅手当支払機関の代表者等である（2015年10月30日デクレ第1384号第 3 条・第 4 条参照）。

[145] 第 L412-4条の注（142）参照。

[146] 第 L412-4条の注（142）参照。

とする執行吏は，建物を明け渡すべき旨の催告後直ちに，その催告について県における国の代表者に申し出る（saisit）。執行吏が，県における国の代表者にこの申出をしないときは，明渡執行をすることができない期間は，〔進行を〕停止する。

② 〔前項の〕執行吏による県における国の代表者に対する申出及び県における国の代表者による賃貸住宅明渡執行回避活動調整委員会に対する通知は，デクレ[147]で定める方式により，オンラインで行うことができる。

第L412-6条① いかなる明渡しの裁判が確定した場合でも，第L412-3条に基づいて付与された期間が経過した場合でも，執行されていない明渡処分は全て，各年の11月1日から翌年3月31日まで停止する。〔ただし〕関係人の代替住居が，家族の一体性及び必要を尊重して十分な条件で確保された場合は，この限りではない。

② 明渡しを命じられた者が明白な違法行為[148]によって建物の占有を開始していた場合には，裁判官は，前項に規定する〔執行〕停止の利益を失わせることができる。

第L412-7条① 第L412-3条から第L412-6条までの規定は，学生の住居専用の建物の占有者について，その住居の使用条件を満たさなくなっているときは，適用しない。

② 本巻第2編の規定も，前項の占有者については適用しない。

---

[147] このデクレ（規則）は，まだ制定されていないようである。しかし，EXPLOCと呼ばれる，賃貸住宅明渡執行手続の回避及び管理に関する個人情報をコンピュータで処理するシステムを内務省に設け，その取扱いを定める2016年6月23日アレテ（内務省令に相当）が発せられた。
　更に，EXPLOCの始動に向け，2017年1月27日法律第86号により，本項の一部が改正され，併せて，第L431-2条が新設されている。すなわち，本項の「デクレで定める方式により，オンラインで行うことができる」の部分は，「前項に規定する法律第7-2条第9項に定める情報システムにより，オンラインで行う」に改められている。また，第L431-2条は，「執行を職務とする執行吏は，明渡執行事件において，警察の援助を求めるときは，住居権を実現するための1990年5月31日法律第449号第7-2条第9項に定める情報システムにより，オンラインで行う」と定める。これらの改正の施行日は，EXPLOCの稼働が開始される日（2017年12月31日までのアレテで定める日）とされている。
[148] 第L412-1条の注（137）参照。

第 L412-8条　民法典第515-9条に基づき，家事事件裁判官が，暴力の加害者である配偶者，パートナー契約[149]（pacte civil de solidarité）によるパートナー又は内縁の配偶者に対して命ずる明渡しについては，第 L412-1条から第 L412-7条までの規定は，適用しない。

第２編　執行上の障害の回避

単独章　間接強制

第 L421-1条　第 L131-2条第２項及び第３項にかかわらず，建物の占有者に対して明渡しを強制するために定める間接強制は，常に暫定的性格を有する。明渡しの裁判が履行されたときは，裁判官は，この間接強制を見直し，総額を確定する。

第 L421-2条①　第 L131-2条第１項にかかわらず，確定された間接強制〔金〕の総額は，現に生じた損害の賠償額を超えることができない。間接強制〔金〕の〔総〕額を確定するときは，債務者が裁判を履行する際に遭遇した困難を考慮する。

②　占有者が，その責めに帰することができない外在的原因の存在により，裁判の履行を遅滞し，又は妨げられた旨を証明したときは，間接強制は，維持しない。

---

[149]　PACS と略称され，「民事連帯規約」「パクス」等と訳されることもある。異性又は同性の２人の成年者が，共同生活を営むために締結する契約であり，公示され，婚姻に準じた一定の法的保護が与えられる（民法典第515-1条以下）。別言すれば，婚姻と内縁の中間に位置づけられる共同生活（カップル）形態である。なお，フランスでは，同性間の婚姻も可能である（民法典第143条）。

−75−

第3編　明渡執行の実施

第1章　総則[150]

第L431-1条　第L142-1条及び第L142-3条の規定は，第L451-1条が規定する場合を除き，明渡執行事件には適用しない。

第2章　明渡執行調書　〔規定なし。規則部に規定あり。〕

第3章　動産の処理

第L433-1条　〔執行〕場所に所在する動産は，明渡対象者の費用で，この者が指定する場所において引き渡す。この指定がないときは，執行を職務とする執行吏は，当該動産を現場に残置し，又は別の適当な場所で保管し，その明細を作成するとともに，明渡対象者に対し，規則〔第R433-2条〕で定める期間内に当該動産を引き取るべき旨の催告をする。

第L433-2条①　〔前条の〕付与された期間を経過したときは，裁判官の許可に基づき，動産を公の競り売りで売却する手続を行う。

②　裁判官は，売却の見込みのない動産の放棄を宣言することができる。

③　売却代金は，費用〔の額〕及び賃貸人の債権〔の額〕を控除した後，明渡対象者に交付する。

第L433-3条　民法典第515-9条に基づき，家事事件裁判官が，暴力の加害者である配偶者，パートナー契約[151]によるパートナー又は内縁の配偶者に対して命ずる明渡しについては，第L433-1条及び第L433-2条は，適用しない。

150　本章に第L431-2条が新設されたことにつき，第L412-5条第2項の注（147）参照。
151　第L412-8条の注（149）参照。

第４編　執行上の障害

第１章　明渡対象者の再入居　〔規定なし。規則部に規定あり。〕

第２章　異議　〔規定なし。規則部に規定あり。〕

第５編　放棄された建物（locaux）の取戻しに関する固有の規定

単独章

第 L451-1 条　明渡処分の執行を職務とする執行吏は，明渡対象者及びその者の権原に基づいて占有する者が，第 L411-1 条に規定する催告書の執行吏送達後に任意に建物を退去したことを確認するため及び建物（lieux）の取戻しを行うため，第 L142-1 条の例による手続をすることができる。

第 5 巻　保全処分

第 1 編　総則

第 1 章　実施の要件

第 L511-1条①　その債権がその原因において存在するものと認められる（paraît en son principe）[152]全ての債権者は，その取立てを妨げるおそれのある事情を証明したときは，裁判官に，事前の催告なしに，その債務者の財産に対して保全処分を行うための許可を求めることができる。

②　保全処分は，仮差押え又は保全担保（sûreté judiciaire）[153]の方法による。

第 L511-2条　債権者が執行名義又はいまだ執行力を有しない裁判所の裁判を援用する場合には，裁判官の事前の許可を要しない。引受のあった為替手形，約束手形，小切手又は書面による不動産賃貸借契約から生じる未払賃料についても，同様とする。

第 L511-3条　許可は，執行裁判官によって付与される。ただし，商事裁判所の管轄に属する債権の保全を目的として，訴訟前に許可の申立てがあった場合には，商事裁判所所長が付与することができる。

第 L511-4条　債権者は，執行名義を所持していないときは，コンセイユ・デタ・デクレで定める要件及び期間に従い，これを獲得するための手続を開始又は追行しなければならず，これに反するときは，保全処分は失効する。

---

[152]　ここでの「原因」（principe）は，日本法で「原因判決」という際の「原因」にほぼ相当し，債権そのものが存在することが認められれば，その正確な金額等の確定は必要がないことを含意する。

[153]　sûreté judiciaire については，第 3 編表題注（157）を参照。

-78-

第2章　異議申立て

第L512-1条① 事前の許可を要しない場合においても，裁判官は，第L511-1条に定める要件が満たされていないと認めるときは，保全処分の取消し（mainlevée）を命ずることができる。

② 裁判官は，債務者の申立てにより，当初命じた保全処分に代えて，当事者の利益の保護に適した他の保全処分を命ずることができる。

③ 担保の設定は，差押えにおいて求められた処分に相当する撤回できない銀行保証の提供により，取り消される。ただし，第L511-4条の規定の適用を妨げない。

第L512-2条① 保全処分によって生じた費用は，裁判官による反対の裁判のない限り，債務者の負担とする。

② 裁判官が〔保全処分の〕取消しを命じた場合には，債権者に対して，保全処分によって生じた損害の賠償を命じることができる。

第2編　仮差押え（les saisies conservatoires）

第1章　総則

第L521-1条① 仮差押えは，債務者に属する全ての有体又は無体の動産（biens mobiliers, corporels ou incorporels）[154] に対してすることができる。

② 仮差押えにより，前項の動産等[155] の処分は禁止される。

③ 第L523-1条に規定する場合を除き，財産は，複数の仮差押えの対象とすることができる。

---

[154] フランス法においては，債権等の無体財産も動産に含まれるものとされる。民法典第529条参照。

[155] 原語は les であり，第1項の les biens mobiliers を受けたものであるが，日本の執行法における「動産」よりも意味が広いため，ここでは「動産等」とした。

-79-

第2章　有体動産の仮差押え

第L522-1条　金額が確定し，かつ，期限が到来した債権を証する執行名義を取得し，又は所持する債権者は，その債権額に至るまで，処分禁止とされた財産の売却手続をすることができる。

第3章　債権の仮差押え

第1節　差押えの実施

第L523-1条　差押えが一定額の金銭を目的とする債権を対象とするときは，差押えにより，裁判官が許可した金額又は許可を要しない場合には被保全債権額に至るまで，その債権の処分が禁止される。差押えは，民法典第2350条[156]に定める供託の効果を生じさせる。

第2節　帰属差押えへの転換

第L523-2条　仮差押えが債権を対象とするときは，執行名義を有する債権者は，その支払を請求することができる。この請求により，執行名義記載の金額（montant de la condamnation）又は第三債務者が自認し，若しくは債務者と宣言された金額のうち，より少ない額について，被差押債権の即時帰属の効果が生ずる。

---

[156] 民法典第2350条は，担保等のために寄託又は供託が命じられた金額については，優先弁済権が発生する旨を定める。

第4章　社員権及び有価証券の仮差押え　〔規定なし〕

第5章　金庫内にある財産の仮差押え　〔規定なし〕

第3編　保全担保 (Les sûretés judiciaires)[157]

第1章　総則

第 L531-1条　保全担保は，不動産，営業財産 (fonds de commerce)，株式，会社持分権及び有価証券に対して，保全を目的として，設定することができる。

第 L531-2条①　保全担保を設定された財産は，譲渡することができる。その対価は，コンセイユ・デタ・デクレの定める要件に従って，支払及び配当がされる。

②　前項後段の規定にかかわらず，資格のある仲介業者 (intermédiaire habilité) によって管理される口座に登録された有価証券の売却の場合には，対価は他の証券を取得するために用いることができ，この場合には，取得した証券が売却された証券に代位する。

第2章　仮の公示

第 L532-1条　保全担保は，コンセイユ・デタ・デクレの定める公示の方式を満たした日から，第三者に対抗することができる。

---

[157] sûreté judiciaire とは，保全処分の一種であり，裁判所の許可を得て一定の財産上に担保権を取得することができるものである。

第3章　終局的な公示 (La publicité définitive)

第 L533-1条　仮の公示は，デクレで定める期間内に終局的な公示が実施され
ないときは，その効力を失う。

第4章　バ・ラン県，オー・ラン県及びモーゼル県に適用される規定

（規定なし）

第6巻　海外県に関する特則

（省略）

規則部

第1巻　総則

第1編　強制執行の要件

第1章　債権者及び執行名義[1]　〔規定なし〕

第2章　差押可能財産

第 R112-1条　債務者に帰属する財産については，有体財産であれ無体（無形）財産であれ（corporels ou incorporels），動産であれ不動産であれ，全てに対して強制執行処分又は保全処分を行うことができる[2]。ただし，法律がその差押禁止を定めているか，又は差押禁止とすること[3]を認めているときは，この限りでない。

第 R112-2条　第 L112-2条第5号の適用につき，差押債務者及びその家族の生活及び労働に必要なものとして差し押さえてはならないのは，以下のものである。

---

[1] 本翻訳の基準日である2017年1月1日現在においては，本章には規定がおかれていなかったが，その後，2017年5月6日デクレ第892号により，本法典第 L111-1-1条に定める外国国家の有する財産に対する強制執行に関する規定（第 R111-1条〜第 R111-6条）が設けられている。

[2] 第 L111-2条の定める「債務者の財産」の内容を説明したものであり，「債務を負った者はいかなるものであっても，その現在及び将来の全ての動産及び不動産によって，その債務を履行する義務を負う。」と定める民法典第2284条に対応する規定である。ここでいう無体（無形）財産（biens incorporels）とは，有体財産（biens corporels）と対置される概念であり，具体的には，金銭債権，知的財産権，社員権又は有価証券等が含まれ，これらも差押えの対象とされる。

[3] 差押えが禁止される財産には，法律上当然に差押禁止とされるもののほか，債務者による差押禁止宣言によって差押禁止財産とすることを法律で認めているものが含まれる。例えば，商法典第 L123-10条において，商人である自然人が，その主たる住居以外の不動産であって，事業の用に供していないものについて差押禁止宣言をすることを認めているのが，その例である。本条で「差押禁止とすることを認めているとき」（la loi ... permet leur insaisissabilité）とは，このような場合を指すものである。

-84-

1 衣類

2 寝具

3 家庭用布類[4]

4 家屋の維持及び管理に必要な用具及び製品

5 食料品

6 食料の保存，調理及び消費に必要な家財

7 暖房に必要な器具

8 共同で食事をするためのテーブルおよび椅子

9 布類及び衣類を収納する家具並びに家庭用器具を収納する家具

10 洗濯機

11 勉学又は職業研修に必要な書籍その他の物

12 子のために使われる物

13 個人又は家族に関する記念品

14 室内動物又は防犯用動物

15 債務者の生活に必要な動物及びその飼育に要する飼料

16 職業活動の個人的遂行に必要な仕事道具

17 固定又は携帯電話サーヴィスを可能とする電話機器

第 R112-3条　前条所定の財産は，いかなる債権のためであっても，差し押さえてはならない。ただし，その財産の製造者若しくは販売者の代金の支払のため，又はその財産の購入，製造若しくは修理のための融資をした者に対する支払のためであるときは，この限りでない。

第 R112-4条①　第 L112-2条第3号の適用につき，自己の受領額が扶養の性質を有すると主張する債務者は，その額に関する扶養の性質の有無及び範囲の確定を求めて執行裁判官に申立てをすることができる。

②　前項の目的のため必要なときは，裁判官は，労働法典第 R3252-2条及び第 R3252-3条の定める計算表を適用する。

第 R112-5条①　差押禁止債権の金額の全部又は一部が口座に振り込まれたと

---

4 シーツ，テーブルクロス，タオル等の寝具，洗面，食卓又は台所用の布類を指す。

－85－

き，差押禁止は，その金額に満つるまで口座の残高に及ぶ。

② 差押禁止債権は，第 R213-10 条及び第 R162-7 条並びに本巻第 4 編第 2 章の定める要件の下，第三債務者により，口座名義人による自由な処分に委ねられる。

第 2 編　執行及び債権回収に関わる司法機関及び人

第 1 章　司法機関

単独節　執行裁判官

第 1 款[5]　管轄

第 R121-1 条① 執行裁判官以外の全ての裁判官は，職権により，職分管轄に係る自己の管轄権の欠缺を顧慮しなければならない。

② 執行裁判官は，執行の根拠となる裁判所の裁判の主文を変更することも，その執行を停止することもできない。ただし，差押前支払催告書又は差押書の執行吏送達後は，執行裁判官は支払猶予期間[6]の付与について管轄権を有する。

③ 執行裁判官は，職権で管轄権の欠缺を顧慮することができる。

第 R121-2 条① 土地管轄ある執行裁判官は，別段の定めのない限り，原告の選択に応じて，債務者の居住する地の裁判官又は処分の執行地の裁判官とされる。申立てがこのうち一方の裁判官に対してなされたときは，他方に申し立てることはできない。

② 債務者が外国に居住しているとき又は債務者の居住する地が不明のとき

---

5 本節（section）における「款」は「sous-section」の翻訳である。

6 支払猶予期間（délai de grâce）は，裁判官の裁量により，2 年間を上限として債務者に認められる支払の猶予又は分割のことである。この場合，債務者の状況及び債権者の必要性が考慮される。裁判官は，また，猶予された期間の利息の（法定利息を下回らない範囲での）軽減や支払の元本への優先的な充当を定めることができる。以上につき，中村ほか143頁を参照。

-86-

は，管轄裁判官は，処分の執行地の裁判官とされる。

第R121-3条　管轄に関する執行裁判官の裁判は，反対の規定のない限り，管轄抗告[7]に服さない。

第R121-4条　本法典に定める管轄規定は，強行規定に属する[8]。

第2款　手続

第1目[9]　総則

第R121-5条　民事訴訟法典第1巻の共通規定[10]は，反対の規定のない限り，第484条から第492-1条まで[11]を除き，民事執行手続に関する執行裁判官の面前における手続にも適用される。

第R121-6条　当事者は，本人で防御する[12]。当事者は，援助又は代理を受けることができる。

第R121-7条　当事者は，以下の者によって援助又は代理され得る。

1　弁護士

2　配偶者

3　内縁者又は当事者とパートナー契約[13]を締結した者

4　直系の親族

5　三親等以内の傍系の親族

---

[7] 管轄抗告（contredit）は，管轄のみについて判断した第一審裁判所の裁判に対する控訴院への不服申立てであり，民事訴訟法典第80条以下に規定がある。

[8] 本条の直訳は，「公の秩序（ordre public）に属する」である。

[9] 本款における「目」は，「paragraphe」の翻訳である。

[10] 民事訴訟法典における「共通規定」も，本法典と同様に「dispositions communes」の翻訳である。この点，法務大臣官房司法法制調査部『注釈フランス民事訴訟法典』（法曹会，1988年）を参照。

[11] 民事訴訟法典（Code de procédure civile）中の本条は，急速審理命令（ordonnances de référé）に関する手続を定める。急速審理手続（procédure de référé）については，第R121-23条の注（28）も参照。

[12] 本人による防御が原則とされているのは，第L121-4条で小審裁判所の手続を準用している趣旨と同様に，当事者が負担する手続費用の軽減を考慮したからである。同条の注（24）も参照。

[13] パートナー契約（pacte civil de solidarité, PACS）については，第L421-8条の注（149）を参照。

6 当事者の個人的な用務又は当事者の企業に専属的に従事している者

② 国，州，県，市町村及びそれらの公施設法人は，当該機関の官公吏又は職員[14]により，援助又は代理され得る。

③ 代理人は，その者が弁護士でない場合には，特別の権限を証明しなければならない。

第 R121-8条 手続は口頭による。

第 R121-9条 出頭する当事者間の書面交換を監督する裁判官は，民事訴訟法典第446-1条第 2 項[15]に従い，申立てをなした当事者に対して，後の期日における出頭を免除することができる。この場合，当事者間の〔書証の〕伝達は，配達証明付書留郵便又は弁護士間送達によってなされ，かつ，裁判官に対して，その定める期間内に証明がなされる。

第 R121-10条① 全ての当事者は，審理の間は，執行裁判官に宛てた書状により自己の攻撃防御方法を提出することもできる。ただし，相手方当事者が配達証明付書留郵便により期日前にその攻撃防御方法について知らされていることを要する[16]。

② 前項の権限を行使した当事者は，民事訴訟法典第446-1条第 2 項に従って，期日に出頭しないことができる。

第 2 目 通常手続

第 R121-11条① 申立ては，反対の規定のない限り，執行裁判官が指定する直

---

[14] フランスの公務員（agent public）は，官公吏（fonctionnaire, 日本の国家公務員及び地方公務員にあたる）とそれ以外の職員（agent, 補助職員等）からなり，国家においても，地方公共団体においても，この身分上の区別が維持される（官公吏一般身分規程の適用を受けるか否か）。公務員（agent public）という概念徴表は，行政裁判権との関係で重要となる。晴山一穂「フランスにおける公務員の政治活動」専修ロージャーナル 5 号（2010年）95頁以下，AUBY (J.-M.), AUBY (J.-B.), JEAN-PIERRE et TAILLEFAIT, *Droit de la fonction publique*, 7 éd., Dalloz, 2012, pp. 32-46.

[15] 本条（Code de procédure civile）は，口頭弁論に関する特則を定める。すなわち，当事者は，別段の規定があれば，期日に出頭せず，書面により弁論を済ますことができる，とする。本条は，次の第 R121-10条でも言及されている。

[16] 本項の原文は 1 文で記述されている。

-88-

近の期日への呼出し[17]によってなされる。

② 前項による呼出状には，第 R121-6条から第 R121-10条までの条文の文言を記載しなければならない。これらを欠くときは，無効となる[18]。

第 R121-12条 執行裁判官は，緊急の場合は，自らの指定する時刻に，たとえ即時にであっても，また祝日若しくは休日であっても，呼出しを許可することができる。

第 R121-13条 裁判官は，相手方が防御を準備できるように，召喚[19]又は呼出しと期日との間に，十分な時間が確保されていることを確認する。

第 R121-14条 執行裁判官は，反対の規定のない限り，本案の裁判官として裁判する[20]。

第 R121-15条① 裁判は，裁判所書記課[21]により，配達証明付書留郵便によって当事者本人に送達される。この裁判の写しは，同じ日に普通郵便によっても当事者及び執行吏に送付される。

② 送達された文書が，宛先又は〔送達の〕効果が生じるために〔受領の〕権限が認められた全ての者に到達せずに裁判所書記課に返送されてきたとき

---

[17] 呼出し（assignation）は，執行吏が，ある人物に対して，訴訟が開始され，所定の期間に裁判所に出頭する必要があることを知らせる行為である。民事訴訟においては，原告が，執行吏を介して，被告を裁判所に呼び出すかたちになる（民事訴訟法典第55条）。

[18] 本項の原文は１文で記述されている。

[19] 召喚（convocation）は，裁判所が関係者を呼び出す行為を指し，呼出し（assignation）以外の場合に用いられる（例として証拠調べにおける証人の招請，民事訴訟法典第207条）。
なお，出頭要請（citation）は，民事手続においては，呼出し（assignation）と召喚（convocation）の双方を含む概念として用いられることが多い。以上につき，例えば次の文献を参照。CHAINAIS, FERRAND et GUINCHARD, *Procédure civile,* 33 éd., Dalloz, 2016, p. 624, n° 914.

[20] 執行裁判官は本案の裁判官（juge du principal）であるため，その判決は既判力を持ち，判決の送達時から執行力を有する。また，手続費用について命じることもできる（COUCHEZ et LEBEAU, *Voies d'exécution,* 12éd., Sirey, 2017, pp. 90-91及び PIÉDELIÈVRE, *Procédures civiles d'exécution,* Economica, 2016, p. 93. が簡明にまとめる。）。
執行裁判官の面前での手続は，簡易迅速性についての配慮がなされており，一見すると急速審理手続（référé）に似る。このため，92年デクレ制定時にこのような確認的な規定が設けられている。この点について，特に次の文献を参照。LEBORGNE, *Droit de l'exécution,* 2 éd., Dalloz, 2014, p. 423.

[21] 本条第２項では，同一条文中の重複を避けるために，裁判所書記課（greffe）に対して，書記官（greffier）には「裁判所」を付していない。

は，書記官はその旨を当事者に通知し，当事者が執行吏送達の手続をとる。

③　当事者は，いつでも裁判を執行吏送達させることができる。

④　各当事者は，裁判の自己への送達を放棄する旨を裁判所書記課に通告できる。この場合，裁判はその言渡しの日に送達があったものとみなされる。

第 R121-16条　執行裁判官は，自らの裁判の執行を確認し，そのために必要な措置を命じることができる。

第 R121-17条　裁判官は，必要があるときは，裁判が原本のみに基づいて執行できる旨を宣言することができる。

第 R121-18条　強制執行処分又は保全処分の取消し[22]の裁判は，その趣旨の範囲内で，その言渡しの時から執行の停止をもたらし，その送達の時からあらゆる処分禁止の効果の消滅をもたらす。

第 R121-19条　執行裁判官の裁判に対しては，反対の規定のない限り，常に控訴を提起することができる。ただし，それが司法運営上の処分に関するものであるときは，この限りでない[23]。

第 R121-20条①　控訴期間は，裁判の送達から15日間とされる。

②　控訴は，必要的代理による手続に適用される規定に従い，申立て，審理及び判決がなされる。

③　控訴院は，速やかに裁判する。

第 R121-21条　控訴期間及び控訴〔の提起〕自体は，執行停止効を持たない。

第 R121-22条①　控訴を提起した場合には，控訴院長に執行裁判官の裁判の執行について執行の停止を申し立てることができる。この〔執行停止の〕申立ては，レフェレ呼出状により提起され，相手方当事者に交付され，かつ，差押えの対象となっている第三者がいるときは，その者に通告[24]される。

②　不服申立てをなされた裁判が執行の継続を認めるものであるときは，〔前項の〕執行停止の申立てにより，院長による命令の言渡しの日まで，執行は

---

[22] 取消し（mainlevée）については，第 L121-2条の注（22）を参照。

[23] 本条の原文は１文で記述されている。

[24] 通告（dénonciation）とは，手続文書の名宛人ではないが，それを知る利益を有する者へ手続文書を送達（notification）することである。

-90-

停止される。不服申立てをなされた裁判が処分の取消し[25]を命じるものであるときは,〔前項の〕申立てにより,差押え及び保全処分に認められた効果は維持される。

③　執行停止は,控訴院に付託[26]された裁判の取消し又は変更について重大な理由が存在するときに限り,認められる。

④　控訴院長は,明白に濫用的な執行停止の申立てをなす者に対しては,3,000ユーロを上限額とする罰金の支払を命じることができる。ただし,損害賠償の請求はそれにより妨げられない[27]。

⑤　控訴院長の裁判は,破毀申立てに服さない。

第3目　申請命令（ordonnances sur requête）

第R121-23条①　執行裁判官は,法が特に定める場合又は緊急の処分が対席的になされないことが状況上要求される場合には,申請命令[28]により裁判する。

②　前項の申請は,申請人又はその任意の代理人により,裁判所書記課宛に交付又は送付される。

③　申請命令の取消しの裁判は,本案についての既判力を有しない。

第R121-24条　執行吏は,自らが職務とする処分を執行するために裁判官の許

---

[25] 取消し（mainlevée）については,第L121-2条の注（22）を参照。

[26] 控訴院内付託（déféré）は,控訴院準備手続裁判官（conseiller de la mise en état）の命令について争いがある場合になされる不服申立て手続の一種である（民事訴訟法典第916条）。控訴院準備手続裁判官の命令については,（本案判決と独立した）不服申立ては原則としてできない（同条第1項）。ただし,特定の類型については例外が認められている（同条第2項）。本条は,執行停止申立ての場合にもこれを準用している。

　以上につき,特に次の文献を参照。GUINCHARD et MOUSSA (Dir.), *Droit et pratique des voies d'exécution*, 8 éd., Dalloz, 2015, n° 222.15, p. 296.

[27] 本項の原文は1文で記述されている。

[28] 申請命令（ordonnance sur requête, 申請に基づく命令）は,申請による手続（procédure sur requête）の中で出される（民事訴訟法典第493条以下）。本手続は,急速審理（référé）と共に例外的な簡易の手続であるが,急速審理とは異なり,対審原則が適用されない。なお,本規則に定められているように,執行裁判官の面前での手続では,急速審理は用いられない（第R121-5条）。

　申請による手続（申請手続）については,山本和彦『フランスの司法』（有斐閣,1995年）236頁及び243頁以下も参照。

可を得なければならないときは常に，申請の方法により裁判官に申し立てる権限を有する。

第2章　執行を職務とする者

第R122-1条　第L122-1条に基づく関与又は協力を拒否しようとする執行吏は，必要と認められるときには，あらかじめその旨の許可を執行裁判官に求めることができる。

第R122-2条　執行吏のほか，国，地方公共団体及び公会計官の置かれた公施設法人の債権回収に必要な強制執行処分及び保全処分を職務とする者は，租税手続法典第L258A条に定める要件に従い，公債権の回収に必要な強制執行の追行を職務とする財政局担当官とされる[29]。

第3章　第三者

第R123-1条　強制執行処分又は保全処分が判決に基づき第三者に対して実施されるときは，反対の規定のない限り，その主文のみがこの者に知らされる。

---

[29] 租税手続法典（Livre des procédures fiscales, LPF）中の本条は，公的債権の回収に民事執行法典の諸手続が準用されることを定める。

　本条の要件に従って執行吏の資格で公的債権の執行を追行するのは，財政監察官（inspecteur des finances publiques）である。財政監察官は，県知事から執行吏権限を授権され，県財政官の下で職務を行う（財政局のA級人員の特別な地位を定める2010年8月26日デクレ第986号）。この点につき，特に次の文献を参照。GUINCHARD et MOUSSA (dir.), *Droit et pratique des voies d'exécution*, 8 éd., Dalloz, 2015, n° 261, p. 339.

　財政局（direction générale des finances publiques, DGFiP）は，経済・財務省内で徴収を担当する部局であり，2008年に省内の租税局（DGI：課税台帳のある租税の徴収を担当）と公会計局（DGCP：それ以外の各種徴収を担当）が統合されて誕生した。この点については，次の文献を参照。HOONAKKER, *Procédures civiles d'exécution*, 6 éd., Bruylant, 2017, p. 262.

第4章　合意による債権回収を職務とする者

第 R124-1条　本章の規定は，通常業務又は一時的業務として又は付随的資格に基づいて，他人のために債権の合意による回収を図る自然人又は法人に適用される。ただし，職業的規約に基づいて又は職業的規律の範囲内で回収を図る者については，この限りではない[30]。

第 R124-2条①　第 R124-1条に定める者は，回収行為を理由として追及され得る職業的民事責任の金銭の支払を付保する保険契約を自らが締結したことを証明する。

②　第 R124-1条に定める者は，通貨金融法典第 L511-9条に定める金融機関[31]の1つ又は同法典第 L518-1条に定める〔特別〕金融機関[32]の1つに開設した口座の名義人であることも証明する。この口座は，債権者のための取立てに係る弁済金の受領にのみ用いられることを要する。

③　前2項に定める要件の証明は，回収行為を行う前に，利害関係者の書面上の届出の交付又は送付によって，回収行為の地を管轄する大審裁判所の共和国検事に対してなされなければならない。共和国検事はいつでも，利害関係者が本条に定める義務に従っていることを確認することができる。

第 R124-3条①　合意による回収を職務とする者は，債権者がその者に自らのための受領権限を認め，その旨を両者間の書面による合意で締結した後でなければ，回収を追行できない。

②　前項の合意は，以下の事項を明示する。

1　弁済すべき金額の根拠と合計。ただし，債務者から取り立てるべき債権

---

[30] 本条の原文は1文で記述されている。

[31] 通貨金融法典（Code monétaire et financier）中の本条が定める金融機関は，銀行（banque），信用協同組合（banque mutualiste ou coopérative）などの一般的な金融機関である。信用協同組合は，19世紀の欧州で隆盛を極めた共済組合型の諸組織に対して，国家が金融機関（金庫）を設立し管理運営する権限を認めたことに起源を有する。

[32] 通貨金融法典（Code monétaire et financier）中の本条が定める金融機関は，国庫（Trésor public），フランス銀行（Banque de France），郵便局（Poste）といった政府系金融機関である。

の種々の要素を区別して示すこと[33]。

2　債権の回収行為を理由として追及される民事責任の金銭の支払を付保するために債権者に認められた保険の条件と態様

3　債権者の負担となる報酬の決定条件

4　債権者のために取り立てられた弁済金の支払条件

第 R124-4条①　合意による回収を職務とする者は，以下の記載を含む書状を債務者宛てに送付する。

1　合意による回収を職務とする者の氏名[34]又は〔その者が法人のときは〕名称，住所又は〔その者が法人のときは〕主たる事務所の所在地及び合意による回収行為を行う旨の表示

2　債権者の氏名又は〔その者が法人のときは〕名称及び住所又は〔その者が法人のときは〕主たる事務所の所在地

3　弁済すべき元本，利息及びその他の付随費用の金額の根拠と合計。ただし，債務の種々の要素を区別して示すこと[35]。また，第 L111-8条第3項の適用により債権者の負担とされる費用は，本号の事項に含まれない。

4　弁済すべき金額の表示及び債務の弁済方法

5　第 L111-8条第2項及び第3項の文言の記載

②　前項が定める書状の記載内容及び送付日は，合意による回収を目的とした債務者に対する他のあらゆる手続の際にも告知される。

第 R124-5条①　回収を職務とする者は，たとえその一部であっても，債務者から弁済を得たことを債権者に知らせる。ただし，この弁済が，債権者が既に了承している分割支払の合意の履行による場合には，この限りでない[36]。

---

[33] 具体的には，取り立てるべき債権の費目ごとの明細を付す，という意味である。

[34] 原文は nom のみである。本法典においては，関係者の氏名の記載等を要求する規定の文言として，本条のように単に nom とされている場合と nom et prénom とされている場合（例えば，第 R221-39条）とが混在しているが，その区別がどこまで意識的にされているのかは，判然としない。そのため，翻訳上は，本条のように単に nom とのみされている場合を含め，すべて「氏名」と訳すこととした。この点は，以下においても同様である。

[35] 具体的には，取り立てるべき債務の費目ごとの明細を付す，という意味である。

[36] 本条の原文は1文で記述されている。

②　回収を職務とする者は，反対の合意のない限り，被請求金額の即時弁済以外の方法により債務を弁済しようとする債務者の全ての申し出についても，債権者に知らせる。

第 R124-6 条①　債務者に対しては，全ての弁済について領収書が交付される。

②　回収を職務とする者により受領された弁済金は，反対の合意のない限り，取立ての実行から 1 か月以内に〔債権者に〕支払われる。

第 R124-7 条①　第 R124-1 条に定める業務を行う全ての者の以下の行為は，第 5 級の違警罪となり，刑法典第131-13条第 2 項第 5 号[37]に定める罰金刑に処する。

1　第 R 124-2 条に定める義務に従わないこと。

2　債務者宛ての書状中で第 R 124-4 条に定める記載を省略すること。

②　累犯の場合には，第 5 級の違警罪の累犯について同項に定める罰金刑が適用される。

第 5 章　少額債権の簡易回収手続

第 1 節　総則

第 R125-1 条①　第 L125-1 条に定める少額債権の簡易回収手続は，債務者が住所又は居所を有する控訴院の管轄区域の執行吏により，実現することができる[38]。

②　元本及び利息債権の合計額は，4,000ユーロを超えることはできない。

---

[37] 刑法典（Code pénal）中の本条は，違警罪の刑罰（peines contraventionnelles）のうち罰金刑（amende）について定めている。第 5 級違警罪の場合，罰金は 1,500ユーロ以下となる。累犯は，法令の定めにより 3,000ユーロに達する場合がある（第 2 項第 5 号）。違警罪の累犯が軽罪（délit）を構成する場合には，罰金額はさらに高額となる。本条については，第 R213-5条の注（79）も参照。
[38] 2017年 1 月 1 日修正版の法文（Legifrance 上のデータベース及び 1 月 5 日付 PDF 版）は「peut-être mise en œuvre」となっているが，2016年10月 1 日修正版本文（11月25日付 PDF 版）では「peut être mise en œuvre」となっている。前者は誤植と考えられるので，後者を元に翻訳した。

-95-

第 R125-2条①[39]　執行吏が簡易回収手続への参加を債務者に促す[40]配達証明付書留郵便は，以下の事項に言及する。

1　この手続を実施することを〔債権者から〕委任された執行吏の氏名及び住所

2　債権者の氏名又は〔法人である場合には〕名称及び住所又は〔法人である場合には〕主たる事務所

3　弁済すべき元本及び利息の金額の根拠と合計。ただし，債務の種々の要素を区別して示すこと[41]。

②　この書状は，本法典第 L112-3条，L111-3条及び L125-1条並びに民法典第2238条の規定の文言を記載する。この書状は，名宛人に対して，その者が簡易回収手続を承諾又は拒否することができる旨を明確に指摘する。

③　この書状は以下のことを示す。

1　名宛人が簡易回収手続への参加を承諾するときは，その者はこの書状の送付から１か月以内に，同意を表明しなければならない。〔この表明は，〕本人又は特別に委任されたあらゆる者の欄外署名[42]によっても，承諾書式の郵便又はオンラインでの送付によっても，することができる[43]。

2　名宛人がこの手続への参加を拒否するときは，その者は拒否の書式の交付若しくは送付によって又はその他の方法によって，拒否の表明をすることができる。

3　１か月以内の返答の欠如は，黙示の拒否とみなされる。

4　〔債務者による〕明示又は黙示の拒否のいずれの場合にせよ，債権者は，

---

[39]原文における本条の項番号はローマ数字であるが，翻訳においては他の条文と同様の数記号を用いる。

[40]原文の「inviter」は，「招請する」と「促す」の２重の意味を含意しているために，名詞の場合には「招請」とも翻訳しうるが，本項では後者を用いている。

[41]具体的には，取り立てるべき債務の費目ごとの明細を付す，という意味である。

[42]欄外署名（émargement）とは，手続行為（文書）の名宛人が，その行為が遂行され，終了することを証するために，この文書の原本の欄外に付す署名である（民事訴訟法典第667条）。以上につき，山口195頁，中村ほか178頁を参照。

[43]本号の原文は１文で記述されている。

－96－

執行名義を得る目的で，裁判官に訴えることができる。

④　この書状及びこの書状に付随する諸書式は，司法大臣のアレテが定める模範書式に従って作成される。

第 R125-3条　執行吏は，簡易回収手続に参加する書状の名宛人の同意[44]又は拒否を確認する。

第 R125-4条　前条の書状の名宛人が簡易回収手続への参加を承諾したときは，執行吏は，その者に対して弁済金額及び弁済方法に関する合意[45]を提案する。

第 R125-5条　簡易回収手続は，執行吏が書面により以下の事項を確認するとき，終結する。〔ただし，〕この書面はオンライン・システムの補助[46]により作成されることもできる[47]。

1　第 R125-2条第 3 項第 2 号に定める要件に従い，書状の名宛人がこの簡易回収手続への参加を拒否したこと。

2　この手続への参加を促す書状を執行吏が債務者に送付してから，弁済金額及び弁済方法を定める合意が成立しないまま，1 か月が経過したこと。

3　前号と同一の期間内において，提案された弁済金額及び弁済方法に対して，債務者が明示の拒否を与えたこと。

4　第 2 号と同一の期間内において，弁済金額及び弁済方法を定める合意の締結がなされたこと。

第 R125-6条　執行吏は，第 R125-5条第 4 号に定める合意を確認した上で，〔回収手続の〕委任者たる債権者に対して執行名義を交付する。この執行名義は，

---

[44] 法律部第 L125-1条と同様に，本条では債務者の同意が問題となっているため，「accord」を「同意」と訳す。

[45] 本条（第 R125-4条），第 R125-5条及び第 R125-6条においては，「accord」は債権者・債務者間の合意の意味で用いられているため「合意」と訳す。

[46] 原文は，「オンラインの補助（support électronique）」であるが，第 L412-5条等と同様に「オンライン・システム」を利用してという意味になるため，このように訳している。

[47] 本条の原文は 1 文で記述されている。

-97-

〔関係当事者間で〕なされた合意内容[48]を要約して記載する。その副本が，債権者の費用負担の下で，債務者に交付される。

第2節　利害衝突の防止

第 R125-7条　簡易回収手続への参加を促す書状を債務者に送付したときから執行吏がこの手続の結果を確認するまでの間は，〔債務者は〕いかなる弁済も行うことができない。

第 R125-8条　執行名義を作成した執行吏は，この執行名義の対象となる債権の回収の強制執行[49]を職務として行うことができない。

第3編　執行上の障害の回避

単独章　間接強制

第 R131-1条①　間接強制は，裁判官が定める日から効力を生ずる。この〔効力発生〕日は，債務についての裁判が執行力を生ずる日より前とすることができない。

②　既に執行力を生じている裁判に間接強制を付すときは，間接強制は，その発令の日から効力を生ずることができる。

第 R131-2条①　第 L131-3条の適用について，管轄違いは，間接強制〔金〕の

---

[48] 直訳すると「合意の締結のために〔関係当事者間で〕なされた手続上の遂行及び達成事項」である。手続上の遂行及び達成事項〔に関する配慮〕(diligences) は，狭義には，訴訟手続において，当事者が定められた方式及び期間に従って訴訟文書を作成し，訴訟の正しい進行に配慮することを指す（民事訴訟法典第2条及び第3条）。(山口，169頁)

　典型的には，訴訟において判決を得るために当事者に課される配慮として説明されるが，執行吏に課される例も指摘されているため，ここでは「関係当事者間」と補足している。この点については，特に次の文献を参照。CORNU (Association Henri Capitant), *Vocabulaire juridique*, 11 éd. Quadrige, PUF, 2016, p. 348.

[49] 直訳すると，「債権の回収の強制執行の実現 (la mise à exécution forcée du recouvrement de la créance)」である。

総額の確定を求める申立てを受けた裁判官が，職権で取り上げる。

② 〔前項の〕裁判官の裁判に対しては，控訴院がこの裁判をした場合を除き，民事訴訟法典に定める要件に従い，管轄抗告（contredit）[50]をすることができる。

第 R131-3条① いかなる間接強制についても，その総額を確定する前には，強制執行処分をすることができない。

② 間接強制〔金〕の総額がまだ確定されていないときは，間接強制を命ずる裁判に基づき，総額の確定について管轄権を有する裁判官が仮に算定した額について，保全処分をすることができる。

第 R131-4条 〔間接強制についての〕裁判官の裁判[51]は，法律上当然に仮に執行することができる。

第4編 執行の実施

第1章 総則

第 R141-1条① 執行吏に対する執行名義の交付は，特別な権限[52]を要しない全ての執行に関する権限をその執行吏に与える。

② 執行吏に対する執行名義の交付により，この執行に関する全ての送達について，その執行吏の事務所が住所として選定されたものとする。

第 R141-2条① 第 R141-1条第2項の規定にかかわらず，執行名義が執行のために第 R122-2条に規定する官吏に交付されたときは，その執行に関する送達は，〔債権〕回収を職務とする会計官にする。

② 支払の催告書又は付遅滞書には，第 R122-2条及び前項の規定の文言を記

---

[50] 管轄のみについて判断した第一審裁判所の裁判に対する控訴院への不服申立てであり，民事訴訟法典第80条以下に規定がある。

[51] 条文の文言上制限はないが，間接強制金の総額を確定する裁判を指し，間接強制の発令の裁判は，本条の「裁判」に含まれないと解するのが一般である。

[52] 特別な権限を要する場合の例としては，休日や夜間の執行（第L141-1条参照）が考えられよう。

載する。

第R141-3条　強制執行処分又は保全処分を求めた者は，執行の実施に立ち会うことができない。ただし，事情により必要がある場合において，執行裁判官の許可を受けたときは，この限りでない。

第R141-4条①　自己の財産が既に差し押さえられている債務者は，同一の財産を新たに差し押さえようとする全ての債権者に対し，先行する差押えの存在及びその差押えをしている者の身元を知らせる義務を負う。当該債務者は，それに加えて，差押書を提出する。

②　債務者のために財産を占有している第三者も，前項の義務を負う。

③　前二項により情報を得た債権者は，その手続の当事者である他の債権者に対し，法律により伝達することを義務付けられている全ての文書及び情報を知らせる。

第2章　建物における執行の実施　〔規定なし。法律部に規定あり。〕

第3章　公会計官に送達する差押え

第R143-1条　本法典の規定は，本章に規定がある場合を除き，公会計官に送達する差押え及び譲渡に適用する。

第R143-2条　公会計官の下における差押書は全て，被差押債権の特定を含まなければならず，これに反する場合には無効とする。

第R143-3条　公会計官に送達する差押え及び譲渡に関する1993年7月31日デクレ第977号第6-1条[53]に規定する場合を除き，差押書は全て，支出の担当公

---

[53] 1993年7月31日デクレ第6-1条は，同デクレ及び1962年12月29日デクレ（従来の公会計に関する基本デクレ）の一定の規定にかかわらず，財務大臣は，支払命令なくして支払い得る支出について，アレテ（日本の財務省令に相当）により定め，上記支出に関する差押通知書及び譲渡書の送達は，上記支出について支払を引き受ける（en charge de leur paiement）公会計官に対して行う旨を定める。

もっとも，予算・公会計制度の改革に伴い，上記1962年デクレは既に廃止され，これに代わり，2012年11月7日デクレ第1246号が制定されている。また，公的金融機関の民営化の改革に

会計官[54]（comptable public assignataire）に執行吏送達又は〔通常の〕送達を
しなければならず，これに反するときは，無効とする。

第R143-4条 前条に規定する公会計官は，差押書の原本を査証する。

第5編 執行上の障害

第1章 手続

第R151-1条① 執行名義の執行を職務とする執行吏は，自己の執行の実施を
妨げる障害に遭遇したときは，その調書を作成し，自ら，執行裁判官に申し
立てることができる。

② 〔前項の場合には〕以下の規定によるときを除き，通常手続に関する規定
を準用する。

第R151-2条 裁判官に申し立てるときは，執行吏は，申立書を裁判所書記課
に提出し，執行名義，執行の実施を妨げた障害についての説明書及び伝達さ
れた書類があるときは，その書類を添付する。

第R151-3条① 執行吏は，遭遇した障害並びにその障害について審理される
期日の場所及び日時を関係当事者に通知する。

② 前項の通知は，調書に付記した口頭の陳述又は配達証明付書留郵便によっ
てする。この通知は，呼出しの効果を生ずる。

伴い，2005年8月30日デクレ第1068号第19条により，上記1993年デクレの名称も改められ，「公
会計官及び郵便小切手センター又は国民貯蓄金庫センター（centres de chèques postaux ou de
la Caisse nationale d'épargne）に送達する差押え及び譲渡に関する1993年7月31日デクレ第977
号」という名称から，「及び郵便小切手センター又は国民貯蓄金庫センター」の文言が削除され
ている。本条（第R143-3条）の原文は，この改正前のデクレの名称を用いる（その理由は不明。
立法ミスかもしれない）が，訳出に際しては，わかりやすくするため，改正後のデクレの名称
に依拠した。

[54] 特定の支払命令官（支払命令官については，法律部前掲注（44）参照）による支払命令・支
払命令のない支出・徴収命令等を引き受ける資格を有する公会計官を指す。公会計官の担当
（assignation）に関しては，財務大臣アレテ（日本の財務省令に相当）により定められる。2012
年11月7日デクレ第1246号第14条第2項参照。

-101-

③ 当事者には，第 R121-6条から第 R121-10条までの規定及び当事者が欠席しても裁判をすることができる旨を知らせなければならない。

④ 〔裁判官は〕執行吏の意見を聴取する。

第 R151-4条 〔本章による〕裁判は，本案について既判力を有しない。

第2章　情報の収集

第 R152-1条　執行吏は，第 L152-1条及び第 L152-2条に定める情報を取得するためには，これらの規定に定める行政機関，企業，公施設法人若しくは組織，場合により，これらの者が指定する機関又は財務省が所管する銀行口座及びそれと同視されるもののデータベースを管理するセンター[55]（service central gestionnaire du fichier des comptes bancaires et assimilés）に申し出る。

第3章　警察の援助

第 R153-1条① 執行吏は，警察の援助を求める義務を負うときは，県知事にその旨を申し立てる。

② 〔前項の〕申立〔書〕には，執行名義の主文の写しを含める。執行吏がとった措置及び執行上の障害についての説明書も添付する。

③ 管轄当局の〔援助〕拒絶決定には全て，理由を付さなければならない。〔申立てから〕2か月の期間内に回答がないときは，拒絶したものとみなす。

④ 執行吏は，前項の拒絶を共和国検事及び[56]債権者に通知する。

---

[55] このセンター又は銀行口座等のデータベースは，普通，FICOBA と略称される。フランスで開設されている全ての銀行口座及びこれに準じるものの情報を網羅的に調査することができる。FICOBA 及びフランスの財産照会制度に関し，山本和彦「フランス法からみた金銭執行の実効性確保」三木浩一編『金銭執行の実務と課題』（青林書院，2013年）124頁以下参照。

[56] 「共和国検事及び」の文言は，2017年 5 月 6 日デクレ第892号により削除されている。

第6編　特定の者及び特定の財産に関する特則

第1章　特定の者の保護

第 R161-1条　第 L161-3条に規定する債権は，扶養定期金の公的取立てに関する1975年7月11日法律第618号の適用方法に関する1975年12月31日デクレ第1339号に定める要件及び方式により，管轄公会計官が取り立てることができる。

第2章　特定の財産に関する特則

第 R162-1条①　第 L162-1条の適用により，処分を禁止される金額が減少する場合には，〔同条第1項に規定する〕機関は，差押えの日以後の口座に関係した全ての取引についての明細書を〔差押債権者に〕提供しなければならない。

②　前項の取引明細書は，修正記入の期間の経過後遅くとも8日以内に，配達証明付書留郵便により，差押債権者に伝達する[57]。

③　民事訴訟法典第748-7条[58]〔に規定する場合〕を除き，差押書がオンラインで執行吏送達されたときは，第三債務者は，前項に定める期間内にオンラインで〔取引〕明細書を伝達する。

第 R162-2条①　第 L162-2条の規定を適用するときは，債務者の申出を要しない。第三債務者は，直ちに，同条に規定する金額の解放について債務者に通知する。

---

[57] 本項の「伝達」（一般的な意味につき第 L141-3条の注（43）参照）は，本条第1項の「提供」と同義と解される。

[58] ある期間内にすべき文書の送付が，当該期間の末日に外在的原因（不可抗力等。第 L131-4条の注（40）参照）のためにできない場合には，当該期間は，その後の最初の取引日まで延長される旨を定める。

-103-

② 口座が複数ある場合においては，〔前項の〕解放は，貸方残高の全体を考慮して行う。〔解放された〕金額は，即時の払出しが可能な資金（fonds disponibles à vue）に優先的に充当する。

③ 第三債務者は，執行吏又は〔債権〕回収を職務とする公会計官に，口座名義人に解放した金額及びこの解放を行った1又は複数の口座について遅滞なく通知する。

④ 複数の機関に開設された口座の差押えの場合においては，執行吏又は〔債権〕回収を職務とする公会計官は，第1項に規定する金額を解放すべき1又は複数の第三債務者及びこの解放の方法を定める。当該執行吏又は公会計官は，これを第三債務者に通知する。

第 R162-3条 債務者が新たな〔差押えの〕解放を受けることができるのは，前の解放に係る差押えの後1か月の期間を経過して行われた新たな差押えの場合に限る。この期間内は，第 R162-2条に規定する金額を債務者に解放するにとどめる。

第 R162-4条① 差押えを禁止される金額が，給料，退職年金，家族手当又は失業補償金その他の定期払の〔差押禁止〕債権（créances à échéance périodique）に起因するときは，口座名義人は，当該金額の原資（origine）を証明して，その即時の解放を求めることができる[59]。ただし，差押禁止債権の最後の振込以後に口座の借方に発生した取引額は，〔解放される額から〕控除する。

② 継続中の取引を清算するための第 L162-1条に規定する15日の期間が経過した時に，差押禁止を理由に債務者の請求した金額が，処分の可能な口座残高を超えるときは，差額（complément）は，この〔期間が経過した〕日に処分を禁止される金額から差し引く。第三債務者は，債権者が支払を請求した

---

[59] この即時解放が認められる点が，次条（第R162-5条）との基本的な相違点である。解放される額から控除される額についての起算点も異なり，本条の場合は，差押禁止債権の最後の振込時であるが，次条の場合は，差押禁止債権の口座記入時である。本条及び次条の前提には，差押禁止債権は，口座に振り込まれても，差押禁止の属性を失わないとの原則がある。第 L112-4条及び第 R112-5条参照。

−104−

時に，当該差引を債権者に通知する。債権者は，〔通知から〕15日の期間内に，この充当に対する異議を申し立てることができ，その期間を徒過したときは，〔異議は〕不受理とする。

第R162-5条① 差押えを禁止される金額が，定期払でない〔差押禁止〕債権に起因するときは，口座名義人は，当該金額の原資を証明して，その解放を求めることができる。ただし，〔差押禁止〕債権が口座に記入された日以後にその借方に発生した額は，〔解放される額から〕控除する。

② 前項による解放は，継続中の取引を清算するための15日の期間が経過する前には，行うことができない。この〔期間が経過した〕日に処分の可能な口座残高が，差押禁止を理由に口座名義人が請求した金額の全部を解放するのに足りないときは，差額は，同日に処分を禁止される額から第三債務者が留保する（retenu）。第三債務者は，債権者が支払を請求した時に，当該留保を債権者に通知する。

③ 前項により留保された額は，差押債権者が異議を述べない旨を明らかにし，又は支払請求後15日以内に異議を申し立てないときは，口座名義人に解放する。口座名義人は，いつでも，執行裁判官に申し立て，債権者の審尋又は呼出しを経て，留保された額が差押禁止の性質を有する旨を証明し，その解放を求めることができる。

第R162-6条 差押禁止債権の解放の請求は，差押債権者が被差押債権の支払を請求する前にしなければならない。

第R162-7条① 第R162-2条及び第R213-10条を適用して口座名義人に解放する扶養料の性質を有する金額は，後に，口座名義人が，第R162-4条及び第R162-5条の適用により解放を請求し得る，又は第R112-4条の適用により確定され得る差押禁止債権の額から控除する。

② 第R162-4条，第R162-5条又は第R213-10条を適用して口座名義人に解放する差押禁止額は，第R162-2条を適用して解放する額から控除する。

第R162-8条 口座名義人は，本章の規定の適用により請求することができる額を超える額を解放させたときは，刑事制裁による処罰とは別に，不当に受

領し又は解放させた額を債権者に返還する。口座名義人の責めに帰すべき事由（faute）による場合には，その者に対し，債権者の申立てにより，損害賠償の支払を命ずることもできる。

第 R162-9条① 共通財産制の夫婦の一方の給与（gains et salaires）の振り込まれる口座が，共同口座[60]であっても，当該夫婦の他の一方について生じた債権の弁済のための強制執行処分又はその債権の保全のための仮差押えの対象となったときは，〔当該夫婦のうち〕前者の選択により，差押えの前月に振り込まれた給与の額，又は差押え前12か月間に振り込まれた給与の月平均額〔のいずれか〕と同じ額を，直ちにその者に解放する。

② 第 R162-4条第2項の規定は，〔前項の場合に〕準用する。

③ 〔第1項の〕請求をした者の配偶者は，いつでも，執行裁判官に対し，〔異議を〕申し立てることができる。

---

[60] 第 L152-2条の共同口座の注（52）参照。

－106－

第2巻　動産等執行手続[61]

第1編　金銭債権（créances de sommes d'argent）の差押え

第1章　帰属差押え（saisie-attribution）

第1節　総則

第1款　差押え

第R211-1条① 債権者は，執行吏証書（acte d'huissier）[62]を第三債務者に対して執行吏送達（signifié）して，差押えをする。

② この証書は，次に掲げる事項を含まなければならず，これに反するときは，無効とする。

1　債務者の氏名[63]及び住所又は法人の場合にはその名称及び主たる事務所の所在地（son siège social）[64]の表示（indication）

2　差押え実施の根拠とされる執行名義の表示（énonciation）

3　元本，費用及び既発生の利息並びに異議申立てのための1月の期間内に発生する利息の仮払金を区別した明細（décompte distinct）

4　第三債務者が，差押債権者に対して直接支払義務を負う旨及び債務者に対して負う債務の限度で請求額の弁済を禁止される旨の表示

5　第L211-2条，第L211-3条及び第L211-4条第3項並びに第R211-5条及び第R211-11条の文言

---

[61] exécution mobilière の概念については，法律部第2巻表題注（66）を参照。

[62] acte d'huissier は，執行吏が作成し，送達する証書であり，所定の要件を満たす場合には，公署証書（民法典第1369条参照）として，その記載を争うには，偽造申立てと呼ばれる特別の手続を要する（民事訴訟法典第303条以下参照）。

[63] 原文は，nom（氏）のみである。

[64] siège social は，会社の場合であれば「本店」を意味するが，ここでの siège social は，法人全般について用いられていることから，「主たる事務所」とした。

−107−

③ 証書には，執行吏送達の時刻を記載する。

第 R211-2条① 全ての利害関係人は，合意により選任され，又は合意のないときは申請により執行裁判官が選任した係争物管理人（séquestre）に対して差押えに係る金額を支払うべきことを，第 R211-11条第 1 項に定める期間内に，申し立てることができる。

② 係争物管理人に対する元本の支払により，第三債務者に対する利息の発生は停止する。

第 R211-3条① 差押えは，8 日の期間内に執行吏証書によって債務者に通知されなければならず，これに反するときは，その効力を失う。

② この証書は，次に掲げる事項を含まなければならず，これに反するときは，無効とする。

1 差押調書（procès-verbal de saisie）の写し及びオンラインで差押えの執行吏送達がされた場合には，第三債務者が提供した情報を記載した書面（reproduction des renseignements communiqués par le tiers saisi）

2 異議の申立ては，差押えの執行吏送達から 1 月の期間内に，呼出しの手続によってしなければ受理されない旨，この期間の満了日及び呼出しは，即日，配達証明付書留郵便によって差押えを実施した執行吏に通知すべきものである旨の，極めて明瞭な文字による表示

3 異議を申し立てることができる裁判所の表示

4 口座の差押えの場合には，第 R162-2条の規定に従い債務者による処分が許される生活費の額及びこの処分が認められる口座の表示

③ この証書には，債務者が，債権者に対し，第三債務者が債務者に対して負う債務の額の支払を直ちに受けることを書面で許可することができる旨を注記する。

第2款　第三債務者の陳述

第 R211-4条① 第三債務者は，執行吏に対して，第 L211-3条に定める情報を直ちに提供し，証拠書類を伝達しなければならない。

② 前項の義務の履行は，差押書（acte de saisie）に記載される。

③ 第1項の規定にかかわらず，差押えが公会計官（comptable public）に対してされた場合には，公会計官は，第 L211-3条に定める情報を執行吏に提供し，証拠書類を交付するために24時間の期間が認められる。

④ 民事訴訟法典第748-7条に定める場合を除き，差押えがオンラインで執行吏送達された場合には，第三債務者は，第1項に定める情報及び証拠書類を，遅くとも執行吏送達の翌営業日までに，オンラインで，執行吏に対して伝達しなければならない。

第 R211-5条① 第三債務者が，正当な理由なく所定の情報を提供しない場合には，債権者の申立てにより，その債権者に対して支払うべき金額の支払を命じられる。ただし，債務者に対する求償を妨げない。

② 前項の第三債務者が過失により陳述を懈怠し，又は不正確若しくは虚偽の陳述をした場合には，損害賠償金の支払を命ずることができる。

第3款　第三債務者による支払

第 R211-6条① 第三債務者は，裁判所書記局によって交付され，又は差押えを実施した執行吏によって作成された，差押えの通知から1か月の間異議の申立てがなかったことを証する証明書の提示に基づき，支払をする。

② 支払は，債務者が差押えに対して異議を述べない旨を陳述した場合には，前項の期間の満了を待たずに，することができる。この陳述は，書面によって確認される。

第 R211-7条① 支払を受領した者は，第三債務者に対して受領証書を交付し，支払について債務者に通知する。

② 前項の支払により，債務者及び第三債務者の義務は，支払金額の限度で消滅する。

第 R211-8条① 第三債務者からの支払を受けていない差押債権者は，債務者に対する権利を失わない（conserve ses droits）。

② 前項の規定にかかわらず，不払が債権者の責に帰すべき事由によるもので

あるときは，債権者は，第三債務者が支払義務を負う金額の限度で，債務者
に対する権利を失う。

第 R211-9 条　第三債務者が，支払義務を自認し，又はその者を債務者とする
判決を受けた金額の支払を拒絶するときは，〔差押債権者又は第三債務者に
よる[65]〕異議は，執行裁判官に対して申し立てる。この場合においては，執
行裁判官は，その第三債務者に対する執行名義を交付することができる[66]。

第 4 款　異議

第 R211-10 条　異議は，債務者が居住する地の執行裁判官に対して，申し立て
られる。

第 R211-11 条①　差押えに関する異議は，債務者に対する差押えの通知から 1
か月の期間内に申し立てられなければならず，これに反する場合には，受理
されない。異議は，差押えを実施した執行吏に対して，申立てと同日に，配
達証明付書留郵便で通知されなければならず，これに反するときは，受理さ
れない。

②　異議を申し立てた者は，これを第三債務者に普通郵便で通知し，かつ，遅
くとも期日までに，異議申立書の写しを執行裁判官の書記局に提出しなけれ
ばならず，この提出を怠った場合には，呼出し[67]は効力を失う。

第 R211-12 条①　執行裁判官は，債務のうち異議の申立てのない部分にかかる
差押えについては，〔直ちに〕効力を生じさせる。この裁判は，原本に基づ
いて執行することができる。第 R121-22 条第 2 項の規定は，適用されない。

②　差押債権額と第三債務者の債務が，ともに相当の理由をもって争うことが
できないもの（ne sont sérieusement contestables）と認められるときは，執
行裁判官は，必要な場合には担保の提供を命じて，その定める金額の仮払い

---

[65] 第三債務者による異議申立てが可能であることについては，LAUBA, *Le contentieux de
l'exécution*, LexisNexis, 2017, p. 314, n° 478参照。

[66] 原文では全体で 1 文であるが，日本語表現の便宜上，2 文に分けて翻訳した。

[67] 異議の申立ては，相手方である債権者の期日への呼出しによってされる。この呼出しの方式
については，第 R121-11 条参照。

−110−

を命ずることができる。

③　前項の裁判は，本案の請求について既判力（autorité de chose jugée）を有しない。

第 R211-13条　第三債務者は，異議申立てを却下する裁判が当事者に対して送達された後は，その裁判の提示を受けて，債権者に支払をする。

第2節　特則

第1款　継続的履行に係る債権（créances à exécution successive）の帰属差押え

第 R211-14条　第 R211-1条から第 R211-13条までの規定は，次条以下に特段の規定がある場合を除き，継続的履行に係る債権の差押えに適用される。

第 R211-15条①　異議申立てのない場合には，差押えの後に履行期が到来した金額は，第 R211-6条に定める証明書の提示に基づき，支払われる。

②　第三債務者は，履行期の到来ごとに，差押債権者又はその代理人に対して弁済をし，差押債権者又は代理人は，受領証書を交付し，弁済について債務者に通知する。

第 R211-16条①　異議申立てがある場合には，第三債務者は，合意又は執行裁判官への申請に基づいて選任される係争物管理人（séquestre）に対して，履行期の到来した債権に係る支払をする。

②　〔前項の規定により係争物管理人に〕寄託された金額が債権者を満足させるに足る場合には，執行裁判官は，差押えの解除を命ずる。裁判所書記局は，解除について，配達証明付郵便で，第三債務者に通知する。

第 R211-17条①　第三債務者は，債務者の債務の消滅について，配達証明付郵便で，債権者から通知される。

②　差押えは，第三債務者が債務者に対する義務を負わなくなった場合にも，その効力を失う。第三債務者は，差押えの失効について，配達証明付郵便で，債権者に通知する。

－111－

第2款 法律により預金口座受入れを認められた機関に開設された口座の帰属差押え

第 R211-18条 第 R211-1条から第 R211-13条までの規定は，次条以下に特段の規定がある場合を除き，口座の差押えに適用される。

第 R211-19条 差押えにより，金銭債権を内容とする債務者の口座全体の処分が禁止される。

第 R211-20条 第三債務者は，その陳述により，債務者の口座の性質及び差押えの日における残高を明らかにする。

第 R211-21条① 債権者は，第三債務者が提供した情報を考慮して，差押えの効力を一部の口座に限定することができる。

② 当事者間の合意又は執行裁判官の決定がある場合には，請求債権額に相当する撤回のできない担保の提供により，処分禁止効を終了させることができる。

第 R211-22条① 差押えが共同口座に対して実施されたときは，その通知は，各口座名義人に対してする。

② 他の口座名義人の氏名[68]及び住所が執行吏に知れないときは，執行吏は，口座を管理する機関に対して，それらの名義人に直ちに差押え及び請求債権額の通知をするよう請求する。

第 R211-23条 債務者が複数の口座の名義人であるときは，支払は，債務者が他の方法による支払を求めている場合を除き，即時の払出しが可能な資金からの引出しを優先して行われる。

第2章 給料の差押え及び譲渡

第1節 総則

第 R212-1条 給料の差押え及び譲渡は，労働法典第 R3252-1条から第 R3252-49

---

[68] 原文は noms（氏）のみである。

-112-

条までの規定[69]の定めるところによる。

第2節　公務員の給料の差押えに関する特則

第 R212-2条　この章の規定は，この節に別段の規定がある場合を除き，公会
計官（comptable public）[70]が配属される公法上の法人が使用者として支払う
給料の差押え及び譲渡に適用される。

第 R212-3条①　第三債務者が第三債務者と債務者との間に存する権利関係に
ついてすべき陳述は，使用者である機関が，小審裁判所書記局に対してする。

②　譲渡，差押え，〔国による〕第三債務者への差押通知（avis à tiers
détenteurs），〔地方公共団体による〕第三債務者への差押通知（oppositions
à tiers détenteurs），行政上の差押通知（oppositions administratives）[71]又は
扶養定期金債権の直接払いに関する陳述は，支払担当会計官（comptable
assignataire）[72]が，小審裁判所書記局に対してする。

第 R212-4条①　第 R212-3条に定める使用者である機関の陳述においては，債
務者が現物支給（avantages en nature）を受けているかどうかを明らかにす
る。この陳述においては，現物支給の額を示す。

②　使用者である機関は，支払担当会計官に，前項の陳述の写しを送付する。

第 R212-5条①　公会計官が被差押債権の支払担当会計官の地位を失う場合に
は，裁判所書記局にその旨を通知し，確認を受ける。

②　当該給料の支出を初めに担当した支払命令官（ordonnateur）[73]は，債権者

---

[69] 労働法典第 R3252-1条から第 R3252-49条は，給料について差押えが可能な金額，和解の前置，
差押えの手続及び効果，給料債権の譲渡の手続などを定める。

[70] 公会計官とは，公法人の有する金銭等の管理・保全や債権債務の取立て・支払いなどを行う
資格を有する公務員を指す。

[71] これらの差押通知等は，国又は地方公共団体に許される極めて簡易な帰属差押えの方式である。

[72] 支払担当会計官は，公法人の支出の適式性の審査を任務とする公会計官の一種である。

[73] 支払命令官は，公的な徴収及び支出の執行を命じる権限を有する公務員であり，自ら公金の
支出義務を行うものではないが，支出の原因となる契約等の締結や，公会計官に対して支出の
命令をする権限を有する。

－113－

の申立てにより，債務者の新たな行政上の地位を教示する[74]。

第 R212-6条 ① 公会計官は，「預託供託金庫」("Caisse des dépôts et consignations") における小審裁判所書記局の会計担当官の口座に，実施された控除に相当する金額を，毎月払い込む。

② 公会計官は，債務者，差押え及び控除額の明細を記載した目録を，書記局に提出する。

③ 書記局は，公会計官に，差押えの解除について通知する。

第3章 扶養定期金の直接払いの手続

第 R213-1条① 扶養定期金債権者は，その居所に所在するあらゆる執行吏に，第 L213-1条に定める第三債務者に対して，直接払いの請求を送達するよう申し立てることができる。

② 前項の申立てには，債務者の氏名[75]及び住所，執行名義の表示，請求金額の明細及び第 L213-2条の規定についての注意喚起を記載しなければならず，これに反する場合には，無効とする。

③ 執行吏は，申立ての翌日から8日の間に，配達証明付書留郵便で，この送達を実施する。

④ 扶養定期金債権者の提出した資料によっては送達をすることができない場合には，執行吏は，前項と同じ8日の期間内に，この送達を実施するための措置を講じることができる。

⑤ 第三債務者は，送達の翌日から8日以内に，執行吏に対して，書面で，直接払いの請求の受領を通知し，請求に応じる用意の有無について明らかにする。

⑥ 執行吏は，第三債務者に対する送達と同時に，債務者に対して，配達証明

---

[74] この規定の趣旨は必ずしも明瞭でないが，債務者の異動等によって支払担当会計官が代わるような場合に，債務者の新たな地位を債権者に教示する旨を定めたものと考えられる。
[75] 原文は nom（氏）のみである。

付書留郵便で，直接払いの請求について通知する。この通知には，直接払い
の請求，元本，利息及び費用の明細並びに第 R213-6 条の規定についての注
意喚起を記載しなければならず，これに反する場合には，直接払いの請求は
無効とする。

第 R213-2条①　直接払いの請求は，債権者の執行吏が，その解除（mainlevée）[76]
について，配達証明付書留郵便で第三債務者に送達したときは，その効力を
失う。

②　直接払いの請求は，新たな判決若しくは相互の同意による離婚の効果を定
める新たな合意による扶養定期金の取消し又は法律の規定による扶養定期金
支払義務の消滅を証する執行吏発行の証明書の提示に基づく債務者の申立て
によっても，その効力を失う。

第 R213-3条　新たな合意又は裁判により扶養定期金の金額又は義務履行の態
様が変更されたときは，直接払いの請求は，変更の合意又は裁判が第 R213-1
条第１項及び第２項の定める要件の下で第三債務者に対して送達された時か
ら，当然に変更される。

第 R213-4条　第三債務者は，扶養定期金債務者に対する義務の消滅又は停止
（suspension[77]），とりわけ給料の譲渡若しくは停止（suspension[78]）並びに債務
者の口座の閉鎖若しくは残高不足について，８日以内に扶養定期金債権者に
対して通知しなければならない。

第 R213-5条　直接払いの義務を負う第三債務者が債権者に支払うべき扶養定
期金の支払をしない場合には，第５級の違警罪に係る罰金刑[79]に処する。

---

[76] mainlevée の意義については，第 L121-2条注（22）を参照。

[77] 懲戒処分や病気等の一時的事由による労働契約の停止（suspension du contrat de travail）には，
給与の停止を伴う場合と伴わない場合とがあるが，ここでの「停止」は，こうした労働契約の
停止が給与の停止を伴う場合を指すもののようである。

[78] 前注参照。

[79] 違警罪（contravention）とは，重罪，軽罪に次ぐ最も軽度な犯罪類型であり，第１級から第
５級の５段階がある。第５級は，違警罪の中では最も重度な犯罪であり，最大１年間の運転免
許停止などの対象となり得るが，罰金刑が科される場合には，その金額は，原則として1500ユー
ロ以下，場合によっては最大3000ユーロとされる。刑法典第131-13条第２項第５号参照。

第 R213-6条① 直接払いの請求については，裁判上異議を申し立てることができ，この異議は，扶養定期金の変更を目的とする訴えの提起を妨げない。

② 直接払いの手続に関する異議は，扶養定期金債務者の住所地を管轄する執行裁判官に対して，申し立てられる。

③ 異議の申立ては，扶養定期金債権者に対して直接払いをする第三債務者の義務を，停止しない。

第 R213-7条 扶養定期金の直接払いの費用は，債務者が負担し，手続実施のために債権者にいかなる予納金を求めることもできない。債務者が所在不明であり，又は〔債権者が〕直接払いを受けることができないときは，執行吏の手数料は，刑事訴訟法典第 R93条第16号に定める方法[80]で，仮払いされる。

第 R213-8条 悪意によって直接払いの手続を使用した扶養定期金債権者に対しては，3000ユーロまでの民事罰金（amende civile）[81]を科すことができる。

第 R213-9条① 債務者は，扶養定期金請求事件が係属する裁判官の面前において，その扶養定期金について直接払いがされることを認めることができる。この場合には，債務者は，支払義務を負う第三債務者に対し，その旨を通知する。

② 当事者間の合意を認定する判決の抄本は，第 R213-1条第1項及び第2項の定めに従い，第三債務者に送達される。

第 R213-9-1条① 民法典第229-1条[82]に定める相互の同意による離婚の合意においては，扶養定期金について直接払いを求めることができる旨を定めることができる。

---

[80] 刑事訴訟法典第 R93条第16号は，予納金を国庫から支弁すべきものとする規定がある場合，その取立てについては刑事訴訟費用等に準じる旨を定める規定である。なお，同条は，2013年8月26日デクレ第770号第4条により改正されており，現在では第13号がこれに対応する規定となっている。したがって，本文で「第16号」とあるのは，本来「第13号」と改正すべきものであるが，現時点ではなお手当がされていないようである。

[81] 民事罰金とは，一定の法規違反について民事法で定める金銭的制裁であり，民事裁判所によって言い渡される。

[82] 2016年11月18日の法律によって新設された規定であり，弁護士の副署のある私署証書の公証人役場への登録により，相互の同意による離婚をすることができる旨を定めるものである。

② 前項に定める場合には，定期金の債務者は，支払の責を負う第三債務者を特定し，その連絡先を明らかにする。

③ 当事者間の合意（accord）を確認する合意書（convention）の抄本は，第R213-1条第1項及び第2項の定めに従い，第三債務者に送達される。

第R213-10条① 労働に基づく給料の払込みを受ける口座がこの章の規定による直接払いの手続の対象となるときは，第三債務者は，いかなる場合においても，労働法典第L3252-5条[83]の適用のため同法典第R3252-5条[84]に定める金額を，何らの請求をも必要とすることなく，債務者の処分に供する。

② 口座が複数存する場合には，前項の金額は，それらのうち1つのみに帰せられる。

第2編　有体動産の差押え

第1章　売却差押え

第1節　総則

第R221-1条　第L221-1条に定める支払催告書は，以下の記載を含まなければならず，これに反するときは，無効とする。

1 執行の根拠とされる執行名義の表示並びに請求債権の元本，費用及び既発生の利息の額の各明細並びに利率の表示

2 8日以内に債務を弁済すべき旨の催告及びこの弁済がないときは債務者の動産の強制売却の措置をとり得る旨の警告

第R221-2条　第L221-2条にいうこの規則の定める金額は，元本で535ユーロである。同条で定める許可は，これを求める申請により，執行裁判官が与える。

---

[83] 労働法典第L3252-5条第2項は，給料のうち一定の金額は，直接払いの対象から除外され，被用者の処分に供されるべきことを定める。

[84] 労働法典第R3252-5条は，直接払いの対象から除外される金額は，社会保障・家族法典に定める最低収入保障額と同額である旨を定める。

-117-

第 R221-3条　第 R221-2条（前条）の場合には，第 R221-7条の適用があるとき を除き，債務者に執行吏送達される支払催告書は，以下の記載を含まなけれ ばならない。これに反するときは，無効とする。

1　執行の根拠とされる執行名義の表示並びに請求債権の元本，費用及び既 発生の利息の額の各明細並びに利率の表示

2　8日以内に前号の額を弁済すべき旨の催告及び，この弁済がなく，かつ， 預金口座又は給料に対する差押えが全て不可能なときには，債務者の動産 の強制売却の措置をとり得る旨の警告

3　8日以内に，使用者の名称及び住所並びに銀行口座の特定又はこの二者 のうち一を申立人の執行吏に通知すべき旨の命令

第 R221-4条　支払催告書は選定住所[85]において執行吏送達することはできな い。支払催告書は，判決の執行吏送達と同時に交付することができる。

第 R221-5条　支払催告から 2 年以内に，いかなる執行行為もなされなかったと きは，執行手続は，新たな催告に基づかない限り，追行することができない。 ただし，〔その場合でも〕先行の支払催告による時効中断の効果は維持される。

第 R221-6条　債務者に帰属する差押可能な全ての有体動産は，売却差押えの 対象となる。先行する仮差押えにより差し押さえられている動産も，この例 外ではない。その場合には，第 R522-12条から第522-14条までが適用される。

第 R221-7条①[86]　財政局公会計官によって回収される国の債権並びに地方公 共団体，公会計官の付置された公施設法人及びその他の公法人の債権[87]に

---

[85] 選定住所（domicile élu）は，法律行為の執行を容易にするために，当該行為の両当事者によっ て選定された現実の住所以外の地を指す。さらに詳しくは，第 R322-8条の注（172）を参照。

[86] 第 R125-2条と同様に，原文における本条の項番号はローマ数字であるが，翻訳においては他 の条文と同様の数記号を用いる。

[87] 税法上の第三債務者への差押通知には，国税債権に関するもの（avis à tiers détenteur, ATD）と， 国税以外の国家の公債権に関わるもの（saisie à tiers détenteur, STD）の 2 種類がある。

税法以外の第三債務者への差押通知（opposition à tiers détenteur, OTD）には，刑事罰金 （amende pénale），地方公共団体，地方及び保健公施設法人の公債権並びに農業・海洋漁業法典 上の農業社会共済（mutualité sociale agricole, MSA），社会保障法典上の非被用者制度（régime des travailleur non-salariés des professions non-agricoles）及び民法典上の区分所有者組合 （syndicat de copropriétaires）の公的債権を対象としたものがある。

ついては，売却差押えに先行する支払催告書又は付遅滞書は，租税手続法典第 L257-0-A 条及び第 L257-0-B 条[88]，地方公共団体一般法典第 L1617-5条[89]並びに公法人所有権一般法典第 L2323-2条[90]に従い，これを通知することができる。

以上につき，特に次の文献を参照。LAUBA (R. et A.), *Le contentieux de l'exécution*, 13 éd., LexisNexis, 2017, p. 711 et s., PERROT et THÉRY, *Procédures civiles d'exécution*, 3 éd., Dalloz, 2013, p. 342 et s., JULIEN et TAORMINA, *Voies d'exécution et procédures de distribution*, 2 éd., LGDJ, 2010, p. 280 et s.

[88] 租税手続法典（Livre des procédures fiscales）第 L257-0-A 条は，国税等の徴収を担当する公会計官に対して，税金等の滞納に対する強制徴収書（acte de poursuite）の送達の前に，滞納者へ付遅滞書を送達することを義務付けている。徴収手続の開始（強制徴収書の送達）は，付遅滞書の送達後30日の間に納付及び執行停止申立て（demande de sursis）がなかった場合に行われる。

また，同法典第 L257-0-B 条は，職権による課税手続の対象とならない，債権額が15,000ユーロ未満の国税等の徴収について，付遅滞書の送達の前に納付催告状（lettre de relance）を滞納者へ送付することを義務付けている（同条1.）。公会計官は，納付催告状の送付後に納付及び執行停止申立てがなかったとき，付遅滞書を送達する。徴収手続の開始は，付遅滞書の送達後8日の間に納付がなかった場合となる（同条2.）。

なお，直接税の徴収手続については財政局の公会計官が，間接税の手続については関税・間接税局（Direction générale des douanes et des droits indirects）の公会計官が，それぞれ担当する。

以上につき，特に以下の文献を参照。LAUBA (R. et A.), *Le contentieux de l'exécution*, 13éd., LexisNexis, 2017, pp. 716-718, GUINCHARD et MOUSSA (dir.), *Droit et pratique des voies d'exécution*, 8 éd., Dalloz, 2015, n° 932.22, p. 956.

[89] 地方公共団体一般法典（Code général des collectivités territoriales）第 L1617-5条は，保健衛生公法人（établissement public de santé）の料金・費用等の徴収について，以下の9項目を定める。

徴収名義（titre de recettes）により職権で強制執行ができること（1号），債務者の訴権の時効（2号），公会計官の訴権の時効（3号），徴収名義の（認証された）謄本（ampliation）の滞納者への送付（4号），徴収手続の開始は，付遅滞書の送達後30日の間に納付がなかった場合となること（5号），債権額が15,000ユーロ未満の場合には，滞納者に対する納付催告状（lettre de relance）の送付又は執行吏に対する威嚇期申立て（demande de phase comminatoire）を付遅滞書に先行させること（6号），強制徴収は，第三債務者への差押通知（opposition à tiers détenteur）によってもできること（7号），徴収を担当する公会計官の情報収集権限（8号），本条に定める債権の徴収，保全処分，証書・文書又は判決・決定等の送達及び情報交換に関する欧州連合加盟国間の共助（9号）。

滞納者に対する納付催告状の送付だけでは，いかなる法的効果も生じない。また，執行吏に対する威嚇期申立ては，執行吏から滞納者に任意納付を促してもらう手続である。

以上につき，特に以下の文献を参照。GUINCHARD et MOUSSA (dir.), *Droit et pratique des voies d'exécution*, 8 éd., Dalloz, 2015, n°s 973.60-74, pp. 1137-1139, LAUBA (R. et A.), *Le contentieux de l'exécution*, 13éd., Lexis-Nexis, 2017, pp. 757-760.

[90] 公法人所有権一般法典（Code général de la propriété des personnes publiques）第 L2323-2 条は，国の公金徴収を担当する公会計官に対して，滞納公金に関する強制徴収書の送達の前に，滞納者への付遅滞書の送達を義務付けている。

② 第R221-2条に定める金額を超える額の前項に定める債権については，支払催告書は，以下の記載を含まなければならない。これに反するときは，無効とする。

1 執行の根拠とされる執行名義の表示，請求債権の元本，費用及び既発生の利息の額の各明細並びに利率及び損害金率の表示

2 8日以内に債務を支払うべき旨の催告及び，支払のないときは，納税義務者の動産の強制売却がなされ得る旨の警告

③ 第R221-2条に定める金額以下の額の本条第1項に定める債権については，第R221-3条の例外として，支払催告書は，以下の記載を含まなければならない。これに反するときは，無効とする。

1 執行の根拠とされる執行名義の表示，請求債権の元本，費用及び既発生の利息の額の各明細並びに利率及び損害金率の表示

2 8日以内に前号に掲げる額を支払うべき旨の催告及び，支払がなく，かつ，預金口座又は給料に対する差押えが不可能なときは，納税義務者の動産の強制売却がなされ得る旨の警告

3 8日以内に，納税義務者の使用者の氏及び住所並びに銀行口座若しくは郵便局口座の特定又はこのうちの一を執行公会計官[91]に通知すべき旨の命令

第R221-8条① 第R221-7条第1項に定める債権の回収については，第R221-5

---

[91] 第R122-2条の注（29）で触れた財政監察官（inspecteur des finances publiques）の下で，執行公会計官（comptable poursuivant）が，国，地方公共団体及び公施設法人の公債権の強制執行処分及び保全処分に関連する実際の職務を遂行する。このため，かつては「国庫の執行吏（huissiers du Trésor）」と呼ばれていた（民事執行手続における執行吏とパラレルの関係となる）。なお，公会計官全般については，法律部前掲注（44）を参照。

ここで，財政監察官と（2008年4月3日デクレ第310号により誕生した）財政局（direction générale des finances publiques, DGFiP）との関係について補足する。財政監察官（inspecteur des finances publiques）は，幹部職（général が付される）と一般職の2階級から構成されており，幹部職は州レベルを，一般職は県レベルを主に担当する。財政監察官は，地方においては，執行公会計官と同様に財政局の出先機関に所属する（ただし，財政監察官は，定員上の制約から，各県に配置されているわけではない）。

以上につき，特に次の文献を参照。中村ほか236頁, LAUBA (R. et A.), *Le contentieux de l'exécution,* 13 éd., LexisNexis, 2017, p. 137, n° 193, ALBERT, *Finances publiques,* 10 éd., Dalloz, 2017, pp. 324-329 et 347-349, BAUDU, *Droit des finances publiques,* Dalloz, 2015, pp. 300-301, 314 et 523-524.

条の例外として，支払催告書又は付遅滞書の〔通知の〕後2年間の期間内に
いかなる執行行為も一部弁済もなされなかった場合は，売却差押えは新たな
催告又は付遅滞に基づくときに限り，開始され得る。

② 前項の場合においても，催告又は付遅滞の時効中断効は，維持される。

第2節　差押えの手続

第1款　共通規定

第R221-9条　差押えは，債務者に帰属する動産の所在する全ての場所で行う
ことができる。この動産が第三者により占有されているときも，その例外で
はない。

第R221-10条　差押手続は，支払催告書の執行吏送達から8日の期間を経過し
ない限り，開始することができない。

第R221-11条　差押えを行うために裁判官の許可が必要なときは，執行吏は，
債務者又は占有者にこの許可を知らせる。この許可は差押調書に添付される。

第R221-12条　執行吏は，必要な場合には，差押物の写真を撮ることができる。
この写真は，差押物の検認[92]に備えて，執行吏により保管される。この写真は，
裁判官に対する異議申立てのあった場合にのみ伝達される。

第R221-13条① 差押物の処分は禁止される。

② 差押物の移動を必要とする正当な理由のあるときは，管理人はあらかじめ
その旨を債権者に通知する義務を負う。管理人は債権者に対し，差押物が移
動される場所を通告する。

第R221-14条① 差し押さえ得る財産が全くない場合には，執行吏は無資産調
書[93]を作成する。

② いかなる財産も明らかに市場価値を有しないときにも，前項の例による。

---

[92] 検認（vérification）については，第L221-5条の注（88）を参照。また，第R221-36条も参照。
[93] 有体動産の仮差押えの際にも執行吏により無資産調書（procès-verbal de carence）が作成さ
れうることについては，第R522-4条を参照のこと。

-121-

第2款　債務者に対する差押手続

第 R221-15条　債務者の立会いがあるときは，執行吏は，差押えを開始する前に，支払の請求を口頭で繰り返し，先行の差押えの対象となっている財産がある場合には，債務者はそれを知らせる義務を負っている旨を告知する。

第 R221-16条　差押書は，以下の記載を含まなければならず，これに反するときは，無効とする。

1　差押えの根拠とされる執行名義の表示

2　差押物の詳細な特定を含む財産目録

3　債務者の立会いがあるときは，同一の財産に対する先行の差押えについての債務者の陳述

4　差押物の処分が禁止される旨，それが債務者の管理下に置かれる旨，第 R221-13条第2項に定める場合を除き，差押物は譲渡も移動もできず，それに違反するときは刑法典第314-6条[94]に定める刑罰が科され得る旨及び債務者は，同一の財産に対して新たな差押えを行おうとする全ての債権者に対し，この差押えを知らせる義務を負う旨の極めて明瞭な文字による記載

5　債務者には，第 R221-30条から第 R221-32条までに定める要件に従い，差押物の任意売却を試みるために1か月の期間が付与される旨の極めて明瞭な文字による表示

6　売却差押えに関する異議を提起すべき裁判所の特定

7　差押手続に立ち会った者がいるときは，その者の氏名及び資格の表示。ただし，この者は〔差押書の〕原本及び写しに署名をし〔なければならず〕，署名が拒否されたときは，その旨が差押書に付記される。

8　刑法典第314-6条[95]及び第 R221-30条から第 R221-32条までの条文の記載

第 R221-17条①　債務者の差押手続への立会いがあるときは，執行吏は第

---

[94] 刑法典第314-6条は，差押物の破壊・横領罪について定める。債権者の権利の保証として自己又は第三者の管理下にある差押物を，差押えを受けた者が破壊又は横領する行為は，3年以下の拘禁刑及び375,000ユーロ以下の罰金刑に処される（未遂の場合も同様）。罪名・条文の翻訳については，法務資料第452号（1995年）（フランス刑法典（改訂版））を参照。

[95] 刑法典第314-6条については，直前の注（94）を参照。

－122－

R221-16条第4号の内容を口頭で告知する。執行吏は，また，第R221-30条から R221-32条までに定める要件に従い，差押物の任意売却を試みる権限が債務者に付与されることについても，この者に告知する。

② 前項による告知は，差押書に付記される。原本と同一の署名のなされた差押書の写しが直ちに債務者に交付され，この交付は執行吏送達とみなされる[96]。

第R221-18条 債務者の差押手続への立会いがないときは，差押書の写しはその者に執行吏送達される。債務者はこの執行吏送達から8日以内に，執行吏に対して，先行の差押えがあるときはその存在を知らせ，その調書を送付する。

第R221-19条① 債務者は，差押えにより処分が禁止された動産の使用を継続し得る。〔ただし，〕消費財についてはこの限りでない。

② 前項の規定にかかわらず，執行裁判官はいつでも，たとえ差押手続の開始前であっても，申請に基づき，その任命する係争物管理人に対する一又は複数の動産の引渡しを命じることができる。

③ 差押物の中に自動車が含まれるときは，売却のため回収されるまで，第L223-2条の適用につき定められた手続に基づいて，この自動車を固定することができる。

第R221-20条① 現金は，差押債権額に充ちるまで差し押さえることができる。それは執行吏の下で保管される。

② 前項の事実は差押書に付記される。差押書にはそのほか，差押書の中で特定される差押地の執行裁判官に対して異議を提起するために，差押書の執行吏送達から1か月の期間が債務者に付与される旨を記載しなければならない。これに反するときは，無効とする。

③ 異議があったときは，債権者への払渡し又は債務者への返還を命じない限り，執行裁判官は預金供託金庫への現金の供託を命じる。

④ 定められた期間内に異議のなかったときは，現金は直ちに債権者に払い渡

---

[96] 原文は「執行吏送達の効力を有する（vaut signification）」であるが，ここでは「みなされる」と翻訳する。以下，第R221-24条，第R222-6条及び第R222-22条においても，本条と同様の処理をしている。

－123－

される。〔ただし，〕執行債権は，払い渡された金額に応じて消滅する。

第3款　第三者の下での差押手続[97]

第 R221-21条①　債務者に執行吏送達された支払催告書の提示に基づき，第 R221-10条に定める 8 日の期間の経過の後，執行吏は，第三者が債務者のために占有している動産を，その者の下で差し押さえることができる。

②　執行吏は，第三者が債務者のために占有している動産及び，その中で先行の差押えの対象となっている動産があるときは，その動産を陳述するようこの第三者に求める。

③　前項の陳述の拒否又は不正確な若しくは虚偽の陳述があった場合には，第三者に対して差押債権額の支払を命じることができる。ただし，債務者に対する求償は妨げられない。また，この第三者に対して損害賠償の支払を命じることもできる。

第 R221-22条　第三者が債務者に帰属する動産を全く占有しない旨を陳述したとき又は回答を拒否したときは，その旨の調書が作成される。この調書は第 R221-21条〔3 項〕に定める制裁を極めて明瞭な文字により表示し，第三者に交付又は執行吏送達される。

---

[97] 差押態様に着目すると，金銭債権の差押えは，常に，第三者に対する (entre les mains de tiers)〔債務者の債権の〕直接的な執行のみが問題となる点で，動産及び不動産の差押えとはその基本構造において区別される。そのため，本法典の翻訳においては，金銭債権，動産及び不動産という 3 つの対象に対する差押態様を包括して表現する訳語として，「第三者に対する (entre les mains de tiers)」を用いている。

ところで，フランス法は，わが法とは異なって，第三者占有動産に対する差押え，つまり第三者の下での (entre les mains de tiers) 差押えを認めている（法律部前掲注 (79) に示した文献を参照）。

そのため，「entre les mains de」というフランス語は「に対する」（第 2 款：本注の冒頭で言及した用法で，本法典での原則的な訳語）と「の下での」（本款：差押財産の物理的な存在を際立たせる用法）の 2 通りに翻訳しうる。それゆえ，第 R222-1条から第 R222-10条までにおいても，本款と同様に翻訳している（第 L222-1条③も参照）。

最初の点を明確に示唆するものとして，CAYROL, *Droit de l'exécution,* 2 éd., LGDJ, 2016, p. 228を参照。動産及び動産引渡執行の改正を対象とした山本教授の翻訳が，原則として「の下での」を採用しているのも，上記を踏まえてのものと思われる。山本和彦「試訳・フランス新民事執行手続法及び適用デクレ（1）〜（3・完）」法学58巻 2，3，5 号（1994年）

-124-

第 R221-23条　第三者が債務者のために動産を占有している旨を陳述したとき
は，差押書は，以下の記載を含まなければならない。これに反するときは，
無効とする。

1　差押えの根拠とされる執行名義の表示

2　第三者の氏名及び住所の表示

3　第三者の陳述並びに，あらゆる不正確な又は虚偽の陳述により，その者
が債務者に対する請求額の保証人となるよう宣告され得る旨及び損害賠償
の支払命令も妨げられない旨の極めて明瞭な文字による表示

4　差押物の詳細な特定を含む財産目録

5　差押物の処分が禁止される旨，それが第三者の管理下に置かれる旨，第
R221-13条第2項に定める場合を除き，差押物は譲渡も移動もできず，そ
れに違反するときは刑法典第314-6条[98]に定める刑罰が科され得る旨及び第
三者は，同一の財産に対して新たな差押えを行おうとする全ての債権者に
対し，この差押えを知らせる義務を負う旨の極めて明瞭な文字による記載

6　第三者は第 R221-27条の規定を援用できる旨の記載及び同条文の文言

7　第三者は，差押債権者の執行吏への陳述又は配達証明付書留郵便によ
り，差押物についての自己の権利を主張できる旨の表示

8　売却差押えに関する異議を提起すべき裁判所の特定

9　差押手続に立ち会った者がいるときは，その者の氏名及び資格の表示。
〔ただし，〕この者は，〔差押書の〕原本及び写しに署名をし〔なければな
らず〕，署名が拒否されたときは，その旨が差押書に付記される。

10　刑法典第314-6条[99]の条文の記載

第 R221-24条　第三者の差押手続への立会いがあるときは，執行吏は第 R221-
23条第3号，第5号及び第6号の内容を口頭で告知する。この告知は差押書
に付記される。原本と同一の署名のなされた差押書の写しが直ちに前項の第
三者に交付され，この交付は執行吏送達とみなされる。

---

[98] 刑法典第314-6条については，第 R221-16条の注（94）を参照。
[99] 刑法典第314-6条については，第 R221-16条の注（94）を参照。

第 R221-25条　第三者の差押手続への立会いがないときは，差押書の写しはその者に執行吏送達される。第三者はこの執行吏送達から8日以内に，執行吏に対して，同一動産への先行の差押えがあるときはその存在を知らせ，その調書を送付する。

第 R221-26条① 差押書の写しは，遅くとも差押後8日以内に債務者に執行吏送達されなければ，失効する。

② 〔前項の写しにおいては，〕債務者には，第 R221-30条から R221-32条までに定める要件に従い，差押物の任意売却を試みるため1か月の期間が付与される旨の記載及びこの条文の文言が含まれなければならない。これに反するときは，無効とする。

第 R221-27条　第三者は差押物の管理を拒否することができる。〔第三者は，〕また，いつでも管理の免除を求めることができる。〔その場合，〕執行吏は管理人の選任及び動産の回収を申し立てる。

第 R221-28条① 第三者が差押物について利用権を有する場合を除き，執行裁判官はいつでも，たとえ差押手続の開始前であっても，申請に基づき，その任命する係争物管理人に対する一又は複数の動産の引渡しを命じることができる。

② 差押物の中に自動車が含まれるときは，前項の例外の場合を除き，第 L223-2条の適用につき定められた手続による売却のため回収されるまで，第三者の下でこの自動車を固定することができる。

第 R221-29条① 第三者が差押物について留置権を主張しようとするときは，配達証明付書留郵便により，その旨を執行吏に通知する。ただし，差押時に既にその旨の陳述をしているときは，この限りでない。

② 差押債権者は1か月以内に，前項の第三者の居住する地の執行裁判官に対して，前項の留置権に対し，異議を提起することができる。この異議手続の間，差押物の処分はなお禁止される。

③ 前項の1か月の期間内に異議のないときは，第三者の〔留置権の〕主張は，差押手続との関係では，理由があるものとみなされる。

－126－

第3節　差押物の売却

第1款　任意売却

第 R221-30条① 債務者には，差押物の売却を自ら試みるため，差押書の送達から1か月の期間が付与される。

② 前項の期間中は，管理人の責任の下で[100]，差押物の処分はなお禁止される。いかなる場合でも，代金の支払までは，差押物を移動することができない。

第 R221-31条① 第 L221-3条第3項に定める通知は書面によってなされ，買受申出人の氏名及び住所並びにその者が申出代金の支払につき提示した期間を記載する。

② 執行吏は，配達証明付書留郵便により，前項の通知を差押債権者及び参加債権者に通知する。

③ 通知を受けた債権者には，諾否の回答のため，15日間の期間が付与される。〔期間内に〕回答のないときは，申出を受諾したものとみなされる。

④ 任意売却がなされないときは，強制売却は第 R221-30条に定める1か月の期間が経過した後に限り，行うことができる。ただし，債権者の回答のために15日間の期間が付与されたときは，この期間分延長される。

第 R221-32条① 売却代金は，差押債権者の執行吏に対して支払われる。

② 動産の所有権の移転及び引渡しは代金の支払を条件とする。

③ 〔買受申出人により〕約束された期間内に支払のないときは，強制売却の手続が行われる。

---

[100] 差押物の処分禁止は絶対的なものではなく，例外が認められている（正当な理由に基づく移動，第 R221-13条第2項）。

他方で，旧民事訴訟法下においては，管理人（gardien）は，係争物管理人（séquestre judiciaire）とみなされており，差押物の保管に関して善良な家父の義務（soins d'un bon père de famille）を課されていた。従って，売却差押えの場合の「管理人の責任（responsabilité du gardien）」についても，同様の義務が課される，とされている。

以上につき，特に次の文献を参照。GUINCHARD et MOUSSA (Dir.), *Droit et pratique des voies d'exécution*, 8 éd., Dalloz, 2015, n° 715.31, p. 692 et n° 716.51, p. 701.

－127－

第2款　強制売却

第 R221-33条①　売却は，差押物の所在場所又は最小の費用で競落を喚起するのに地理的に最も適した売却場若しくは他のあらゆる公開の場において，公の競り売りによって行われる。

②　〔前項の場所の〕選択は，競売吏の設置を規定する1816年6月26日オルドナンス第3条に定める要件[101]及び売却を職務とする裁判所付属吏[102]の土地管轄の制限の下で，債権者に委ねられる。

第 R221-34条①　売却の公告は，売却の場所及び日時並びに差押物の性状を記載した掲示によって行われる。

②　前項の掲示は，差押債務者の居住する地の市町村役場及び売却場所においてなされる。この義務的公告は，第 R 221-31条第4項に定める期間経過後，遅くとも売却予定日の8日前までに行われる。

③　売却は新聞によっても公告することができる。

④　執行吏は，公告の手続の遵守を確認する。

第 R221-35条　執行吏は，普通郵便その他の適当な方法により，遅くとも売却予定日の8日前までに，その場所及び日時を債務者に通知する。その旨は，第 R221-34条〔第4項〕に定める確認書[103]に付記される。

---

[101]　1816年6月26日オルドナンス第3条は，バ・ラン，オー・ラン，モーゼルの3県を除く国内における，公の競り売り業務に関する競売吏（commissaire-priseur judiciaire）の独占的権限について定めている。上記の3県においては，競売吏は存在せず，公証人又は執行吏がこの業務を行う。この点については，特に次の文献を参照。HOONAKKER, *Procédures civiles d'exécution,* 6 éd., Bruylant, 2017, p. 309.

[102]　動産の公の競り売りについては，通常は競売吏がその職務を担当する。この他に，執行吏，公証人，宣誓商品仲買人（courtier de marchandises assermenté）に対しても，各種法令及び裁判例によりその権限が認められている。

執行吏及び公証人は，競売吏が当該管轄区域にいない場合に，その職務を担うことができる。ただし，両者の権限は競合する（競売吏との補完的関係）。他方で，宣誓商品仲買人は，特定分野における動産の公の競り売りを独占的に扱うことができる（競売吏との排他的関係）。なお，宣誓商品仲買人に関しては，第 R221-37条の注も参照。

以上につき，特に以下の文献を参照。CAYROL, *Droit de l'exécution,* 2 éd., LGDJ, 2016, p. 315, n° 569, GUINCHARD et MOUSSA (dir.), *Droit et pratique des voies d'exécution,* 8 éd., Dalloz, 2015, n°s 716.61-64, pp. 703-704, LAUBA (R. et A.), *Le contentieux de l'exécution,* 13éd., LexisNexis, 2017, p. 434, n° 692.

[103]　第 R221-34条第4項は，執行吏に対して，売却公告手続の遵守の確認を義務付けている。同

第 R221-36条① 　売却を職務とする裁判所付属吏は，売却の前に，差押物の構成及び性状を検認[104]し，その調書を作成する。この調書には，喪失した物及び破損した物があるときに，それのみが記載される[105]。

② 　第 R 221-12条が〔前項の検認に〕準用される。

第 R221-37条 　売却は，その身分規程上動産の公の競り売りを行う資格を有する裁判所付属吏[106]及び，法律の定める場合には，宣誓商品仲買人[107]により行われる。

第 R221-38条 　競落は，3回の呼上げの後，最高価で競りを入れた者に対してなされる。代金は即時に支払われる。競落人による支払のないときは，対象物は，公の競り売りを繰り返した上で，再度売却される。

項は，他方で，執行吏が作成すべき確認書の書式について，特別の定めを置いていない。執行吏は，それゆえ，単なる確認書又は調書（procès-verbal）を作成することができる，とされる。この点につき，特に次の文献を参照。GUINCHARD et MOUSSA (dir.), *Droit et pratique des voies d'exécution*, 8 éd., Dalloz, 2015, n°s 716.34 et 35, p. 699.

[104] 検認（vérification）については，第 L221-5条の注（88）を参照。また，第 R221-12条も参照。

[105] 「（差押物の）構成（consistance）」は，「性状（nature）」と重ならないようにする意図の下に，この語の一般的な訳語である「（物理的な）固さ又は堅さ」や「（質感としての）確実さ又は端正さ」を包含する表現として用いている（この点につき，第 L221-5条も同様である）。別の表現で言い換えるなら，「差押物の存在の仕方そのもの（tout présent）及びその状態（état）」ということになる（GUINCHARD et MOUSSA (Dir.), *Droit et pratique des voies d'exécution*, 8 éd., Dalloz, 2015, n° 312.42, p. 381）。

　なお，調書に記載される情報が喪失物や破損物に関するものに限られる点についても，第 L221-5条の注（88）を参照。

[106] 第 R221-33条第 2 項の注（102）を参照。

[107] 宣誓商品仲買人（courtier de marchandises assermenté）は，差押えの対象となっている卸用商品（卸品，marchandises en gros）の公の競り売りを独占的に行う権限を有する（商法典第 L322-4条）。専門業者のネットワークに通じており，差押財産を最良の条件で売却する能力を有していることがその理由とされる。

　この他にも，裁判上の清算（liquidation judiciaire）手続中の債務者の商品，裁判所が命じた場合の小売商品の競り売り（本来は競売吏の権限）等を行うことができる。ただし，宣誓商品仲買人がいない所では，競売吏，執行吏及び公証人がその職務を行う。なお，宣誓商品仲買人は，競売吏，執行吏及び公証人とは異なって，裁判所付属吏ではない。

　以上につき，特に以下の文献を参照。LEBORGNE, *Droit de l'exécution*, 2 éd., Dalloz, 2014, p. 177, n° 383, PERROT et THÉRY, *Procédures civiles d'exécution*, 3 éd., Dalloz, 2013, p. 285, n° 277, GUINCHARD et MOUSSA (dir.), *Droit et pratique des voies d'exécution*, 8 éd., Dalloz, 2015, n°s 716.61 et 65, pp. 703 et 704.

第 R221-39条 売却調書が作成される。この調書には，売却物の特定，競落額及び競落人の氏名の申告が記載される。

第4節 差押えの附帯事件

第 R221-40条 売却差押えに関する異議は，差押地の執行裁判官に対して提起される。

第1款 債権者の参加申立て

第 R221-41条① 第 L 221-1条第2項の規定の適用については，〔債権者は，〕必要があれば，補充差押えを行うことができる。

② 〔第 R221-36条による〕財産の検認の後は，いかなる参加申立ても受理され得ない。

第 R221-42条① 参加申立書には，その根拠とされる執行名義の表示，請求債権の元本，費用及び既発生の利息の額の各明細並びに利率の表示が含まれなければならない。これに反するときは，無効とする。

② 参加申立書は，第一差押債権者に執行吏送達される。ただし，参加申立てが，新たな債権を追加するため又は差押えの対象を拡大するために，この債権者自身によってなされたものであるときは，この限りでない。参加申立書は債務者にも執行吏送達される。

③ 第一差押債権者は，〔参加があった場合でもなお〕単独で売却手続を追行する。

第 R221-43条① 全ての参加債権者は，差押えを他の動産に拡張することができる。〔その場合，〕第 R221-12条及び第 R221-16条から第 R221-19条までに定める要件に従い，補充財産目録を含む差押書が作成される。

② 前項の差押書は，第一差押債権者及び債務者に執行吏送達される。

③ 補充財産目録を作成させる権利は，第一差押債権者もこれを有する。

第 R221-44条① 差押えの際に，債務者が先行の差押時に作成された調書を債

権者に提示したときは，この債権者は第 R221-42 条に定める方式により参加申立ての手続をとる。この債権者はその場で，第 R221-12 条及び第 R221-16 条から第 R221-19 条までに定める要件に従い，補充差押えをすることができる。

② 〔前項の場合〕補充財産目録を含む差押書は，参加申立書と同時に，第一差押債権者に執行吏送達される。

③ 前項の 2 つの文書のいずれもが，債務者にも執行吏送達される。

第 R221-45 条① 差押えが拡張された場合は，任意売却のために付与された最終の期間[108]が経過した時に初めて，差押物の全体について強制売却の手続が行われる。

② 前項の規定にかかわらず，債務者の同意があるか若しくは執行裁判官の許可があるとき又は公告の手続が参加申立時に既になされていたときは，この動産について任意売却のために付与された期間が既に経過している限りで，その動産の強制売却の手続を直ちに行うことができる。

第 R221-46 条① 第一差押債権者が定められた期間を経過しても強制売却の手続をとらないときは，全ての参加債権者は，8 日以内にこの手続をとるよう催告した後，法律上当然に第一差押債権者に代位することができる。

② 〔前項の場合〕第一差押債権者はその義務を免除される。この債権者は，必要な書類を代位債権者に提供する義務を負う。

第 R221-47 条 売却差押えの取消し[109]は，裁判官の決定又は差押債権者及び参加債権者の同意がある場合に限り，これを行うことができる。

第 R221-48 条① 第一差押えの無効は参加申立ての効力には影響しない。ただし，この無効が差押手続の進行の違法に起因するときは，この限りでない。

② 前項の無効は補充差押えには影響を及ぼさない。

---

[108] 原文は，「日付を単位として計算される期間（délai en date）」である。
[109] 取消し（mainlevée）については，第 L121-1 条の注（22）を参照。

－131－

第2款　差押物に関する異議

第 R221-49条　所有権又は差押可能性に関する請求は，差押えの障害とはならないが，その対象となった差押物についての手続を停止する。

第1目　差押財産の所有権に関する異議[110]

第 R221-50条　債務者は，自らが所有者でない動産についてなされた差押えの無効を請求することができる。

第 R221-51条①　差押物の所有者である旨を主張する第三者は，執行裁判官に対して，差押解除[111]の命令を請求することができる。

②　前項の請求は，援用された所有権を基礎づける資料の明示をしなければならず，これに反するときは，受理されない。

③　差押債権者は参加債権者を呼び出す。差押債務者は審尋されるか又は呼び出される。

第 R221-52条①　第三者異議訴訟は，差押物の売却後は受理されない。その場合は，返還請求訴訟のみが提起できる。

②　前項の規定にかかわらず，既に売却された動産の所有者と認められた第三者は，費用の控除なしに，売却代金の配当に至るまで，この代金の払渡しを求めることができる。

第2目　差押えの有効性に関する異議

第 R221-53条①　差押えの対象物の差押可能性についての異議は，債務者又は

---

[110]　第三者が差押財産の所有権を争う場合には，売却の前後で手段が異なる（第 R221-52条）。売却の前は，本法典上の第三者異議訴訟（第 R221-51条）を用いるが，売却後については，民法典上の返還請求訴訟（action en revendication）によることになる（民法典第2276条及び第2277条）。

[111]　第三者異議訴訟（action en distraction）は，差押解除訴訟とも訳しうるが，語義（分離）どおり，第三者が自ら，「差押対象からの除外」を裁判官に対して求めることを可能にする異議である。この点につき，特に次の文献を参照。LAUBA (R. et A.), *Le contentieux de l'exécution*, 13 éd., LexisNexis, 2017, p. 442, n° 707, DONNIER (M. et J.-B.), *Voies d'exécution et procédures de distribution*, 9 éd., LexisNexis, 2017, p. 312, n° 885.

-132-

執行紛争事件として提訴する執行吏により，執行裁判官に対して提起される。

② 差押禁止が債務者によって援用されるときは，前項の手続は，差押書の執行吏送達から1か月以内に開始されなければならない。

③ 〔本条の手続において〕債権者は審尋されるか又は呼び出される。

第 R221-54条① 形式上又は実体上の瑕疵に基づく差押えの無効は，差押えの対象物の差押禁止に係る場合を除き，差押物の売却に至るまで，債務者により請求され得る。差押債権者は，参加債権者を呼び出す。

② 差押えが売却後代金配当前に無効とされたときは，債務者は，売却代金の返還を請求することができる。

第 R221-55条 債務者が適時に無効を請求することを怠っていたときは，差押えを無効とする裁判官は，差押えに要した費用の全部又は一部を，債務者の負担とすることができる。

第 R221-56条 無効請求は差押手続を停止しない。ただし，裁判官が別段の決定をしたときは，この限りでない。

第5節　生育中の農産物の差押えに係る特則[112]

第 R221-57条 債務者に帰属する生育中の農産物は，通常の成熟期に先立つ6週間以内は，これを差し押さえることができる。

第 R221-58条 差押調書は，第 R221-16条に従って作成されなければならず，これに反するときは，無効とする。ただし，同条第2号の記載は，その面積，概況及び産物の性状の表示を伴う農産物所在地の記載によって代えられる。

第 R221-59条 農産物は，管理人としての債務者の責任の下に置かれる。ただ

---

[112] 1992年改正の前までは，手続自体に古式ゆかしい特色を備えた「薬束標識による差押え（saisie-brandon）」として知られていたが，現在では，売却差押えの一種となっている。この点については，山口534頁及び以下の文献を参照。DONNIER (M. et J.-B.), *Voies d'exécution et procédures de distribution,* 9 éd., LexisNexis, 2017, p. 317, n° 899 (Note), CAYROL, *Droit de l'exécution*, 2 éd., LGDJ, 2016, p. 299, n° 532.

-133-

し，差押債権者の請求に基づき，債務者を審尋し又は呼び出した後，執行裁判官は，耕作管理人を選任することができる。

第 R221-60条①　売却は，市町村役場及び農産物所在地に最も近接した市場においてなされる掲示によって公告される。

②　前項の掲示は，売却の日時及び場所，農産物の所在する土地並びにその面積及び産物の性状について記載する。

③　執行吏は公告の実施を確認する。

第 R221-61条　売却は，農産物所在地又は最も近接した市場において行われる。

第２章　有体動産の引渡し及び引渡準備のための差押え

第１節　引渡しのための差押え[113]

第１款　執行名義に基づく引渡し

第 R222-1条①　有体動産は，執行名義に基づき，それを引き渡す義務を負う者の下で又はその者のためにそれを占有している第三者の下で[114]，取り上げられ得る。

②　前項の規定にかかわらず，第 L223-2条の適用のため定められた手続に基づき固定された自動車については，第 R223-6条，第 R223-8条，第 R223-9条，第 R223-12条及び第 R223-13条に定めるところに従う場合に限り，強制的な

---

[113]　引渡しのための差押え（saisie-appéhension）には，執行名義に基づく引渡し（appéhension）と裁判官の命令に基づく引渡し（appéhension）の２つの類型が認められている。このうち，前者においては，対象物に関する調書（acte de constat）が執行吏により作成される（第 R222-4条第１項）。

　このとき，任意の引渡し（remise volontaire）と取上げ（appéhension）の２つの場合が想定されるが，後者に関しては，「強制的な引渡し（remise forcée）が本条に言う取上げ（appéhension）である」，との指摘がなされている。

　以上から，本翻訳においては，「appéhension」について，制度名の翻訳としては，広義の総称的な意味合いをもつ「引渡し」を用い，本文中の翻訳としては，語義本来の機微（ニュアンス）を活かすために「取上げ」を用いている。この点につき，特に次の文献を参照。HOONAKKER, *Procédures civiles d'exécution,* 6 éd., Bruylant, 2017, pp. 195, n° 303.

[114]　「の下で（entre les mains de）」と翻訳することについては，規則部前掲注（97）を参照。

－134－

引渡しを行う[115]ことができる。

第1目　引渡義務を負う者の下での引渡し

第R222-2条① 引渡催告書又は返還催告書は，引渡義務を負う者[116]に執行吏送達される。この催告書は，以下の記載を含まなければならず，これに反するときは，無効とする。

1　引渡しの根拠とされる執行名義の記載

2　引渡義務を負う者は，8日以内に自己の費用で，定められた条件に従い，対象物を別の場所に運搬することができる旨の表示

3　前号の期間内に引渡しのないときは，対象物はその者の費用で取り上げられ得る旨の警告

4　異議はこの催告書の名宛人の居住する地の執行裁判官に対して提起し得る旨の表示

② 催告書は判決と同時に執行吏送達され得る。

第R222-3条① 引渡義務を負う者が立ち会っており，かつ，この引渡義務者に対してなされる執行吏の質問に対して，その者が自己の費用で対象物の運搬をする旨を申し出なかったときは，動産は，事前の催告を経なくとも，執行名義の提示のみに基づき，直ちに取り上げられ得る。

② 前項の場合，第R222-4条（次条）に定める調書は，対象物が取り上げられた者の居住する地の執行裁判官に対して，異議を提起できる旨の表示を含むものとする。

第R222-4条① 対象物の任意の引渡し又は取上げの調書が作成される。

② 前項の調書は対象物の詳細な状況を記載する。必要があれば，対象物の写

---

[115] 原文は「取り上げられる（être appréhendé）」であるが，自動車が対象となっているため，このように翻訳している。

[116] 本制度の対象となる引渡義務を負う者（personne tenue de la remise）とは，引渡（délivrer）又は返還（restituer）債務の直接の債務者（例として売主，借主，受寄者，動産質設定者など）を意味する，とされる。この点につき，特に次の文献を参照。LAUBA (R. et A.), *Le contentieux de l'exécution*, 13 éd., LexisNexis, 2017, p. 476, n° 760.

真を撮ることができ，この写真は調書に添付される。

第 R222-5条　対象物をその所有者に引き渡すために取り上げたときは，第 R222-4条（前条）に定める調書の写しは，執行名義に基づきその物の引渡し又は返還の義務を負う者に交付されるか又は配達証明付書留郵便により送達される。

第 R222-6条①　対象物を動産質権者に引き渡すために取り上げたときは，引渡調書又は取上調書は，この債権者の管理下での差押〔書〕とみなされ，この債権者が目的物の裁判による分配[117]を求めない限り，第 R221-30条から第 R221-39条までに定める方式に従い，売却の手続が行われる。

②　債務者に交付又は執行吏送達される調書は，以下の記載を含まなければならず，これに反するときは，無効とする。

1　引渡調書又は取上調書の写し

2　物が寄託されている場所の表示

3　請求債権の元本，費用及び既発生の利息の額の各明細並びに利率の表示

4　債務者には，第 R221-30条から第 R221-32条までに従い，差押物の任意売却を試みるために1か月の期間が付与される旨の極めて明瞭な文字による表示及び，この期間内に任意売却ができないときに，公の競り売りによる強制売却が可能となる日

5　第 R221-30条から第 R221-32条までの条文の記載

第2目　第三者の下での引渡し

第 R222-7条①　対象物が第三者により占有されているときは，その物を引き渡すべき旨の催告書は，直接その者に対して執行吏送達される。この催告書は，その物の引渡し又は返還の義務を負う者に対し，配達証明付書留郵便により通知される。

---

[117]　裁判による分配（attribution judiciaire）とは，具体的には，動産質権者に認められている民法典第2347条第1項にいう手続のことである。この点につき，特に次の文献を参照。GUINCHARD et MOUSSA (Dir.), *Droit et pratique des voies d'exécution*, 8 éd., Dalloz, 2015, n° 154.115, p. 208.

② 前項の催告書は，以下の記載を含まなければならず，これに反するときは，無効とする。

　1　引渡しの根拠とされる執行名義の写し，又は，それが判決のときは，その主文の写し

　2　8日以内に対象物を引き渡すか又は，損害賠償の制裁の下に，引渡しに応じない理由を執行吏に通知すべき旨の命令

　3　異議はこの催告書の名宛人の居住する地の執行裁判官に対して提起すべき旨の表示

第 R222-8条①　定められた期間内に任意の引渡しがないときは，差押債権者は，第三占有者の居住する地の執行裁判官に対して，対象物の引渡しを命じるよう請求することができる。この第三者もまた，執行裁判官に対して申立てをすることができる。

② 第 R222-7条（前条）の催告又は，保全処分がされているときは，その処分は，催告書の執行吏送達から1か月を経過してもなお執行裁判官に〔前項の〕申立てがなされない場合には，失効する。

第 R222-9条　申請人への対象物の引渡しを命じる執行裁判官の決定及び，その物が第三者の住居に所在するときは，申請に基づく裁判官の特別の許可の提示に基づく場合に限り，対象物の引渡しの手続を行うことができる。

第 R222-10条①　第 R222-4条の規定に従い，〔任意の〕引渡し又は取上げの調書が作成される。この調書の写しは，第三者に交付されるか又は配達証明付書留郵便により送達される。

② 財産の回収の後に，第 R222-5条又は第 R222-6条に従い，引渡義務を負う者に，その旨が通知される。

第2款　裁判官の命令に基づく引渡し

第 R222-11条①　執行名義がないときは，特定の動産を引き渡す又は返還すべき旨の命令を求めて，申請をすることができる。

② 前項の申請は，債務者の居住する地の執行裁判官に対して提起される。そ

－137－

れに反する条項は全て，記載がないものとみなされる。〔この管轄に反して
提起された事件の〕裁判官は，職権で管轄違いを取り上げるべき義務を負う。

第 R222-12条　前条による申請は，引渡しが求められている物を特定し，請求
を理由付ける全ての文書を伴わなければならない。これに反するときは，受
理されない。

第 R222-13条①　引渡し又は返還の命令は，引渡義務を負う者に執行吏送達さ
れる。

②　前項の〔命令の〕執行吏送達には，〔この執行吏送達から〕15日の期間内に，
以下〔に掲げる行為〕のいずれかをなすべき旨の催告を含まなければならな
い。これに反するときは，無効とする。

1　定められた条件に従い，ある場所に対象物を自己の費用で移動すべき
旨，又は，

2　占有者が主張し得る防御方法を有するときは，受領証と引換えになされ
る陳述若しくは配達証明付書留郵便により，命令を下した裁判官付の書記
課に対して異議を提起すべき旨。ただし，この異議のないときは，命令は
執行力を有する。

第 R222-14条①　前条による異議のあったときは，物の引渡しを求める者は，
管轄裁判所に対し，その引渡し又は返還を求めて提訴しなければならない。

②　〔引渡し又は返還を求める〕申請[118]及び〔この申請に基づく〕命令並びに，
保全処分がされているときは，その処分は，この命令の執行吏送達から2か
月以内に本案裁判官に対して申立てがなされない場合には，失効する。

第 R222-15条　第 R222-13条に定める期間内に異議のないときは，申請人は書
記課に執行文の付与を求めることができる。この執行文を得た命令は，確定
した対席判決と同一の効力を有する。

第 R222-16条①　執行力を生じた命令に基づき，第 R222-2条から第 R222-10条

---

[118] 本項にいう申請（requête）は，第 R222-11条が定める申請を指し，特定の動産の引渡
し又は返還を目的としたものでなければならない。この点につき，特に次の文献を参照。
GUINCHARD et MOUSSA (dir.), *Droit et pratique des voies d'exécution*, 8 éd., Dalloz, 2015, n°
1022.15, p. 1208.

までの規定に従い，手続が行われる。

② 前項の規定にかかわらず，対象物が命令の名宛人の下にあり，かつ，物の引渡しが命令の執行力発生後2か月以内に開始されたときは，第R222-2条に定める引渡又は返還催告はこれを要しない。

③ 自動車については，第L223-2条適用のため定められた手続に基づき固定することができる。ただし，この場合は，第R223-6条，第R223-8条，第R223-9条，第R223-12条及び第R223-13条のみが準用される。

第2節　引渡準備のための差押え

第R222-17条①　第L511-2条に定める場合を除き，第L222-2条の差押えを行うためには，申請に基づきなされる裁判官の事前の許可が必要とされる。

② 許可命令は，差し押さえ得る物及びそれを引き渡す又は返還する義務を負う者を特定してなされる。この許可は，対象物の全ての占有者に対して対抗できる。

第R222-18条①　引渡準備のための差押えの有効性は，保全処分に関する第R511-2条及び第R511-3条から第R511-8条までに定める要件に服する。

② 前項の要件が満たされないときはいつでも，たとえ第L511-2条により，裁判官の許可なしにこの〔引渡準備のための〕差押えを行うことが許される場合であっても，差押えの取消しを命じることができる。

③ 〔前項による〕差押取消しの請求は，差押えを許可した裁判官に対して提起される。差押えが事前の許可なしに行われているときは，この請求は，差押物の引渡しの又は返還の義務を負う者の居住する地の執行裁判官に対して提起される。ただし，差押え〔債権〕の本案が商事裁判所の管轄に属するときは，取消請求は，〔本案〕提訴前であっても，これと同一の地の商事裁判所長に対して，提起され得る。

④ 取消しの決定は，その送達の日に効力を生じる。

第R222-19条　差押えの執行に関する異議その他の異議は，差押物の所在地の

執行裁判官に対して提起される。

第 R222-20条① 裁判官の許可又は第 L511-2条に定める名義の提示に基づき，あらゆる場所で，全ての占有者の下で，引渡準備のための差押えの手続をとることができる。

② 〔前項の規定にかかわらず，〕差押えが財産の占有者たる第三者の住居においてなされるときは，裁判官の特別の許可が必要とされる。

第 R222-21条① 財産の占有者は，この財産が先行する差押えの対象となっているか否かを明らかにし，もしなっているときには，その調書を送付すべき義務を負う旨を〔この者に〕告知した後に，執行吏は差押書を作成する。

② 前項の差押書は，以下の記載を含まなければならず，これに反するときは，無効とする。

1　差押えの根拠とされる裁判官の許可又は名義の表示。〔ただし，〕この文書は差押書に添付されるか，それが公正証書であるときは，名義の性質のみが付記される。

2　差押物の詳細な特定

3　占有者の立会いがあったときは，同一物についての先行する差押えの有無に関するその者の陳述

4　差押物が占有者の管理下に置かれる旨，第 R221-13条第 2 項に定める場合を除き，この占有者はそれを譲渡又は移動できない旨，これに違反したときは刑法典第314-6条[119]に定める刑罰が科され得る旨及び占有者は，同一物について差押えを行おうとする全ての債権者に対し，この引渡準備のための差押えを告知する義務を負う旨の極めて明瞭な文字による記載

5　第 R222-18条第 3 項に定める管轄裁判官に対して，差押えの有効性に関する異議を提起し，その取消しを求める〔債務者の〕権利についての極めて明瞭な文字による記載

6　差押えの執行に関する異議を提起すべき裁判所の特定

7　差押手続に立会人のあったときは，その者の氏名及び資格の表示。〔た

119　刑法典第314-6条については，第 R221-16条の注（94）を参照。

-140-

だし，〕その者は原本及び写しに署名をし〔なければならず〕，署名が拒否されたときは，その旨が調書に付記される。

8　刑法典第314-6条[120]並びに第 L222-2条，第 R222-17条，第 R222-18条及び第 R511-5条から第 R511-8条までの条文の記載

③　第 R221-12条の規定は準用される。

第 R222-22条①　差押書は占有者に交付され，その際には口頭で，第 R222-21条（前条）第2項第4号及び第5号の規定の内容が繰り返される。その旨は差押書に付記される。

②　差押えが物の占有者たる第三者の下で行われたときは，差押書は，遅くとも8日以内に，その物の引渡し又は返還の義務を負う者に執行吏送達されなければならない。これに反するときは，失効する。

③　〔前項の場合〕原本と同一の署名のある差押書の写しが直ちに占有者に交付される。この交付は執行吏送達とみなされる。

④　占有者の差押手続への立会いがないときは，差押書の写しはその者に執行吏送達される。占有者はこの執行吏送達から8日以内に，執行吏に対して，先行する差押えの有無に関する全ての情報を知らせ，その調書を送付する。

第 R222-23条　執行裁判官はいつでも，申請に基づき，自らの選任する係争物管理人に物を引き渡すべき旨を許可することができる。

第 R222-24条①　占有者が差押物についての固有の権利を主張するときは，配達証明付書留郵便により，その旨を執行吏に通知する。ただし，その者が差押時に既にその旨を陳述していたときは，この限りでない。差押債権者は1か月以内に，占有者の居住する地の執行裁判官に対して，異議を提起しなければならない。〔1か月以内に〕異議のないときは，処分禁止は終了する。

②　前項の手続の間は，対象物の処分は禁止される。

第 R222-25条　引渡準備のための差押えを行っていた者が差押物の引渡し又は返還を命じる執行名義を取得したときは，第 R222-2条から第 R222-10条までの規定に従い，手続が行われる。ただし，この執行名義が裁判官の命令に係

---

[120]　刑法典第314-6条については，第 R221-16条の注（94）を参照。

－141－

るときは，第R222-16条第２項及び第３項の規定が適用される。

第３章　自動車に対する執行方法

第１節　行政機関への届出による差押え

第R223-1条　行政機関は，執行吏の請求により，自動車の信用売買に関する1953年９月30日デクレ第968号第２条[121]に規定する登録簿の記載及び当該自動車についての債務者の権利に関する全ての情報を伝達する。

第R223-2条①　第L223-1条に規定する差押えの効力を有する届出〔書〕は，次に掲げる事項を含まなければならず，これに反するときは，無効とする。

1　債務者の氏名[122]及び住所又は債務者が法人であるときは，その名称及び主たる事務所の所在地

2　差押自動車の登録番号及び車種（marque）

3　債権者の援用する執行名義の表示

②　前項の届出〔書〕は，第L223-1条に規定する行政機関に執行吏送達する。

第R223-3条①　前条の届出〔書〕の写しは，８日以内に債務者に執行吏送達しなければならず，これに反するときは，〔届出は〕効力を失う。

②　前項の送達書には，第R223-4条の規定の文言並びに請求債権の元本，費用及び既発生の利息の明細を記載する。その送達書には，異議は債務者の居住する地の執行裁判官に対して申し立てるべき旨を極めて明瞭な文字で表示する。

---

[121]　同条によれば，自動車の信用販売における売主等は，質権（gage）を保存するために，各県に備える登録簿に，質権の内容，買主及び債権者の氏名並びに契約の登録日を記載することになっている。もっとも，同条を含む1953年デクレは，2006年３月23日オルドナンス第346号により廃止されており，同時に，民法典第2351条から第2353条に自動車質の規定が設けられている。民法典第2351条は，自動車質につき，行政機関に対する届出により第三者に対抗しうるとし，この届出の要件については，デクレで定める旨規定するが，このデクレは，まだ制定されていないようである。

[122]　原文はnomであり，本条につき，氏のみが要求されているとの見方もある（R. Perrot et Ph. Théry, Procédures civiles d'exécution, 3e éd., 2013, Dalloz, p. 826, note 1 ）が，本法典の訳出に際しては，nomのみでも，氏名と訳すことにしている。

-142-

第 R223-4条①　自動車の差押えの効力を有し，かつ，登録証明書の名義書換えを妨げる効力を有する届出〔書〕の執行吏送達の後は，登録証明書を新たな名義人に交付することができない。ただし，債権者により又は裁判官の命令で，〔差押えが〕取り消されたときは，この限りでない。

②　届出は，その執行吏送達から 2 年の期間を経過したときは，その効力を失う。ただし，最初の届出と同じ方式で更新したときは，この限りでない。

第 R223-5条　届出の効果は，〔第 R223-1条に定める〕1953年 9 月30日デクレ[123]の規定に従って適法に登録した質権者を害することができない。

第 2 節　自動車の固定による差押え

第 R223-6条①　第 L223-2条の規定に従い，自動車を固定するために用いる器具には，執行吏の電話番号を極めて明瞭に表示する。

②　前項の器具には，公印（empreinte officielle）を表示する。その公印の形式は，司法大臣アレテ[124]により定める。

③　第 R221-12条の規定は，〔自動車の固定について〕準用する。

第 R223-7条　債務者の占有する建物において又は債務者のために自動車を占有する第三者の下で売却差押えが行われる際に，自動車を固定するときは，その手続は，売却差押えの例による。

第 R223-8条①　前条以外の場合においては，執行吏は，〔自動車〕固定調書を作成する。その調書は，次に掲げる事項を含まなければならず，これに反するときは，無効とする。

1　自動車の固定の根拠とされる執行名義の表示

2　自動車の固定の日時

3　自動車が固定された場所及び自動車が保管のために移動されたときは，

---

[123] 第 R223-1条の注（121）参照。

[124] 1992年12月23日アレテ（日本の法務省令に相当する）。同アレテは，印影のデザインを規定しており，フランス共和国のシンボルであるマリアンヌの図案と，執行吏の電話番号を記載する欄がある。

移動先の表示

4 　自動車の概況，とくに登録番号，車種，色並びに目立つ積載物及び破損があるときは，その表示

5 　債務者の立会いの有無の記載

② 　固定は，自動車の所有者の管理下における差押え又はその取上げの後は保管のために引渡しを受けた者の管理下における差押えに相当する。

第 R223-9 条 　債務者が立ち会わないで自動車が固定されたときは，執行吏は，債務者に対し，この旨を〔書面をもって〕固定の日に債務者の居住する場所に宛てた普通郵便により又はその場所で交付して，通知する。この書面（lettre）は，次に掲げる事項を含むものとする。

1 　自動車の固定の根拠とされる執行名義の表示

2 　自動車が固定された場所及び自動車が保管のために移動されたときは，移動先の表示

3 　固定は差押えの効力を有する旨及び自動車が公道で固定されたときは，その固定から48時間の期間内に，掲記の場所に移動するため取上げの手続をすることができる旨の警告

4 　固定の取消しを求めるため，名宛人は，氏名，住所及び電話番号が掲記されている執行吏宛てに通知するか，又は裁判所書記課の住所と共に裁判所の所在地が掲記されている，自動車の固定地の執行裁判官に，処分に対する異議を申し立てることができる旨の極めて明瞭な文字による表示

第 R223-10 条 　自動車が金銭債権の支払を得るために固定されたときは，執行吏は，その固定から遅くとも 8 日以内に，支払催告書を債務者に送達する。その催告書は，次に掲げる事項を含まなければならず，これに反するときは，無効とする。

1 　〔自動車〕固定調書の写し

2 　請求債権の元本，費用及び既発生の利息の明細並びに利率の表示

3 　弁済がなく，第 R221-30 条から第 R221-32 条までの規定に従い自動車の任意売却を試みるための 1 か月の期間が経過したときは，当該自動車は公の競り売りにより売却される旨の警告

4　異議は，債務者の選択に従い，その者の居住する地又は自動車の固定地の執行裁判官に対し，申し立てるべき旨の表示

5　第 R221-30条から第 R221-32条までの規定の文言

第 R223-11条①　前条に定める場合においては，自動車は，売却差押えの例により売却する。

②　〔対象〕自動車について質権が登録されているときは，執行吏は，任意売却の申出又は公の競り売りによる売却の実施を質権者に通知する。

第 R223-12条　自動車が所有者への引渡しのために固定されたときは，執行吏は，固定後遅くとも 8日以内に，引渡義務を負う者に対し，次の各号に掲げる事項を含む文書を送達する。いずれかの事項を欠くときは，当該文書は，無効とする。

1　〔自動車〕固定調書の写し

2　自動車の移動の条件につき協議するため，8日の期間内に執行吏の事務所に出頭すべき旨の命令及び出頭しないときは，引渡義務を負う者の費用で，〔執行〕名義に記載された者に引き渡すため，自動車を移動する旨の警告

3　異議は，引渡義務を負う者の選択に従い，その者の居住する地又は自動車の固定地の執行裁判官に対し，申し立てることができる旨の表示

第 R223-13条①　自動車が質権者への引渡しのために固定されたときは，執行吏は，固定後遅くとも 8日以内に，引渡義務を負う者に対し，次に掲げる事項を含む文書を送達する。いずれかの事項を欠くときは，当該文書は，無効とする。

1　〔自動車〕固定調書の写し

2　自動車の移動の条件につき協議するため，8日の期間内に執行吏の事務所に出頭すべき旨の命令及び出頭しないときは，引渡義務を負う者の費用で，質権者に引き渡すため，自動車を移動する旨の警告

3　請求債権の元本，費用及び既発生の利息の明細並びに利率の表示

4　第 R221-30条から第 R221-32条までの規定に従い，固定された自動車の任意売却を試みるため 1か月の期間が付与される旨及びこの期間を徒過したときは，公の競り売りによる売却の手続をすることができる旨の極めて

明瞭な文字による警告

5　異議は，引渡義務を負う者の選択に従い，その者の居住する地又は自動車の固定地の執行裁判官に対し，申し立てることができる旨の表示

② 質権者への引渡しの後は，自動車は，その質権者の管理下に置く。所定の期間内に任意売却がされないときは，売却差押えにつき定められた要件に従い，公の競り売りによる強制売却の手続を行う。必要な場合には，売却差押えの附帯事件に関する規定[125]を準用する。

第4章　金庫内にある動産の差押え

第R224-1条① 第三者に属する金庫内にある動産の差押えは，執行吏証書を当該第三者に執行吏送達して行う。

② 前項の差押書は，次に掲げる事項を含まなければならず，これに反するときは，無効とする。

1　債務者の氏名及び住所並びに債務者が法人であるときは，その名称及び主たる事務所の所在地

2　差押え実施の根拠とされる執行名義の表示

3　執行吏が立ち会う場合を除き，金庫にアクセスすることを禁止する命令

③ 〔第1項の〕第三者は，執行吏に対して当該金庫を特定する義務を負う。この義務については，差押書に記載する。

第R224-2条 差押えにより，執行吏が立ち会う場合を除き，金庫にアクセスすることは禁止される。執行吏は，金庫に封印をすることができる。

第R224-3条① 金庫内にある動産の売却のための手続の場合においては，支払催告書は，第R224-1条に定める差押書〔の執行吏送達〕から最初の取引日に，債務者に執行吏送達する。

② 前項の催告書は，次に掲げる事項を含まなければならず，これに反するときは，無効とする。

---

[125] 第R221-40条から第R221-56条までの規定を指すものと思われる。

-146-

1 　差押書の表示

2 　執行の根拠とされる執行名義の表示

3 　請求債権の元本，費用及び既発生の利息の明細並びに利率の表示

4 　金庫の開扉のため定められた日の前に債務を支払うか，又はその内容物の差押えを目的とする金庫の開扉に，本人若しくは代理人が立ち会うべき旨の催告及び立会いがない場合又は開扉を拒むときは，その者の費用で強制的に金庫を開扉する旨の警告

5 　金庫の開扉のため定められた場所及び日時の表示

6 　異議を申し立てるべき差押物の所在地の執行裁判官の表示

③ 　第1項の催告書は，判決と同時に執行吏送達することができる。

第 R224-4条① 　金庫の開扉は，支払催告書の執行吏送達から15日の期間が経過しない限り，行うことができない。ただし，債務者は，より早い日にその開扉を行うよう請求することができる。

② 　債務者の立会いがないときは，強制的な開扉は，金庫の所有者又は正当な権限を有するその受託者[126]の立会いのない限り，行うことができない。

③ 　〔開扉の〕費用は，差押債権者が前払いする。

第 R224-5条① 　〔金庫の開扉のため〕定められた日には，財産目録を作成し，内容物を詳細に記載する。

② 　債務者の立会いがあるときは，財産目録は，差押物のみを対象とする。その差押物は，〔執行吏が〕直ちに取り上げ，執行吏〔の管理下に〕，又は当事者の合意がないときは，申請に基づき執行裁判官が選任した係争物管理人の管理下に置く。

③ 　債務者の立会いがないときは，金庫内にある全ての内容物の財産目録を作成する。差押物は，前項の場合と同様に，執行吏が直ちに取り上げる。他の内容物は，債務者が単に要求すれば返還するという条件で，金庫を管理する

---

[126] 原語は préposé で，被用者と訳すこともできる。具体的には，金庫の所有者である銀行の職員で，執行の実施（強制的な開扉）に立ち会い，必要に応じて措置を講じる権限を有するものが想定される。

－147－

第三者又は申請に基づき執行裁判官が選任した係争物管理人に引き渡す。

④　必要があれば，執行吏は，第 R221-12条に規定する要件に従い，金庫から取り出した物を写真に撮ることができる。

第 R224-6条①　〔金庫の開扉の際には〕実施調書(acte des opérations)を作成する。

②　前項の調書は，手続に立ち会った者及び内容物の引渡しを受けた者の氏名及び資格の表示を含まなければならず，これに反するときは，無効とする。これらの者は，調書の原本及び写しに署名し，署名を拒むときは，その旨を調書に記載する。

第 R224-7条①　財産目録の写しは，債務者及び内容物の引渡しがあったときはその引渡しを受けた者に，交付し，又は執行吏送達する。

②　債務者に交付され，又は執行吏送達される写しは，差押物が保管されている場所を記載し，かつ，極めて明瞭な文字で，債務者には，第 R221-30条から第 R221-32条までの規定に定める要件に従い，任意売却を試みるため1か月の期間が付与される旨，これらの規定の文言及び任意売却がされなかった場合にその強制売却の手続が可能になる日を表示しなければならず，これに反するときは，無効とする。

第 R224-8条①　強制売却の手続は，第 R221-33条から第 R221-39条までの規定の例による。

②　差押えの附帯事件については，第 R221-40条から第 R221-56条までの規定の定めるところによる。

第 R224-9条　〔金庫の〕内容物の取上げの日から，債務者は，再び自由に金庫にアクセスすることができる。

第 R224-10条①　金庫内にある1又は数個の特定物を第三者に引き渡すための手続の場合においては，交付又は返還の催告書は，第 R224-1条に定める差押書〔の執行吏送達〕から最初の取引日に，引渡義務を負う者に執行吏送達する。

②　前項の催告書は，次に掲げる事項を含まなければならず，これに反するときは，無効とする。

1　差押書の表示

-148-

2　引渡請求の根拠とされる執行名義の表示

3　請求対象物の明確な特定

4　金庫の開扉のため定められた日の前に対象物を引き渡すか，又は対象物の取上げを目的とする金庫の開扉に，本人若しくは代理人が立ち会うべき旨の催告及び立会いがない場合又は開扉を拒むときは，その者の費用で強制的に金庫を開扉する旨の警告

5　金庫の開扉のため定められた場所及び日時の表示

6　異議を申し立てるべき差押物の所在地の執行裁判官の表示

③　第1項の催告書は，判決と同時に執行吏送達することができる。

第R224-11条　第R224-4条から第R224-6条まで及び第R224-9条の規定は，〔前条の手続に〕準用する。

第R224-12条①　〔第R224-10条の手続の場合においては〕財産目録の写しは，債務者及び対象物の引渡しがあったときはその引渡しを受けた者に，交付し，又は執行吏送達する。

②　債務者に交付され，又は執行吏送達される写しは，対象物が執行名義に定められた者又はその代理人で身元が明らかな者に引き渡された旨を記載しなければならず，これに反するときは，無効とする。

第3編　無体財産の差押え

第1章　総則

第R231-1条　反対の規定がある場合を除き，無体財産権の差押えは，本編の定めるところによる。ただし，その性質に反するときは，この限りでない。

-149-

第2章　差押えの実施

第 R232-1条　債務者を権利者とする社員権及び有価証券は，当該会社又は発行法人の下で差し押さえる。

第 R232-2条①　記名式有価証券で，その口座[127]を会社の代理人が管理するものは，当該代理人の下で差し押さえる。

②　会社は，口座の管理を担当する代理人の名を執行吏に通知しなければならない。

第 R232-3条①　無記名有価証券は，その記録が行われた適格仲介業者[128]（intermédiaire habilité）の下で差し押さえる。

②　記名式有価証券の権利者が適格仲介業者に自己の口座の管理を委ねているときは，差押えは，当該適格仲介業者の下で行う。

第 R232-4条　差押えは，債務者の名義で口座に記録されている有価証券の全部について，適格仲介業者の下で行うこともできる。

第 R232-5条　債権者は，次に掲げる事項を記載した文書の執行吏送達により，差押えの手続を行う。いずれかの事項を欠くときは，当該文書は，無効とする。

　1　債務者の氏名及び住所又は債務者が法人であるときは，その名称及び主たる事務所の所在地

　2　差押え実施の根拠とされる執行名義の表示

　3　請求債権の元本，費用及び既発生の利息の明細並びに利率の表示

　4　差押えにより，債務者を権利者とする持分権又は有価証券の全部に付随する金銭的な権利の処分は禁止される旨の表示

---

[127]　有価証券は，（記名証券・無記名証券を問わず）その権利者の名義で，発行法人又は適格仲介業者の管理する口座に記録しなければならない（商法典第 L228-1条第6項・通貨金融法典第 L211-3条）。なお，フランスでは早くから有価証券のペーパーレス化が実現している。その詳細につき，森田宏樹「有価証券のペーパーレス化の基礎理論」金融研究25巻法律特集号（2006年）参照。

[128]　有価証券の口座管理の業務ができる信用機関・投資サービス会社等。通貨金融法典第 L211-3条，第 L542-1条参照。

－150－

5　先行する質権（nantissements）又は差押えがあるときは，その存在を
通知すべき旨の催告

第 R232-6条①　差押えは，8日の期間内に，執行吏証書により債務者に通知
しなければならず，これに反するときは，効力を失う。

②　前項の差押書は，次に掲げる事項を含まなければならず，これに反すると
きは，無効とする。

1　差押調書の写し

2　異議の申立ては，この差押書の執行吏送達後1か月の期間内に，呼出し
によって行い，かつ，その呼出しは，差押えを実施した執行吏に，配達証
明付書留郵便により通知しなければならず，これに反するときは，異議は
受理されない旨及び当該期間の満了日の極めて明瞭な文字による表示

3　異議について管轄権を有する，債務者の住所地の執行裁判官の表示

4　債務者は，第 R233-3条に規定する要件に従い，又は，社員権又は規
制市場（marché réglementé）若しくは多角的取引システム[129]（système
multilatéral de négociation）における取引が認められていない有価証券に
ついては，第 R221-30条から第 R221-32条までに規定する要件に従い，差

---

[129]「規制市場」と「多角的取引システム」は，EU の金融商品市場指令（Directive 2004/39/
EC）において用いられている概念であり（定義につき同指令第4条第1項第14号・第15号），
それが国内法化されたものである（定義等につき通貨金融法典第 L421-1条以下，第 L424-1条以
下）。規制市場は，概していえば，証券取引所の市場で，フランスでは，ユーロネクスト・パリ
（パリ証券取引所の後身。ユーロネクストは，パリ・アムステルダム・ブリュッセルの3つの証
券取引所の統合により発足）の市場がこれに当たる。多角的取引システムは，概していえば，
証券取引所外の取引を扱うシステムの一種である。上記指令では，MTF と略称される（英語の
Multilateral Trading Facilities の略称であるが，上記指令の仏語版でもこの略称が用いられてい
る）。投資サービス会社又は市場運営者により運営されるシステムで，複数の第三者が，非裁量
的なルールに基づき，金融商品の取引を行うものとされ，日本の私設取引システム（PTS）に
相当するといわれる。なお，上記指令を改正する第2次金融商品市場指令（Directive 2014/65/
EU）では，規制市場・多角的取引システムとは異なる「組織化された取引システム」（système
organisé de négociation 略称OTF）の概念が導入されている。EU の各指令の詳細に関し，神
山哲也「EU 金融商品市場指令の欧州資本市場への影響」資本市場クォータリー10巻3号（2007
年）50頁以下，同「第2次金融商品市場指令（Mifid Ⅱ）の概要とインパクト」野村資本市場クォー
タリー18巻1号（2014年）42頁以下等参照。

－151－

押証券の任意売却を試みるため1か月の期間が付与される旨の極めて明瞭な文字による表示

5　規制市場における取引が認められている有価証券に対して差押えがされたときは，債務者は，強制売却の場合にはその実施に至るまで，差押有価証券を売却する順序を第三債務者に指示することができる旨の表示

6　第R221-30条から第R221-32条まで及び第R233-3条の規定の文言

第R232-7条①　異議は，〔申立てと〕同日[130]に，差押えを実施した執行吏に対し，配達証明付書留郵便により通知しなければならず，これに反するときは，受理されない。

② 　異議を申し立てた者は，その旨を第三債務者に普通郵便により通知する。

第R232-8条① 　差押えにより，〔持分権又は有価証券に付随する〕債務者の金銭的な権利の処分は，禁止される。

② 　債務者は，債権者に完済するのに足りる額を預金供託金庫[131]に供託することによって，〔差押えの〕取消しを求めることができる。この供託金は，差押債権者〔の債権〕に特に優先して充当する。

第3章　売却の実施

第1節　総則

第R233-1条　強制売却は，差押えの通知から1か月以内に異議の申立てがなかった旨の裁判所書記課の交付する証明書若しくは差押えを実施した執行吏の作成する証明書又は債務者が異議を申し立てたときは，異議を棄却した判決を債権者が提示し，その請求により，実施する。

第R233-2条① 　差押えが重複するときは，売却代金は，売却前に差押えをし

---

[130] 　2017年5月6日デクレ第892号により，「同日」の後に「又は遅くとも次の最初の取引日」の文言を挿入する改正が行われている。
[131] 　第L143-2条第2項の注（48）参照。

－152－

た債権者の間で配当する。

② 前項の規定にかかわらず，売却に至った差押えの前に仮差押えが行われているときは，当該仮差押債権者は，代金の配当に参加する。ただし，当該仮差押債権者が受けるべき配当の額は，その者が執行名義を取得するまで，預金供託金庫に供託する。

第2節 売却の方法

第1款 規制市場又は多角的取引システムにおける取引が認められている有価証券

第R233-3条① 債務者は，〔差押書の〕執行吏送達を受けた日から1か月以内は，差押有価証券の売却を指示することができる。売却代金は，債権者の弁済に特に優先して充当するため，適格仲介業者の下で，その処分が禁止される。

② 売却代金が1人又は数人の債権者に完済するのに足りるときは，差押有価証券の残余に係る処分禁止は，その効力を失う。

第R233-4条 債務者は，強制売却の実施に至るまで，有価証券を売却する順序を第三債務者に指示することができる。この指示がないときは，〔第三債務者による〕売却証券の選択について〔債務者の〕いかなる異議も受理されない。

第2款 社員権及び規制市場又は多角的取引システムにおける取引が認められていない有価証券

第R233-5条 第R221-30条から第R221-32条までに規定する要件に従って任意売却がされないときは，売却は，競売により行う。

第R233-6条① 売却のために作成される物件明細書（cahier des charges）は，先行の手続の表示のほか，次に掲げる事項を含む。

1 会社の定款

-153-

2　売却される権利の内容及び価値を評価するために必要な全ての書類

② 譲渡承認[132]（agrément）を要する合意又は社員のために優先権を付与する合意[133]は，物件明細書に記載されていない限り，買受人に対抗することができない。

第 R233-7条① 物件明細書の写しは，会社に送達し，会社が社員にそれを通知する。

② 他の参加債権者がいるときは，それらの者に対し，売却担当者の下で物件明細書を閲覧すべき旨の催告〔書〕を〔前項の送達と〕同日に送達する。

③ 関係人は全て，売却担当者に対し，物件明細書の内容について異議（observations）を申し出ることができる。この異議の申出は，第1項に定める送達から2か月の期間を経過したときは，受理されない。

④ 民法第1868条第2項[134]を援用しようとする社員は，その旨を売却担当者に通知する。

第 R233-8条① 売却の日時及び場所を示す公告は，新聞及び必要があれば掲示によってする。

② 前項の公告は，売却のため定められた日の1か月前から15日前の間にしなければならない。

③ 債務者，会社及び他の参加債権者には，送達により，売却の日を通知する。

第 R233-9条 譲渡承認，先買権[135]（préemption）又は後買権[136]（substitution）に関する法定及び約定の手続は，各々に固有の規定に従い，実施する。

---

[132] 会社の持分権・株式の譲渡・移転につき，社員の承認を要する手続を指す。承認を拒む場合には，社員は，その持分権・株式を買い取るか，第三者に買い取らせる義務を負うことが多い。商法典第 L228-23条・第 L228-24条等参照。

[133] 第 R233-9条の先買権や後買権に関する合意がこれに当たり，本項の合意は，制限的に解釈すべきではないとされる。

[134] 社員は，売却前1か月の期間内に会社の解散又は持分権の買取りの決議をすることができる旨を定める。

[135] 優先的に買い受けることができる権利を指すようである。

[136] 売却（競売）後に買受人（競落人）に代わって権利を取得できることを指すようである。民法典第1867条第3項及び第1868条第3項参照。

-154-

第4編　他の動産等の差押え

単独章

第R241-1条　他の動産等執行手続に関する特則は，次に掲げる法典の定めるところによる。

1　運輸交通業法典[137]

2　航空機の差押えについては民間航空法典

3　船舶の差押えについては河川公物・内航水運法典[138]

4　文芸所有権，芸術的所有権及び工業所有権に係る差押えについては知的所有権法典

5　農業共済組合による第三債務者への差押通知については農業・海洋漁業法典

6　社会保障金庫による第三債務者への差押通知については社会保障法典

第5編　換価金の配当

単独章

第R251-1条①　債権者が1人しかいない場合は，売却代金は，強制売却の日から又は，任意売却のときは，代金が支払われた日から，遅くとも1か月以内に，その債権の元本，利息及び費用の額に満ちるまで，この債権者に払い渡される。残金はこの期間内に債務者に払い渡される。

②　前項の期間の経過後は，〔これにより〕支払われるべき額には法定利息が付される。

---

[137]　第L241-1条第1号参照。

[138]　2017年5月6日デクレ第892号により，第3号を削除し，第4号以下を順次繰り上げる改正が行われている。

第 R251-2条①　定められた期間内に複数の債権者が申し出た場合は，売却を職務とする者は，これらの債権者の間における代金配当案を作成する。

②　前項の案は，支払催告書及び参加申立書に含まれる資料並びに第 R522-13条及び第 R522-14条に定める資料があるときは，それらに基づき作成される。その際には，これらの文書〔作成〕後に発生した費用及び既発生の利息が算入[139]される。

第 R251-3条　〔前条による〕配当案は強制売却の日から1か月以内に作成される。任意売却の場合は，この期間は代金の支払の日から起算される。

第 R251-4条①　第 R251-3条（前条）に定める期間内に，配当案は，配達証明付書留郵便により，債務者及び各債権者（定められた期間内に申し出なかったため配当の対象とならない者も含む。）に送達される。

②　〔送達される配当案では，〕以下の事項が名宛人に示されなければならず，これに反するときは，〔前項の送達は〕無効とする。

　1　書留郵便の受領から15日以内に，必要な証拠書類を添付し，理由を付して，配当案を作成した執行吏に対して異議を提起することができる旨

　2　定められた期間内に回答のないときは，配当案を受諾したものとみなされ，異議の提起のないときは，この案が確定する旨

第 R251-5条　定められた期間内に異議の提起のないときは，配当案は確定する。売却を職務とする者は，強制執行処分に参加した債権者に対して，支払の手続を行う。仮差押債権者に帰属すべき配当額は預金供託金庫に供託され，転換書の執行吏送達後に支払われる。

第 R251-6条①　異議の提起があったときは，売却を職務とする者は，和解の勧試のため債務者及び全債権者を召喚する。

②　前項による会合は，最初の異議が提起されたときから1か月以内に開かれる。

第 R251-7条①　召喚された関係者が合意に達したときは，その旨の調書が作

---

[139]　本条では，「算入（tenu compte de）」と翻訳しているが（第 L212-2条と同様），「考慮」と訳したほうがふさわしい場合もある（第 L131-4条）。

成される。

② 合意書の写しは，債務者及び全債権者に交付されるか又は普通郵便により送付される。

③ 〔第1項の合意に達したときは，〕第 R251-1 条に従い，支払の手続が行われる。

第 R251-8 条① 合意のできないときは，売却を職務とする者は，合意を困難とする事情を記した調書を作成し，争いの解決に必要な書証を添付して，売却地の執行裁判官に対して直ちに申立てをし，事件記録を送付する。

② 配当されるべき額は，預金供託金庫に対して，直ちに供託される。

③ 裁判官は，異議に要した費用をこの供託額から仮に徴収すべき旨を決定することができる。

第 R251-9 条 第 R251-1 条及び第 R251-3 条に定める期間は，関係者の合意により又は申請に基づく執行裁判官の命令により，延長することができる。

第 R251-10 条① 配当案の作成のため定められた期間が遵守されなかったときは，全ての関係者は，配当手続を求めて執行裁判官に対して申立てをすることができる。

② 支払は，配当が確定した後，遅くとも8日以内に行われる。

③ 前項の期間の経過後は，支払われるべき額には法定利息が付される。

第 R251-11 条 全ての支払又は配当案には，回収費用の詳細な明細及び関係者は全て，売却地の執行裁判官付の書記課に対してその確認を求めることができる旨の極めて明瞭な文字による表示が添えられる。

-157-

第3巻　不動産差押え

第1編　総則

単独章

第 R311-1条　不動産差押手続は，本巻の規定及びそれに反しない限り，本法典第1巻の規定の定めるところによる。

第1節　土地管轄

第 R311-2条　不動産差押えは，差押不動産の所在地を管轄する大審裁判所の執行裁判官の管轄に属する。

第 R311-3条　債権者が，異なる大審裁判所の管轄区域内に存在する，同一の債務者の数個の不動産の差押えを同時にした場合においては，手続は，債務者の居住する差押不動産の所在地，これがないときは，いずれかの〔差押〕不動産の所在地を管轄する裁判所の執行裁判官の管轄に属する。

第2節　手続

第 R311-4条　当事者は，反対の規定のない限り，弁護士を選任しなければならない。

第 R311-5条　反対の規定のない限り，いかなる異議[140]も，いかなる附帯申立て[141]（demande incidente）も，第 R322-15条に規定する売却方法決定期日の

---

[140]　第 R322-11条等参照。

[141]　売却条件の変更等を求める申立てを指し，例えば，任意売却の許可や多重債務による手続の停止を求める債務者の申立て（第 R322-15条・第 R322-16条等），代位を求める債権者の申立て（第 R311-9条第1項）が挙げられる。R. Perrot et Ph. Théry, Procédures civiles d'exécution, 3e

後に申し立てることができない。これに反するときは，職権で，不受理とする。ただし，異議又は附帯申立てが，売却方法決定期日の後の手続上の行為（actes de procédure）に関するときは，この限りでない。この場合には，異議又は附帯申立ては，当該行為〔の〕文書の送達から15日の期間内に申し立てる。

第 R311-6条① 異なる定めのない限り，異議又は附帯申立ては全て，弁護士が署名した申立書（conclusions）を裁判所書記課に提出して申し立てる。

② 弁護士間の申立書及び書類の伝達は，民事訴訟法典第815条[142]に規定する要件に従って行う。申立書の伝達は，弁護士を選任していない債務者に対しては，執行吏送達により行う。

③ 異議又は附帯申立てを売却方法決定期日に審理することができないときは，裁判所書記課は，異議又は附帯申立ての〔申立書の〕提出から15日の期間内に，配達証明付書留郵便により当事者を別の期日に召喚する。

④ 異議又は附帯申立ての審理は，手続の進行を停止しない。

第 R311-7条① 判決に対しては，反対の規定のない限り，控訴を提起することができる。控訴は，判決の送達から15日の期間内に提起する。第 R322-19条の規定を除き，控訴は，民事訴訟法典第905条[143]に規定する手続によって裁判する。

② 裁判の送達は，執行吏送達の方法による。ただし，特別の規定に基づき，執行裁判官が終審として命令により裁判するときは，その裁判は，当事者及びその弁護士に同時に，裁判所書記課によって送達する。債務者が弁護士を選任しないとき並びに第 R311-11条及び第 R321-21条を適用して裁判したときは，任意売却を認める売却方法決定判決の送達について同様とする。

③ 異議又は附帯申立てについての判決に対しては，故障申立て（opposition）

éd., 2013, Dalloz, n° 897.
[142] 大審裁判所の手続に関する規定で，申立書は，弁護士間の送達の方式で送達し，書類の伝達は，伝達を行った弁護士の作成する書面に付された名宛人弁護士の署名により，有効に証明される旨を定める。
[143] 緊急性のある事件等についての簡略化された控訴手続を定める。

をすることができない。

第 R311-8条 差押財産の全部又は一部についての第三者異議訴訟[144]は，当該差押財産の売却まで提起することができる。

第 R311-9条① 登記された債権者並びに民法典第2374条第1号の2[145]及び第2375条[146]に規定された債権者は，差押えの効力を有する〔支払〕催告書の公告以後手続中はいつでも，執行裁判官に対し，附帯申立てにより又は競売期日に口頭で，差押債権者（poursuivant）の権利につき代位（subrogation）を請求することができる。

② 代位は，差押債権者の取下げ又は懈怠，不正行為（fraude），共謀（collusion）その他差押債権者の責めに帰すべき遅滞の事由がある場合に請求することができる。

③ 代位請求を棄却する裁判に対しては，不服を申し立てることができない。ただし，この裁判が手続を終結するものであるときは，この限りでない。

④ 代位により，手続の追行並びに第 R322-10条に規定する売却条件明細書に定める権利及び義務について代替する。

⑤ 代位が認められたときは，差押債権者は，代位者に対し，手続書類を引き渡す義務を負い，代位者は，〔引渡しを受けたときは〕その受領を通知する。この引渡しがない限り，差押債権者は，自己の義務を免除されない。

第 R311-10条 不動産差押手続の行為の無効は，民事訴訟法典第1巻第5編第2章第4節[147]の定めるところによる。

---

[144] 第 R221-51条の注（111）参照。

[145] 不動産に対する特別の先取特権のうち，区分所有の場合の管理費用等に関し，売主・不動産取得の融資をした者・区分所有組合に認められる先取特権につき定める。

[146] 不動産一般先取特権（不動産の総体に対する先取特権）として，裁判費用の先取特権及び賃金等の労働債権の先取特権を定める。

[147] 「無効の抗弁」と題される部分（民事訴訟法典第112条以下）で，訴訟行為の無効につき，形式的瑕疵の場合と実体的瑕疵の場合（能力・代理権の欠缺等）に区別して定める。概していえば，前者の場合は，直ちに主張しなければ，主張できなくなる（日本法の責問権の放棄・喪失に類似する）が，後者の場合は，訴訟のいかなる段階でも主張することができ，職権でも顧慮されうる。法務大臣官房司法法制調査部編『注釈フランス新民事訴訟法典』（法曹会，1978年）126頁以下参照。

第 R311-11条① 第 R321-1条，第 R321-6条，第 R322-6条，第 R322-10条及び第 R322-31条に規定する期間並びに第 R322-4条に規定する 2 か月及び 3 か月の期間を徒過したときは，差押えの効力を有する支払催告は，失効する。

② 全ての関係当事者は，執行裁判官に対し，〔支払催告の〕失効を宣言し，必要があるときは，不動産登記簿[148]に公示された支払催告書の写しにその旨を付記することを命じるよう求めることができる。

③ 差押債権者が正当な理由を証明したときは，〔支払催告失効宣言を求める〕申立ては，認めることができない。

④ 〔支払催告〕失効宣言は，その日から15日の期間内に債権者が執行裁判官の書記課に，適時に主張することができなかった正当な理由を通知するときも，取り消すことができる。

第 2 編　不動産の差押え及び売却

第 1 章　不動産の差押え

第 1 節　差押行為

第 1 款　債務者に対する差押前支払催告状（commandement de payer valant saisie）[149]の交付

第 R321-1条① 第 L321-1条の適用について，執行手続は，差押債権者（créancier poursuivant）の申立て（requête）により，差押前支払催告状が債務者又は第三取得者（tiers détenteur）に送達（signification）されることによってなされる。

② 前項の差押前支払催告状の交付（délivrance）は処分行為（acte de disposition）であり，債権者がその危険を負担する。

---

148 第 L321-5条第 1 項・脚注（121）を参照。
149 第 L321-1条・脚注（115）を参照。

－ 161 －

③ 夫婦の一方の固有財産に属する不動産が家族の住居である場合，第1項の差押前支払催告状は，その送達後，遅くともその最初の取引日には，その配偶者に対して届けられる。

第 R321-2条 異なる土地公示局（services de la publicité foncière）の管轄に所在する複数の不動産に対して差押えがなされる場合，前条の支払催告は，管轄毎に行われる。

第 R321-3条① 執行吏証書（acte d'huissier de justice）[150]に掲げる事項のほか，差押前支払催告状には，次の各号所定の事項を記載する。

1 差押債権者側弁護士の選任。この選任は，住所の選定（élection de domicile）[151]の効果を有する。

2 差押前支払催告状が送達される根拠となる執行名義の日付及び性質の表示

3 元本，費用及び既発生の利息に関する明細並びに遅延利息の利率の表示

4 債務者が前号の金額を8日以内に支払わなければならない旨，支払がなされない場合には，不動産売却を目的とする手続が遂行される旨，及び，これにより債務者は当該手続に関する方法（modalités）[152]につき決定を受けるために執行裁判官（juge de l'exécution）による期日[153]に出頭するための呼出しを受ける旨の通知

5 土地公示（publicité foncière）に関する規律に基づく，不動産差押えの対象となる各財産及び権利の特定

6 差押前支払催告により不動産差押えの効力が生じる旨，及び，当該財産につき差押前支払催告状が送達されてからは債務者が，不動産登記簿

---

[150] 第 R211-1条・脚注（62）を参照。

[151] 住所の選定（élection de domicile）とは，「訴訟当事者が実際の住所とは異なる場所を住所地とする申告で，それにより手続文書は有効に選定住所に送達される。例えば，弁護士を選任すると，その弁護士の住所に住所の選定がなされる」（中村ほか177頁）。第 R322-8条・脚注（172）も参照。

[152] ここでいう「方法」とは，任意売却（vente amiable）か，競売による売却（vente par adjudication）のいずれかを意味する。

[153] 売却方法決定期日（audience d'orientation）を意味する。第 R322-4条を参照。

(fichier immobilier)[154]に差押前支払催告が公示されてからは第三者が，〔それぞれ〕これを処分することができない旨の表示

7 差押前支払催告により果実に対する差押えの効力が生じる旨，及び，債務者がその係争物管理人（séquestre)[155]となる旨の表示

8 債務者は差押不動産を任意に売却するためその買受人（acquéreur）を探索する機会又はその委任を行う機会を保持する旨の表示。ただし，任意売却〔契約〕は執行裁判官の許可を得た場合に限り，することができる旨を示さなければならない。

9 当該財産が賃貸借の対象となっているとき，執行吏にその賃借人の氏名及び住所，法人に関してはその名称及び所在地を告げなければならない旨の催告（sommation）

10 執行吏が不動産現況調書（procès-verbal de description des lieux)[156]を作成するために不動産（lieux）に立ち入ることができる旨の表示

11 差押手続並びにそれに付随する異議申立て（contestations）及び附帯申立て（demandes incidentes）について土地管轄を有する執行裁判官の表示

12 債務者は，あらかじめ申立てをすることで，法律援助（aide juridique）に関する1991年7月10日法律第647号及びその適用に関する1991年12月19日デクレ第1266号所定の資産条件を満たすとき，差押手続に関し，裁判援助（aide juridictionnelle）を受けることができる旨[157]の表示

13 債務者が自然人であり，過剰債務の状況にあるとき，その債務者

---

[154] 第L321-5条・脚注（121）を参照。

[155] 第L321-2条・脚注（119）を参照。

[156] 第L322-2条を参照。

[157] 裁判援助（aide juridictionnelle）の制度は，法律援助（aide juridique）の一種であり，資力が一定の金額の超えない訴訟当事者に対し，費用の全部又は一部につき金銭的に援助することを目的とする（中村ほか25頁参照）。この裁判援助を申請する条件として，2017年現在，2016年における各月の収入につき，全部の援助を受けるには1,000ユーロ未満，一部の援助を受けるには1,500ユーロ未満であることを原則として要する（1991年7月10日法律第647号第4条第1項）。

は消費法典第 L331-1条所定の県個人過剰債務委員会（commission de surendettement des particuliers）[158]に申立てを行う権能を有する旨の表示

② 差押債権者（créancier saisissant）がその執行（poursuites）の根拠となる執行名義に含まれる債権の移転（その名義は問わない。）を理由に執行するときは，債務者に対してあらかじめ正式にその通知を行っていない限り，差押前支払催告状にその移転行為が示される。

③ 第三者の債務を担保するためその財産に対し抵当権の設定を行った者に差押前支払催告状が送達されたときは，本条第 1 項第 4 号の定める催告期間（délai de sommation）は 1 か月間にまで延長される。

④ 本条所定の記載事項を欠くときは，無効とする。ただし，請求金額が債権者に支払うべき金額を超えることは，無効の理由とならない。

第 2 款　第三取得者（tiers détenteur）に対する差押前支払催告状の交付

第 R321-4条　追及権（droit de suite）を有する担保権者による不動産差押えは，当該財産の第三取得者に対して遂行される。

第 R321-5条①　差押債権者は，主たる債務者に対し差押前支払催告状を送達させる。この催告状には，〔次項に定める〕[159]差押前支払催告状が第三取得者に対して交付される旨が記載される。

② 差押債権者の申立てにより，差押前支払催告状は第三取得者に対して送達される。この催告には，第 R321-3条所定の事項が記載される。ただし，同条第 4 号の通知に関しては，1 か月以内に民法典第2463条所定の債務を履行すべき旨の催告がなされれば，これによって代替され，第 R321-3条第 6 号から第 8 号まで，第12号及び第13号における「債務者」は，「債務者又は第三債務者」に読み替えられる。差押前支払催告状に，民法典第2464条が適用

---

[158] 県個人過剰債務委員会（commission de surendettement des particuliers）とは，各県に設置され，自然人の過剰債務（surendettemet）状態（要するに，消費者破産を意味する。）を処理することを任務とする組織である（消費法典第 L331-1条以下参照）。

[159] この文言は，2017年 5 月 6 日デクレ第892号による改正で付加されている。

される旨が記載される[160]。

第2節　差押行為の公示

第 R321-6条　差押前支払催告は，送達後2か月以内に不動産登記簿に公示される。

第 R321-7条①　公示の手続は，土地公示の改正に関する1955年1月4日デクレ第22号及びその適用に関する1955年10月14日デクレ第1350号の規律するところによる[161]。

②　公示手続の実施が土地公示局からの拒絶通知を理由に遅延したときは，第R321-6条所定の2か月の期間は，当局に差押前支払催告状が提出されてから手続実施までの間の日数だけ延長される。この提出日は，民法典第2453条[162]所定の登記簿（registre）により確認される。

③　申立てを受けて直ちに手続を遂行することができないときは，土地公示局は，提出された差押前支払催告状に提出日を記載する。

第3節　対象財産又は差押えが複数の場合

第 R321-8条　同一の不動産に対して複数の差押前支払催告の公示が同時に求

160　民法典第2464条：「第三取得者（tiers détenteur）がこれらの義務（※被担保債務の元本及び利息の弁済義務等を指す。同法典第2462条，第2463条参照）のうちの1つでも満足させない場合には，不動産に対して追及権を有する各債権者は，第3巻第19編の要件において，不動産の差押え及び売却を遂行する権利を有する。」

161　土地公示の改正に関する1955年1月4日デクレ第22号及びその適用に関する1955年10月14日デクレ第1350号は，不動産物権公示制度の基本法である（わが国における不動産登記法に相当する）。1955年以降のデクレによる改正については，星野英一「フランスにおける1955年以降の不動産物権公示制度の改正」同『民法論集・第2巻』（有斐閣，1970年）107頁〔初出，1959年〕を参照。

162　民法典第2453条第1項：「土地公示を担当する機関は，証書，裁判，登記申請書（bordereaux）及び公示手続の執行を目的として寄託される文書全般の提出を日毎に番号順に登録する登記簿を備える義務を負う。」

-165-

められた場合は，最も早い日付の執行名義の記載のある差押前支払催告のみを公示する。複数の執行名義が同じ日付であるときは，最も早い日付になされた差押前支払催告のみを公示する。複数の差押前支払催告が同じ日付になされたときは，元本債権額が最も高いものについてのみ公示する。

第 R321-9条① 差押前支払催告が既に公示されているときは，同一不動産に関する新たな差押前支払催告を公示することはできない。

② 前項の規定にかかわらず，土地公示局に提出された新たな差押前支払催告がそれ以前に提出されたものより多くの不動産を対象としているときには，新たな差押前支払催告は，以前のものに含まれていない不動産に関して公示がなされる。新たな差押債権者は，先行する債権者に対して公示された差押前支払催告を通知する義務を負い，先行する債権者は，先行手続が後行手続と同じ段階にあるときには，双方の手続をともに進行させる。同じ段階にない場合には，先行する債権者は，新たな〔後行の〕手続が先行手続と同じ段階に至るまで，先行手続の進行を停止して後行手続を進行させる。

③ 先行する債権者が通知を受けた新たな差押えに参加しないときは，新たな債権者は第 R311-9条所定の要件の下で代位（subrogation）を請求することができる。

第 R321-10条① 第 R321-8条及び第 R321-9条第1項所定の場合，土地公示局は，公示されない一又は複数の差押前支払催告を，新たな差押債権者（poursuivants）の氏名及び住所，法人に関してはその名称及び所在地，並びにその債権者を代理する弁護士の名称とともに，その提出の順位に従い，先行する差押前支払催告状の謄本の欄外に記載する。

② 提出された差押前支払催告につき公示を拒絶する場合，この差押前支払催告状の謄本の欄外又はその後に，拒絶の旨を記載する。さらに，〔公示を拒絶された〕差押前支払催告状の謄本の欄外又はその後に，先に公示され，又は欄外記載された差押前催告状を，それぞれ前項に定める事項とともに記載するとともに，差押えにつき管轄権を有する執行裁判官の名称を記載する。

③ 差押えの抹消は，後行の差押債権者の同意を得なければすることができな

－166－

い。

第 R321-11条① 手続併合（jonction d'instances）[163]の場合，最初に公示された差押前支払催告の債権者が，手続を継続する。

② 複数の差押前支払催告が同日に公示されたときは，日付において最初の差押前支払催告の債権者が手続を遂行し，複数の差押前支払催告が同日のものであるときは，元本債権額の最も高い債権者が手続を遂行する。

第 R321-12条① 当該不動産の価額が差押債権者及び登記された債権者[164]に対して弁済するのに足りることを債務者が立証したときには，差押えの効果が暫定的に一又は複数の不動産の範囲に制限される旨の債務者の申立てを執行裁判官が認める。そこで言い渡される判決に，暫定的に手続遂行の停止される不動産が示される。確定的な売却がなされた後，売却された不動産の価格が債権者に対する弁済に足りないときには，債権者は〔上記の暫定的な範囲制限により〕除外された不動産に対する手続遂行を再開することができる。

② 〔前項と〕同じ要件の下で，執行裁判官が，当初差押えの対象とされていた不動産に対する差押え及び裁判上の保全抵当（hypothèque judiciaire）に関する登記の抹消を命じるときには，差押債権者は，差押前支払催告の公示日における登記の順位を保全するため，差押前支払催告状の謄本の欄外へ〔前項の〕判決を公示するとともに，一般法における要件の下で[165]抵当権の登記を行う。

---

[163] 手続併合（jonction d'instances）とは，「裁判所運営上の措置〔mesure d'administration judiciaire〕で，これによって裁判所（または準備手続裁判官もしくは報告裁判官）は密接な関係すなわち関連性〔connexité〕のある２またはそれ以上の訴訟を同時に審理し，かつ，判断することを決定する」（中村ほか243頁）。

[164] 第 L321-5条・脚注（122）参照。

[165] ここでいう一般法における要件とは，民法典第2426条以下の定める抵当権に関する登記の要件を指す。

-167-

第4節　差押行為及びその公示の効果

第1款　一般規定

第 R321-13条① 不動産の処分禁止（indisponiblilité），その果実の差押え及び債務者の用益及び管理の権限（droits de jouissance et d'administration）の制限〔の各効果〕は，債務者に対しては，差押前支払催告状の送達時から生じる。

② 前項に定める各効果は，第三者に対しては，差押前支払催告が公示された日から生じる。

③ 差押前支払催告の公示前に差押債務者が催告の送達に伴い生じる〔第1項所定の〕各効果に違反して合意を締結した場合，合意の相手方からの申立てにより裁判官はその無効を言い渡す。

第2款　差押財産の処分禁止

第 R321-14条　差押前支払催告の公示後に公示された譲渡を対抗するためには，第 L321-5条第2項に定める供託（consignation）は，差押債権者及び競売期日（audience d'adjudication）の前に登記された債権者に対して送達されなければならない。ただし，この送達のために期間を付与し，競売手続の進行を遅らせることはできない。

第3款　差押債務者又は第三取得者（saisi）[166]の権利の制限

第 R321-15条① 明渡し（expulsion）が命じられた場合を除き，債務者は，差押不動産の価値を下げる可能性のある物理的行為を一切行わないという留保の下，その不動産を使用し続ける。これに違反したときは，損害賠償が命じられる。ただし，この損害賠償は，刑法典第314-6条に定める刑罰[167]を科すこ

---

[166] 第 L321-2条・脚注（117）を参照。
[167] 差押債務者が差押目的物を破壊又は横領した場合には，3年の拘禁刑又は375,000ユーロの罰金が科される（刑法典第 L314-6条第1項）。

－168－

とを妨げない。

② 執行裁判官は，差押債権者又は債務者の申立てにより，相当と認めるときは，差押不動産に対する一定の行為の実施の許可をすることができる。

第4款　果実の差押え

第 R321-16条　差押前支払催告状の送達後に不動産化した果実（fruits immoblilisés）[168]は，不動産（売却）代金と同じ順位に従って，その代金とともに配当される。

第 R321-17条①　差押債権者は，差押債務者又は第三取得者（saisi）に果実の任意売却を許可することができるほか，執行裁判官の許可に基づき，自ら果実を収取して売却することができる。差押債権者による売却は，執行裁判官の定める期間内において，競り売り（enchère）その他あらゆる方法によって行われる。

②　売却代金は，差押債権者の選任する係争物管理人に交付され，又は預金供託金庫（Caisse des dépôts et consignations）へ供託される。

第 R321-18条①　差押債権者は，執行吏証書により，賃借人が債務者にして賃料及び小作料を弁済することにつき異議を申し立て，賃借人に，賃料及び小作料を差押債権者の選任する係争物管理人に支払い，又は預託供託金庫に供託すべき義務を課すことができる。

②　前項の異議申立てがなされないときには，債務者に対して行われた〔賃料及び小作料の〕支払は有効なものとされ，債務者は受領した金額の係争物管理人となる。

第5款　第三取得者に対する差押前支払催告の効果

第 R321-19条①　差押前支払催告状の第三取得者に対する送達により，債務者に対する差押前支払催告状の送達に伴う効果が第三取得者に生じる。

---

[168] 差押前支払催告状の送達により不動産に対する差押えがなされると，その時点における当該不動産の果実に対しても差押えの効力が生じることを意味する（第 L321-3条参照）。

② 第三取得者が自らの受けた催告（sommation）に応じないときは，不動産差押え及び売却が，本巻所定の方法により第三取得者に対して実施される。

第6款　差押前支払催告の失効（péremption）

第 R321-20条① 　差押前支払催告は，その公示から2年以内に，差押不動産の売却を確認する判決を公示の欄外に記載しなかったとき，当然に失効する。

② 　差押前支払催告状の受付を拒否し，又は公示手続が却下された場合，2年の期間は，申立ての補正又は不動産公示の改正に関する1955年1月4日デクレ第22号第26条の定める〔公示却下の〕決定[169]の時から起算する。

第 R321-21条　第 R321-20条所定の期間が徒過したときは，売却証書（titre de vente）の公示がなされるまでの間に限り，全ての利害関係人は執行裁判官に対して，差押前支払催告の失効の確認し，不動産登記簿に公示されている差押前支払催告状の謄本の欄外に失効の記載を命じることを申し立てることができる。

第 R321-22条　〔第 R321-20条所定の〕期間は，場合によっては，執行手続の停止を命じる裁判所の裁判の，公示された差押前支払催告状の謄本の欄外への記載，売却の延期，差押前支払催告の効果の延長又は再競売（réitération des enchéres）を命じる裁判により，停止又は延長される。

---

[169] 　ここでいう「（却下の）決定」とは，不動産公示担当機関（service chargé de la publicité foncière）が公示手続を却下する旨の決定を意味する（1955年1月4日デクレ第22号第26条第1項参照）。

-170-

第2章　差押不動産の売却

第1節　売却の準備行為

第1款　不動産現況調書（procès-verbal de description des lieux）

第 R322-1条　差押前支払催告状の交付から8日間を徒過し，かつ，支払がないとき，〔不動産現況調書を作成する〕執行吏（huissier de justice instrumentaire）は，第 L322-2条所定の要件の下で不動産（lieux）に立ち入ることができる。

第 R322-2条　不動産現況調書には，次の各号所定の事項を記載する。

1　不動産の現況説明（description），構造及び面積（superficie）

2　占有条件及び占有者の身元の表示並びに占有者の主張する権利の表示

3　区分所有である場合につき，区分所有管理者（syndic de copropriété）の氏名及び住所

4　不動産に関する有益な，あらゆる一切の情報，とりわけ占有者から提供されるもの

第 R322-3条　執行吏は，不動産の現況を説明するために適当な一切の方法を用いることができるほか，必要な場合には，あらゆる有資格専門職の援助を受けることができる。

第2款　出頭の呼出し（assignation）

第1目　債務者の呼出し

第 R322-4条①　差押前支払催告が不動産登記簿に公示された後2か月以内に，差押債権者は，売却方法決定期日（audience d'orientation）に執行裁判官の下に出頭するように差押債務者（débiteur saisi）を呼び出す。

－171－

② 前項の期日前1か月以上3か月以内の期間内に呼出状が交付される。

第 R322-5条　民事訴訟法典第56条所定の事項のほか，〔前条の〕呼出状には，次の各号所定の事項を記載しなければならず，これを欠くときは，無効とする。

1　執行裁判官による売却方法決定期日の場所及び日時の表示

2　売却方法決定期日は，差押えの有効性を判断し，差押えに関する異議申立て及び附帯申立てについて審判を行い，かつ，手続遂行の方法（modalités）[170]を定めることを目的とする旨の表示

3　債務者が期日に出席しないとき又は弁護士により代理されていないときは，債権者の提出した資料のみに基づき，手続は強制売却〔の方法〕において遂行される旨の通知

4　売却条件明細書（cahier des conditions de vente）に示されている売却条件を検討すべき旨の催告（sommation）。売却条件明細書は，呼出後，遅くとも取引日5日目までに執行裁判官書記課（greffe du juge de l'exécution）又は差押債権者側弁護士の事務所に提出され，そこにおいて閲覧することができる。

5　売却条件明細書において定められた〔最低競売〕価額決定及びその金額が明らかに廉価すぎることを理由に，これに対して異議を申し立てることができる旨の表示

6　債務者が，裁判によらない〔合意による〕売却を満足のいく条件で締結することができると証明したときは，差押不動産を合意により売却する許可を執行裁判官に求めることができる旨の通知

7　全ての異議申立て又は附帯申立ては，遅くとも期日の時点までに，弁護士作成の申立書（conclusions）によって執行裁判官書記課に提出されなければならず，これに違反するときは受理されない旨の，極めて明瞭な文字での表示

8　第 R322-16条及び第 R322-17条の規定の注意書き（rappel）

---

[170]　第 R321-3条・脚注（152）を参照。

-172-

9　債務者は，あらかじめ申立てをすることで，裁判援助に関する1991年
　7月10日の法律第647号及びその適用に関する1991年12月19日のデクレ第
　1266号所定の資産条件[171]を満たすとき，差押手続に関し，裁判援助を受け
　ることができる旨の表示

第2目　登記された債権者の呼出し

第 R322-6条①　債務者への呼出状の交付から遅くとも取引日5日目までには，
差押前支払催告の公示日において登記された債権者に対して差押支払催告が
通告される（dénoncé）。

②　前項の通告（dénonciation）は，売却方法決定期日への出頭の呼出しに相
当する。

第 R322-7条　民事訴訟法典第56条所定の事項のほか，〔前条の〕通告状
（dénonciation）には，次の各号所定の事項を記載しなければならず，これを
欠くときは，無効とする。

1　売却方法決定期日の場所及び日時の表示

2　売却条件明細書を検討すべき旨の催告（sommation）。売却条件明細書は，
　債務者への売却方法決定期日への呼出し後，遅くとも取引日5日目までに
　執行裁判官書記課又は差押債権者側弁護士の事務所に提出され，そこにお
　いて閲覧することができる。

3　売却条件明細書において決められた〔最低競売〕価額決定の表示

4　差押不動産について登記された〔権利に係る〕債権につき，その元本，
　費用及び既発生の利息を，遅延利息の利率の表示とともに，弁護士から執
　行裁判官書記課に提出される文書により，かつ，当該債権の〔執行〕名義
　（titre）及び登記明細書（bordereau d'inscription）の謄本を添付して，届
　け出なければならない旨，並びに，届出と同日又は届出後最初の取引日に，
　差押債権者及び債務者に対して同一の様式又は送達によって通告をしなけ
　ればならない旨の催告（sommation）

171　第 R321-3条・脚注（157）を参照。

5　極めて明瞭な文字による，第 L331-2条及び第 R322-12条の文言
（reproduction）

6　第 R311-6条の文言

第 R322-8条① 　登記された債権者への通告は，登記明細書上の選定住所
（domicile élu）[172]において行うことができる。

② 　前項の通告は，〔相続があった場合には，〕氏名及び資格をそれぞれ表示せ
ずに，相続人全員に対して，選定住所又はこれがないときは被相続人の住所
において行うことができる。

第3目　共通規定

第 R322-9条① 　呼出状及び通告状が交付された旨は，最後の送達日から8日
以内に，不動産登記簿に公示された差押前支払催告状の謄本の欄外に記載さ
れる。

② 　前項の記載日以降は，差押前支払催告の登録（inscription）は，全ての登
記された債権者の合意又はこれらの債権者に対抗することのできる判決によ
らなければ，その抹消をすることができない。

第3款　売却条件明細書及び抵当権登記明細書（état hypothécaire）の裁判所書記課への提出

第 R322-10条① 　差押債務者への呼出状の交付から遅くとも取引日5日目まで
に，差押債権者は，不動産の現況及び売却の方法を含む売却条件明細書を執
行裁判官書記課に提出する。売却条件明細書には，債務者に交付される呼出
状の謄本及び差押前支払催告の公示日に証明を受けた抵当権登記明細書を添
付する。

② 　売却条件明細書には，次の各号所定の事項を記載しなければならず，これ

---

[172]　選定住所（domicile élu）とは，「法律行為を執行するために行為の両当事者によって選定さ
れた，現実の住所以外の地」であり，「住所が確定された場合，当該行為に関する請求は選定住
所においてなされることができ，場合により，裁判上の手続きは選定住所地の裁判所において
追行されることができる」（中村ほか162頁）。

を欠くときは，無効とする。

1　執行の根拠となる執行名義の表示

2　差押債権者に対する債務に関する元本，費用及び既発生の利息の明細並びに遅延利息の利率の表示

3　公示の記載のある差押前支払催告の表示並びに公示後になされたその他の行為及び判決

4　差押不動産，その所有の来歴（origine），当該不動産に課されている地役〔権〕（servitudes），当該不動産に関して合意された賃貸借及び現況調書

5　裁判による売却の条件及び差押債権者により定められた最低競売価格決定（mise à prix）

6　売却から得られる現金につき，振り込まれる係争物保管人又は供託される預金供託金庫の指定

第 R322-11条① 売却条件明細書は，差押債権者の責任において作成される。

② 前項の売却条件明細書は，執行裁判官書記課又は差押債権者側弁護士の事務所において閲覧することができる。

③ 最低競売価額（montant de la mise à prix）に関する第 L322-6条の規定の留保の下で，いかなる利害関係人も，売却条件明細書の記載について異議を申し立てることができる。

第4款　債権の届出

第 R322-12条① 差押前支払催告の通告を受けた，登記された債権者がその債権を届け出る期間は，その通告から2か月間とする。

② 前項の規定にかかわらず，届出の懈怠が自らの〔責めに帰すべき〕所為（fait）によらない旨を証明した債権者は，前項の期間の後にその債権を届け出る許可を求めることができる。裁判官は，申立て（requête）につき，命令により裁判を行う。この申立ては，遅くとも競売期日又は任意売却の異議申立期日として定められた日から15日前までに提出されなければ，受理されない。

-175-

第 R322-13条 差押前支払催告の公示後，売却の公示前に〔差押〕不動産につき担保の登記がされた債権者は，その債権につき，その時点における元本，費用及び既発生の利息を届け出ることで，手続に参加する。この届出は，登記後 1 か月以内に，弁護士から執行裁判官書記課に提出される文書によりなされ，かつ，当該債権の〔執行〕名義及び登記明細書の謄本並びに登記日における抵当権登記明細書を添付しなければ，受理されない。この届出は，差押債権者及び債務者に対して同一の様式又は送達によって，届出と同日又は届出後最初の取引日に，通告される。

第 R322-14条 差押債権者は，第 R332-3条所定の配当案（projet de distribution）を作成するために債権〔届出書〕の謄本を書記課から受け取る。

第 2 節　売却方法決定期日

第 R322-15条① 売却方法決定期日において，執行裁判官は，出席している当事者又はその代理人を審問した上で，第 L311-2条，第 L311-4条及び第 L311-6条所定の要件を満たしていることを確認し，場合によっては異議申立て及び附帯申立てについて裁判を行い，かつ，手続遂行の方法を定めるため，債務者の申立てによる任意売却を許可するか，又は強制売却を命じる。

② 執行裁判官は，任意売却を許可するときは，〔差押〕不動産の立地条件（situation），市場経済状況及び場合によっては債務者の努力の程度（diligences）を考慮しつつ，この任意売却が申し分のない条件で締結されうるかどうかを確かめる。

第 R322-16条 過剰債務（surendettemet）状態を理由に不動産差押手続の停止を求める債務者の申立ては，消費法典第 R331-11-1条所定の要件において[173]行われる。

---

[173] この箇所は，その後，2017 年 5 月 6 日デクレ第892号により，「消費法典第 L721-4条所定の規定に基づき，同法典第 R721-5条所定の要件において」という文言に改められている。債務者の要請により，県個人過剰債務委員会（R321-1条・脚注（158）参照）は，債務者の収入や資産の状況等を記載した文書を添付した上で（第 R721-5条第 2 項），債務者財産に対する強制執行手

第 R322-17条　不動産の任意売却の許可を得るための債務者の申立て及びこの売却に続く行為については，弁護士の関与を要しない。この申立ては，売却方法決定期日において有効に行うことができる。

第 R322-18条　売却方法決定の裁判には，差押債権者の債権の元本，費用，利息及びその他附帯金の金額が記載される。

第 R322-19条①　売却方法決定の裁判に対する控訴は，控訴人がその申立てにおいて〔遅滞による〕危険（péril）[174]を主張する必要なく，指定期日の手続（procédure à jour fixe）[175]によって実施され，審理され，かつ，判断される。

②　競売（adjudication）による売却を命じる裁判に対して控訴がなされたときは，裁判所は，競売のために定められる日より遅くとも1か月前までに裁判を行う。これがなされなければ，執行裁判官は，差押債権者の申立てにより，強制売却の日を延期することができる。第 R121-22条の適用の結果，執行が停止されたため，定められた日に競売期日を実施することが禁じられたものの，競売を命じる裁判が控訴において維持されたときは，競売の日は，申立てにより，執行裁判官の命令によって定められる。本項の規定による執行裁判官の裁判は，控訴の対象とならない。

第3節　裁判所の許可に基づく任意売却

第 R322-20条①　不動産の任意売却を求める申立ては，債務者が〔差押〕不動産について登記された債権者を参加させることを条件として，売却方法決定期日への出頭を命じる呼出状の送達前に行われ，かつ，これにつき裁判をすることができる。

続の停止を裁判所に申し立てることができる（同法典第 L721-4条第1項）。

[174]　遅滞による危険（péril en la demeure）とは，通常の訴訟手続を行う必要性及び緊急性を意味する概念である。本条第1項は，これがなくても，迅速な特別の手続である「指定期日の手続」（後掲注（175）参照）の実施が可能であることを意味している。

[175]　指定期日の手続（procédure à jour fixe）とは，「訴訟手続きの通常の手順を避けるべき緊急性が存する場合に，原告が被告を直接弁論期日〔audience des plaidoiries〕に呼び出す，特に迅速な手続き」（中村ほか340頁）を意味する。

②　前項の申立てを認める裁判により，執行手続の進行が停止する。ただし，登記された債権者が債権届出を行うために与えられる期間については，この限りでない。

第 R322-21条①　任意売却の許可をする執行裁判官は，市場経済状況を考慮し，〔差押〕不動産の最低売却価格及び場合によっては売却の個別条件を定める。

②　裁判官は，差押債権者の申立てにより，〔任意売却〕実施の費用を査定する。

③　裁判官は，4か月を超えない期間内に事件を再審理する期日の日付を定める[176]。

④　前項の期日において，申立人が買受けを約する書面を提出し，かつ，売買の公正証書（acte authentique)[177]の作成及び締結を行う目的の場合に限り，裁判官は，延長期間を付与することができる。この延長期間は，3か月を超えることはできない。

第 R322-22条①　債務者は，任意売却を締結するのに必要な努力を尽くす。債務者は，差押債権者からの求めにより，任意売却締結に向けた進捗状況を報告する。

②　差押債権者は，いつの時点においても，債務者の懈怠の確認を求め，かつ，強制売却に関する手続の再開が命じられることを目的として，裁判官の下に債務者を呼び出すことができる。

③　手続の再開が売却方法決定期日の後でなされるとき，裁判官は，その2か月以上4か月以内の期間内に開かれる競売期日の日付を定める。この裁判は，差押債務者，差押債権者及び登記された債権者に対して送達される。

④　手続の再開を命じる裁判は，控訴の対象とならない。

第 R322-23条①　〔差押〕不動産の売却代金及び名目いかんを問わず買受人

---

[176]　要するに，これは，任意売却の締結には原則として最長4か月間の期間制限（ただし，例外的に，3か月間の延長が認められうる。本条4項参照）が設られていることを意味する。
[177]　公正証書（acte authentique；中村ほか8頁では，「公署証書」と翻訳される。）とは，「公署官（例えば，公証人）によって作成された書面であり」，「公署証書の，執行文を付与された執行謄本は，強制執行を可能にする」（中村ほか8頁）。日本法における公正証書に相当するものと言えるが，特に公証人が作成する証書は « acte notarié »（公証人証書）とも称される。

-178-

（acquéreur）から得られる全ての金額は，預金供託金庫に供託され，配当に供するため，配当に参加する債権者又は〔残金が生じる場合には〕債務者がこれについての権利を取得する。

② 買受人によって売却の締結がなされない場合には，撤回権（droit de rétractation）[178]に関する法律上又は規則上の規定が適用される場合を除き，買受人からの弁済金は，配当における売却代金に加えるために供託され続ける。

第 R322-24条① 売買証書作成の任を負う公証人は，受領証と引換えに，売却条件明細書の作成のために収集した資料を差押債権者から提出してもらうことができる。

② 査定された費用は，売却代金に加えて，買受人によって直接支払われる。

第 R322-25条① 事件を呼び戻す期日において，裁判官は，〔任意の〕売却行為が裁判官の定めた条件に適合するかどうか，また，代金が供託されているかどうかを確かめる。この条件が満たされて初めて，裁判官は，〔任意〕売却を許可する。これにより，裁判官は，債務者によって設定された抵当権及び先取特権の登記の抹消を命じる。

② 前項において言い渡された裁判は，控訴の対象とならない。

③ 裁判の公示を行う土地公示局は，差押前支払催告状の謄本の公示の欄外に裁判の公示を記載し，これに伴い登記の抹消を行う。

④ 任意売却を認めることができないときには，裁判官は第 R322-22条第 3 項及び第 4 項所定の要件の下で，強制売却を命じる。

第 4 節　競売（adjudication）による売却

第 1 款　一般規定

第 R322-26条① 執行裁判官は，強制売却を命じるとき，その裁判の言渡し

---

[178] ここでいう撤回権とは，消費法典等の各法典や規則において一方的に約束を撤回する権利一般を意味する。

から2か月以上4か月以内の期間内に実施される〔競売〕期日の日付を定める。

② 執行裁判官は，差押債権者の申立てにより，不動産の内覧（visite）[179]の方法を決める。

第 R322-27条① 前条第1項の期日において，差押債権者又はその者に代位する登記された債権者のいずれかが，売却を申し立てる。

② 債権者が売却の申立てをしないときは，執行裁判官は差押前支払催告の失効を確認する。この場合において，懈怠した差押債権者は，特別な理由による反対の裁判を執行裁判官がしない限り，差押えに要した費用全部について責任を負う。

第 R322-28条 強制売却は，不可効力（force majeure）の場合又は消費法典第 L331-3-1条若しくは第 L331-5条の適用によりなされる県個人過剰債務委員会の申立てに基づく場合[180]のほか，これを延期することはできない。

第 R322-29条 強制売却がその後の期日まで延期されるときは，最初の強制売却と同じ形式かつ同じ期間において，新たな公示が行われる。

第2款 公告（publicité）

第 R322-30条 強制売却は，本款所定の要件の下で，できるかぎり多数の競りの申出人（enchérisseurs）に対する情報提供を行うことを目的とする公告（publicité）がなされた後，遂行される。

---

[179] 内覧（viste；臨検）とは，裁判官が自ら検証するために，必要に応じて，確認，評価，整理等を行うことを意味する（山口編627頁参照）。

[180] この箇所は，その後，2017年5月6日デクレ第892号により，「消費法典第 L722-4条若しくは第 L721-7条の適用によりなされる県個人過剰債務委員会の申立て」という文言に改められている。

消費法典第 L722-4条及び同法典第 L721-7条（この2か条は，全く同じ文言である。）：「不動産差押えの場合，強制売却が命じられたときには，競売期日の延期は，重大であり，かつ正当に証明された原因を理由に，委員会から延期の申立てを受けた，不動産差押えを担当する裁判官の決定によってのみ行われる」。

第1目　法定の公告（publicité de droit commun）[181]

第 R322-31条①　強制売却は，競売期日前の1か月以上2か月以内の期間内に差押債権者の申出により公告される。

②　前項の目的のため，差押債権者は，通知を作成し，即時に，広く一般に公開されている裁判所管轄内の場所において掲示されるようこの通知を執行裁判官書記課へ提出し，かつ，差押不動産の所在する郡（arrondissement）[182]において発刊されている法律上の公告（annonces légales）の〔授権を受けた〕新聞1紙において，その通知の公告を行う。

③　第1項の通知には，次の各号所定の事項が表示される。

1　差押債権者及びその弁護士の氏名及び住所

2　差押不動産の表示，その性状，必要に応じて占有及び不動産の外面に関して知れたるあらゆる要素を示す概略的な現況説明並びに内覧を行った場合はその日時

3　最低競売価額

4　売却の日時及び場所

5　競り売りは，売却地の大審裁判所付きの弁護士会に登録されている弁護士によってのみ執り行われ得る旨の表示

6　売却条件明細書は執行裁判官書記課又は差押債権者側弁護士の事務所において閲覧することができる旨の表示

④　法律上の公告の〔授権を受けた〕新聞上で公告された通知には，〔前項各号所定の事項〕を除き，一切記載しない。

⑤　掲示される通知は，30ポイントよりも大きい文字で，A3（40cm×29.7cm）の型〔フォーマット〕において，作成される。

---

[181]　ここでの《 publicité 》は，第 R322-30条が定めるように，できるかぎり多数の競りの申出人（enchérisseurs）を集めるための事前の公告（annonce）を意味する。第 R322-31条から第 R322-35条までが法定の原則的公告の方法を定めているのに対して，第 R322-37条及び第 R322-38条が例外的に裁判によるその修正が認められる場合を定めている。

[182]　郡（arrondissement）とは，「法人格をもたない行政区画で，県と小郡〔canton〕の間に位置する。フランス本土におよそ320存在する」（中村ほか36頁）。

－181－

第 R322-32条① 第 R322-31条〔第1項〕所定の期間内において，差押債権者により，簡略化された通知が差押不動産の玄関に，これがなければ，その境界に貼り出され，かつ，通常の広告料金で，地方で発刊されている新聞の2期連続の刊行分において公告される。

② 前項の通知には，売却の強制的性質及び債務者の身元を除いて，以下の各号所定の事項が記載される。

1 不動産が公の競り売り（enchères publiques）により売却されること

2 不動産の性状及び住所

3 最低競売価額

4 売却の日時及び場所

5 売却条件明細書は，執行裁判官書記課又は差押債権者側弁護士の事務所において閲覧することができる旨の表示

③ 不動産に貼り出される通知の型〔フォーマット〕及び文字の大きさは，第R322-31条〔第5項〕所定の内容と同一である。

第 R322-33条 前条の通知を新聞に掲載したことについては，その新聞を1部提出することにより，不動産所在地に掲示したことについては，執行吏調書（procès-verbal d'huissier de justice）により，それぞれ証明する。

第 R322-34条① 売却後最初の取引日において，増加競売（surenchère）に基づき売却が実施される場合を除き，競売価格及び査定された費用が記載された期日調書の抜粋が，〔執行裁判官〕書記課により，増加競売が実施され得る期間において公開法廷の扉に掲示される。

② 前項の期日調書の抜粋には，最初の通知で示された不動産の概略的な現況説明，売却代金及び査定された費用が記載されるとともに，書記課が増加競売の申出を受け付ける権限を有する旨及びその申出は売却の後10日の期間内になされる旨が表示される。

第 R322-35条 増加競売又は再競売の場合，新たな売却は，法定の公告（publicité de droit commun）の後で実施される。

第 R322-36条 差押債権者又は登記された債権者は，執行裁判官の許可を得る

ことを必要とせず，売却を知らせる目的であらゆる情報提供の補充手段を講じることができる。ただし，この手段により，債務者に費用を負担させたり，強制競売であることや債務者の氏名を示したりしてはならない。

第2目 裁判による公告の調整

第 R322-37条① 執行裁判官に対して，差押債権者，登記された債権者の1人又は差押えを受けた当事者は，第 R322-31条から第 R322-35条までの定める公告措置を調整し，制限し又は補完するよう申立てをすることができる。

② 前項の申立ては，遅くとも競売期日より2か月以上前，売却方法決定期日において，又は〔増加競売の場合には〕売却から取引日2日以内に行われる。

③ 執行裁判官は，〔差押〕不動産の性状，価値，立地条件及びその他あらゆる個別事情を考慮に入れる。

④ 執行裁判官は，特に次の各号所定の事項を命じることができる。

　1　第 R322-31条及び第 R322-32条所定の事項に，その他〔差押〕不動産に関するあらゆる表示又は資料を加えること。

　2　執行裁判官の指示する他の情報伝達方法によって公告措置を講じること。

　3　第 R322-32条及び第 R322-34条所定の通知が，不動産の所在する市町村（communes）内の執行裁判官の指定する場所において掲示されること。

⑤ 執行裁判官が命令により裁判を行うとき，この裁判は控訴の対象とならない。

第 R322-38条 第 R322-37条の適用により執行裁判官によって命じられた公告措置は，申立人の申出及びその前払の費用によって実施される。

第3款 競り売り （enchères）

第1目 競りに参加する資格 （capacité）

第 R322-39条 次の各号所定の者は，自らであれ，仲介人によってであれ，競り売りに参加すること （se porter enchérisseur）ができない。

－183－

1　差押債務者

2　当該手続に何らかの資格において関与する裁判補助者（auxiliaires de justice）[183]

3　当該売却が実施される裁判所の司法官（magistrats）[184]

第2目　競り売りの進行

第 R322-40条① 　競りは，売却が実施される大審裁判所付きの弁護士会に登録されている弁護士を介して申し出る。

② 　前項の弁護士は，単一の委任しか受けることができない。

第 R322-41条① 　競り売りを行う前に，前条の弁護士は，委任者から，売却条件明細書の記載に従い，撤回不能な銀行保証金（caution bancaire）若しくは係争物管理人又は預金供託金庫の指示に従い作成される銀行小切手を，受領証（récépissé）と引換えに渡される。この保証金又は小切手の額は，最低競売価額の10％に相当し，3,000ユーロを下回ることができない。

② 　前項の受領証には，本条第3項及び第4項の規定が掲げられる。

③ 　係争物管理人又は預金供託金庫が受領した金銭は，競売期日後，買受人（adjudicataire）として宣言されなかった競りの申出人に返却される。

④ 　買受人が履行しなかったとき，支払われた金銭又は差し入れられた保証金は，不動産の代金とともに配当に供するため，配当に参加する債権者又は〔残金が生じる場合には〕債務者がこれについての権利を取得する。

第 R322-42条　差押債権者又は場合によっては増加競売の申出人により正当に証明された執行費用は，執行裁判官により査定され，競り売りの開始前に公告される。この査定金額を超えた額を請求することは，一切できない。これに反する記載は，全て書かれていないものとみなされる。

第 R322-43条　執行裁判官は，競り売りが，場合に応じて，売却条件明細書又

---

[183] 裁判補助者（auxiliaires de justice）とは，広く「訴訟手続きの進行および裁判の正常な運営を助けることを任務とする法律家」（中村ほか47頁）を指し，具体的には，弁護士，裁判所書記官や執行吏等がこれに該当する。

[184] 司法官（magistrats）とは，裁判官又は検察官を意味する。

は第 L322-6条第 2 項所定の裁判により定められた最低競売価額から開始する旨を改めて確認する。

第 R322-44条① 競りは，期限又は条件を付することができない。

② それぞれの競り〔の額〕は，先行する競り〔の額〕を上回らなければならない。

第 R322-45条① 競り売りは，最後の競りから90秒が経過した時点で中止される。この時間は，視覚又は音声によるあらゆる手段によって数え上げられ，これによりその場にいる者たちに対し 1 秒ずつ知らされる。

② 執行裁判官は，直ちに最後の競りの金額を確認し，この競りが競売（adjudication）となる。

第 R322-46条 最後に競りを行った弁護士は，期日（audeience）の終了までに，委任者の身元を書記官（greffier）に申し出なければならない。

第 R322-47条 裁判官が最低競売価額を変更した場合において，競りがないときは，差押不動産は，直ちに，当初の最低競売価額に至るまで，順次減額の上で競売に付される[185]。

第3目 競りの無効

第 R322-48条① 本節の規定に反するときは，職権により競りは，無効なものとされる。

② 適式な申出のなされた全ての新たな競りは，先行する競りの無効を追完する。

③ 最後の競りが無効であるときは，当然，競売を無効とする。

第 R322-49条 競りの有効性に関する異議申立ては，弁護士を介して，期日において口頭で行われる。執行裁判官は，即座に裁判を行い，場合によっては，

---

[185] この規定は，当初の差押債権者が提示した最低競売価額が不十分であったために裁判所がこれを増額した場合（第 L322-6条第 2 項），増額した金額での買受けをこの債権者に強制することはできないことから，当初の最低競売価額まで順次減額しながら競り売りを行い，それでもなお買受けの申出がないときは，当初の最低競売価額で差押債権者が買い受けるものとする，という趣旨である。

－185－

第 R322-43条所定の要件の下で競り売りを再開する。

第4款　増加競売 (surenchère)

第 R322-50条　誰でも，少なくとも当初の売却価格の10分の1〔の金額を売却価格に上乗せする〕増加競売を行うことができる。

第 R322-51条①　増加競売〔の申出書〕は，弁護士により作成され，競売後10日以内に執行裁判官書記課に提出されるものとし，これに反するときは受理されない。増加競売〔の申出〕は，増競期日決定の申立てとされる。

②　前項の弁護士は，委任者から，当初の売却価格の10分の1〔の金額〕に相当する撤回不能な銀行保証金又は銀行小切手を渡されていることを証明する。

③　増加競売の申出 (déclaration) は，撤回することができない。

第 R322-52条①　遅くとも増加競売の申出から取引日3日目までには，増加競売の申出人 (surenchérisseur) は，差押債権者，競売人 (adjudicataire) 及び差押債務者に対して，執行吏証書又は弁護士間での送達により増競申出を通告し，これに反するときは，〔増競申出は〕受理されない。通告文書には，第 R311-6条及び本条第2項の規定が掲げられるほか，第 R322-51条第2項所定の証明書の写しが添付される。

②　増加競売の有効性について，前項の通告から15日以内に異議を申し立てることができる。

第 R322-53条①　増競期日は，増競申出から2か月以上4か月以内の期間内において，執行裁判官により定められる。

②　増競申出に対する異議申立てがある場合には，前項の期間は，〔異議申立てを〕棄却する裁判の日から起算する。

③　差押債務者，差押債権者，登記された債権者，競売人及び増加競売の申出人は，配達証明付書留郵便 (lettre recommandée avec demande d'avis de réception) によって，増競期日の日付について書記課から通知を受ける。

第 R322-54条　公告の手続は，増加競売の申出人，さもなければ差押債権者の

－186－

申出により，増加競売により修正された最低競売価格決定に基づいて，実施される。

第 R322-55条① 〔増競〕期日において，競り売りは，第 R322-39条から第 R322-49条までの規定所定の要件の下で，増加競売により修正された最低競売価格決定に基づいて，再開される。

② 前項の〔増加競売に対する〕競りが行われないときには，増加競売の申出人が競売人として宣言される。

③ 再度の競売に対する増加競売は，受理されない。

第5款　代金の支払

第 R322-56条　第 L322-12条の適用により競売人が支払義務を負う代金の係争物管理人に対する支払又は預金供託金庫への供託は，終局的な競売日から2か月の期間内に行われるものとし，これが行われないときは，再競売が行われる。この期間が経過すると，売却代金には，代金の完済又は供託までの法定利息が当然加算される。

第 R322-57条　現金が〔係争物管理人により〕保管されるとき，売却条件明細書所定の利率（ただし，預金供託金庫により付与される利息の率を上回ることはできない。）による利息が発生する。この利息は，不動産の代金とともに配当に供するため，〔配当に参加する〕債権者又は〔残金が生じる場合には〕債務者がこれについての権利を取得する。

第 R322-58条① 査定された売却費用又は増加競売が行われた場合における競売の費用及び移転登録手数料（droits de mutation）は，売却代金に加算され，優先的に競売人から支払われる。この支払に関する証拠書類は，終局的な競売の日から2か月の経過前に書記課に提出されるものとし，この提出がなければ再競売が行われる。

② 前項の規定に反する記載は，全て書かれていないものとみなされる。

－187－

第6款　競売判決（jugement d'adjudication）及び売却証書

第 R322-59条　判決一般について定められた事項のほか，競売判決は，売却方法決定判決（jugement d'orientation），異議申立てに関する判決及び売却条件明細書を引用する。競売判決には，差押債権者，代位が生じた場合には差押債権者の権利に代位する債権者が表示される。競売判決には，公告の手続及びその日付，競売された不動産の表示，強制売却の日付及び場所，競売人の身元，競売代金並びに査定された費用の額が記載される。異議申立てについて同時に裁判する場合には，その異議申立てを記載する。

第 R322-60条① 　競売判決は，差押債権者，債務者，登記された債権者，競売人及び競売裁判において判断される異議を申し立てた全ての者に対して送達される。

② 　異議申立てについて裁判をする競売判決についてのみ，その送達から15日の期間内において控訴の対象とされる。

第 R322-61条① 　売却証書は，執行文（formule exécutoire）の付された売却条件明細書の謄本の後に競売判決が移記された（transcrit）ものにより構成される。

② 　競売人により提供された身元情報が土地公示の要請の観点から不完全であるとき，競売人の弁護士は，競売期日から遅くとも取引日3日目までに，書記課に書面による申告を行うことで，これを補完する。この補完の申告は，売却証書に添付される。障害（difficulté）のある場合，書記課は，控訴の対象とならない命令によって裁判を行う裁判官に一任する。

第 R322-62条① 　売却証書は，書記官によって競売人に交付される。差押債権者も，競売人が自ら公告手続を行おうとしない場合に，この手続を行うために，その申立てにより，売却証書の交付を受ける。

② 　強制売却が複数の部分に分割して行われた場合には，各買受人に1通の謄本が交付される。

③ 　費用の支払に関する領収書は，売却証書に添付される。

第 R322-63条　売却証書は，買受人又は配当に参加した債権者の申立てにより，

－188－

裁判による売却に関する規律に従い不動産登記簿に公示される。

第7款　競売の効果

第 R322-64条　売却条件明細書に差押債務者の継続使用（maintien dans les lieux）があらかじめ記載されていなければ，競売人は，売却代金の支払又はその供託と査定された費用の支払を行った後，差押債務者又は第三取得者（saisi）及び競売人に対抗できる権利を自ら一切持たない全ての占有者に対する明渡名義（titre d'expulsion）の執行をすることができる。

第 R322-65条①　競売人の申立てにより，執行裁判官は，債務者によって不動産に設定されている抵当権及び先取特権の消除（purge）を確認し，不動産登記簿のこれらの登記の抹消を命じる。

②　前項の命令は，控訴の対象とならない。

第8款　再競売（réitération des enchéres）

第 R322-66条　競売人が定められた期間内に売却代金，査定された費用又は移転登録手数料を支払わないときは，差押債権者，登記された債権者又は差押債務者の申立てにより，当初の強制売却の要件の下で，不動産は再度売却にかけられる。

第 R322-67条①　再競売を行う全ての者は，競売人が，売却代金の弁済若しくは供託，査定された費用の支払又は移転登録手数料の支払のいずれかについて証明しなかったことの証明書を書記課から交付される。

②　再競売を行う全ての者は，差押債務者又は第三取得者（saisi），競売人及び売却を求めた債権者がいる場合にはこの債権者に，前項の証明書を送達する。

③　執行吏証書〔一般〕について定められた事項のほか，買受人に対する送達には，次の各号所定の事項を含まなければならず，これがなければ無効とする。

　1　8日の期間内に，売却代金，査定された費用及び移転登録手数料を支払わなければならない旨の催告

-189-

2 第 L322-12条第 2 項並びに第 R311-6条，第 R322-56条，第 R322-58条，第 322-68条，第322-69条，第 R322-72条の規定の注意書き

第 R322-68条　競売人は，送達を受けた後，15日の期間内において前条の証明書に対する異議を申し立てることができる。この異議申立てに対する執行裁判官の行う裁判は，控訴の対象とならない。

第 R322-69条① 　競売人が自らに対する催告に応じないときは，不動産は，新たな競り売りの方法によって再度売却にかけられる。

② 　新たな売却期日は，再競売を行う当事者の申立てにより，書記課から買受人への証明書の送達日から 2 か月以上 4 か月以内の期間内において，執行裁判官により定められる。

③ 　第 R322-67条所定の証明書に対する異議申立てがある場合には，前項の期間は，〔異議申立てを〕棄却する裁判の日から起算する。

④ 　差押債務者，差押債権者，登記された債権者及び〔売却代金等の〕支払を履行しなかった競売人は，配達証明付書留郵便により，第 2 項の期日について書記課から通知を受ける。

第 R322-70条① 　公告の手続は，第 R322-31条から第 R322-36条までの定める様式及び要件の下で，やり直される。

② 　前項の手続において，競売の価額も改めて定められる。

第 R322-71条　再競売は，期日において，第 R322-39条から第 R322-49条までの定める要件の下で，行われる。

第 R322-72条① 　当初の売却につき〔売却代金等の〕支払を履行しなかった競売人は，この競売の際の査定された費用を支払う義務を負い続ける。当初の競売から 2 か月の期間を徒過すると，前項の競売人は，新たな売却までの間，自らの競りにつき法定利息を支払う義務を負う。

② 　新たな競売により競売人として宣言された者は，再競売に関する費用を支払う義務を負う。

第3編　売却代金の配当

第1章　総則

第R331-1条　不動産の売却代金の配当は，差押債権者の申立て[186]によって実施する。ただし，差押債権者の申立てがないときは，他の債権者又は債務者の申立てによる。

第R331-2条　配当手続の費用は，異議申立て[187]の費用を除き，配当を申し立てた者によって予納され，他のあらゆる費用に優先して支払われる[188]。

第R331-3条①　この編の定める不動産売却代金の配当手続は，反対の規定のない限り，執行手続外で売却された不動産にかかる抵当権登記の滌除[189]後に行われる債権者間における売却代金の分配に，適用される。

② 　前項の場合には，手続は，当事者の申立てにより，大審裁判所において行われる。

③ 　裁判所は，預金供託金庫に対する供託がされないときは，係争物管理人を選任する。係争物管理人の報酬は，各債権者がその受けるべき金額に比例して負担し，配当原資から優先して支払われる。異議の申立てがあった場合には，裁判所が報酬を定める。

---

[186]　具体的には，当該不動産差押手続を担当した執行裁判官に対する申立て（requête）によることになる。PIÈDELIÈVRE, *Procédures civiles d'exécution*, Economica, 2016, p. 705, n° 679参照。

[187]　原文は contestation ou réclamation であるが，contestation と réclamation という2種の手続が存在するわけではなく，後者は前者を言い換えたにすぎないもののようである。

[188]　手続費用は，不動産に対する一般先取特権として（民法典第2375条第1号），配当の対象とされている（第L331-1条）。

[189]　滌除（purge）は，抵当不動産の第三取得者が取得代金額の抵当権者への支払を申し出ることにより，抵当権を消滅させるものであり，民法典第2475条以下に規定がある。本条は，この滌除に伴う売却代金の分配についても，強制執行の場合に準じる旨を定めたものである。

第2章　合意による配当

第 R332-1条① 　第 L331-1条の定める要件を満たす債権者が1人のみである場合には，この債権者は，売却証書の公示から2か月の期間内に，係争物管理人又は預金供託金庫に対し，配達証明付書留郵便により，その債権の支払を請求する。

② 　支払の請求には，理由を付する。

③ 　配当が不動産差押えに基づいて行われる場合には，請求には，差押えの効力を有する差押前支払催告の公示の日に発行された登記事項証明書（état hypothécaire），売却方法決定判決（jugement d'orientation）及び競落判決又は審判手続の終結を確認する判決（jugement constatant la fin de l'instance）[190]の執行文のある写し，任意売却の契約書の写し，並びに差押前支払催告の公示の日以後に登記され，かつ，手続に参加した債権者のないことを確認する執行裁判官所属裁判所の書記局の証明書を添付する。書記局の証明書は，売却証書の公示から1か月の期間を経過した後でなければ，発行することができない。

④ 　係争物管理人又は預金供託金庫は，請求から1か月以内に支払を行う。この期間を徒過した場合には，支払うべき金額につき法定利息が発生する。

⑤ 　係争物管理人又は預金供託金庫は，前項に定める期間内に，債務者に対して債権者に支払った金額を知らせ，残金がある場合には，これを債務者に交付する。

⑥ 　係争物管理人又は預金供託金庫は，提出された資料から第 L331-1条の定める要件を満たす債権者が他に存することが認められる場合を除き，支払を拒むことができない。異議がある場合には，差押債権者又は債務者の申立てにより，執行裁判官が裁判する。

第 R332-2条① 　第 L331-1条の定める要件を満たす債権者が2人以上いるとき

---

[190] この判決は，任意売却を確認する判決を指すようである（第 R322-25条参照）。

は，差押債権者は，売却証書の公示から2か月の期間内に，登記された債権者及び民法典第2375条に定める債権者で知れている者に対して，その現在の債権を届け出るべき旨の催告を送達する。

② 債権の最新の明細は，催告の日から15日の期間内に，弁護士の作成する書面で提出する。提出をしなかった債権者は，第R322-7条第4号又は第R322-13条に定める届出以後の利息を失う。これらの規定により債権届出をすべき場合に当たらないときは，前項の催告は，第L331-2条にいう催告の効力を有する。

③ 債権届出の催告を受けたにもかかわらず届出をしなかった債権者は，第L331-2条の適用により配当手続において生ずる失権にかかわらず，残金からの分配を受けるため，前項に定める方法によりその債権を届け出ることができる。

第R332-3条 差押債権者は，配当案（projet de distribution）を作成する。差押債権者は，このために他の債権者を呼び出すことができる。

第R332-4条 配当案は，現在の債権を届け出るために債権者に認められた期間の満了から1か月の期間内に作成され，第R332-2条に定める債権者及び債務者に送達され，建物（immeubles bâtis）の区分所有に関する規律を定める1965年7月10日の法律第557号第20条に規定する異議申立てをした管理者（syndic）[191]に，配達証明付書留郵便により送達される。

第R332-5条 配当案の送達書類には，次の各号に掲げる事項を記載しなければならず，これに反する場合には送達は無効とする。

1 差押債権者に対して，必要な証拠書類を添付して，弁護士間文書により，理由を付して異議申立てをすることができること。

2 送達の受領から15日の期間内に異議申立てがないときは，配当案は承諾されたものとみなされ，認可のために執行裁判官に提出されることとなる

---

[191] 同法第20条第1項によれば，区分所有建物の管理者は，区分所有権が譲渡された場合，譲渡人に管理組合に対する債務があるときは，譲渡人に対する代金の交付につき異議を述べることができるものとされる。

-193-

こと。

第 R332-6条①　送達の受領から15日の期間内に異議申立てがないときは，差押債権者又は配当案記載の債権者は，裁判官による配当案の認可を申し立てる。この申請は，上記の期間の満了から1か月の期間内にしなければならず，これに反する場合には不受理となる。

②　執行裁判官は，手続に参加する全ての債権者及び債務者に異議申立ての機会が与えられていたことを確認した後に，配当案に執行力を付与する。

第 R332-7条　配当案に対して異議申立てがあったときは，申立人は，配当案記載の債権者及び債務者を呼び出す。利害関係人は，最初の異議申立てから15日以上1か月以内の期間内に招集される。

第 R332-8条①　手続参加債権者と債務者とが売却代金の配当につき合意に達し，かつ，第 R331-3条が適用される場合においては登記及び公示の抹消についても合意に達したときは，調書が作成され，債権者及び債務者が署名する。

②　調書の写しは，債務者及び債権者に交付され，又は送付される。

③　執行裁判官は，申立てにより，提出された合意調書に，その適式性を審査した後に，執行力を付与する。

第 R332-9条　この章の規定による送達及び召喚は，弁護士を選任していない債務者に対して執行吏送達をする場合を除き，弁護士間の送達に関する規定の定めるところによる。この場合には，民事訴訟法典第652条[192]が適用される。

第 R332-10条①　第 R332-6条及び第 R332-8条に規定する申請には，以下の各号に掲げる文書を添付する。

1　売却の公示以後に交付された登記事項証明書

2　配当案の受領を証する文書

3　配当案又は登記及び差押えの効力を有する差押前支払催告の抹消許可を内容とする合意があるときは，その合意調書

---

[192]　民事訴訟法典第652条は，裁判上の代理人がある場合には，送達は原則として代理人に対してすべき旨を定める規定である。

② 売却代金が不動産差押によるものであるときは，以下の各号に掲げる文書も添付する。

1　売却条件明細書（cahier des conditions de vente）[193]

2　売却方法決定判決

3　売却を確認する判決及び場合により任意売却契約書又は競落判決の写し

③ 申請についての裁判に対しては，控訴をすることができない。

第3章　裁判による配当

第R333-1条① 執行文のある合意調書がない場合には，差押債権者は，配当案，合意を困難とする事情を示す調書その他の有益と認められる全ての書面を提出して，執行裁判官に申立てをする。

② 差押債権者が申立てをしない場合には，いずれの利害関係人も，裁判による配当を求めるため，執行裁判官に申立てをすることができる。配当が不動産差押えから生ずる金額についてされる場合には，申立ては第R311-6条の規定に従ってする。その他の場合には，申立ては呼出しによる。

第R333-2条 一括売却される数個の不動産の売却代金の割り付けが必要となる場合には，裁判官は，申立てにより又は職権で，鑑定人選任命令を発することができる。裁判官は，割り付けの決定の基礎となる報告書を鑑定人が提出すべき期間を定める。

第R333-3条① 裁判官は，配当表（état des répartitions）を作成し，配当の費用について裁判する。不動産に債務者に対する抵当権及び先取特権の登記がある場合には，裁判官はその抹消を命ずる。

② 配当表を決定する判決に対する控訴は，執行停止の効力を有する。

---

[193]　売却条件明細書については，第R322-10条及び第R322-11条を参照。

第4章　共通規定

第 R334-1条① 　売却証書の公示の後，登記事項証明書上第一順位の債権者は，執行裁判官に対する申請により，係争物管理人又は預金供託金庫によるその債権の元本の仮払いを求めることができる。

② 　執行裁判官の〔仮払いの〕裁判は，第一順位の債権者により，債務者及び他の登記された債権者に送達される。これらの者は，15日の期間内に，この裁判に対して異議を申し立てることができる。この債権の利息，費用及び附帯金は，配当案が確定した後に支払われる。

③ 　これに反するあらゆる条項は，書かれていないものとみなされる。

第 R334-2条　係争物管理人又は預金供託金庫は，認可された配当案，執行文のある合意調書又は配当表を定める裁判の執行文のある写しの送達を受けてから1か月の期間内に，債権者及び場合により債務者に対する支払を行う。

第 R334-3条　売却代金の交付又はその預金供託金庫への供託が債務者に対して弁済の全ての効果[194]を生じるまでの期間は，6か月とする。

---

[194] この効果については，第 L334-1条参照。

第4巻　明渡執行

第1編　明渡執行の要件

第1章　総則

第 R411-1条① 建物を明け渡すべき旨の催告は，執行吏証書を明渡対象者に
送達して行う。この催告書は，次に掲げる事項を含まなければならず，これ
に反するときは，無効とする。

1　明渡執行実施の根拠とされる執行名義の表示

2　明渡猶予の申立て（demandes de délais）及び明渡執行の実施に関する
全ての異議を申し立てることができる裁判所の表示

3　建物を明け渡すべき日の表示

4　前号に規定する日以後，債務者及びその者の権原に基づいて占有する全
ての者に対し，強制的な明渡しの手続をすることができる旨の警告

② 前項の催告書は，判決の執行吏送達と同時に交付することができる。

第 R411-2条　建物を明け渡すべき旨の催告書は，選定住所[195]に送達すること
ができない。

第 R411-3条　不動産又は住居の明渡し又は集団的明渡し（évacuation）の対
象者の氏名が不詳のときは，催告書は，必要となる場合に備えて（à toutes
fins），検察官に引き渡す。

第2章　住居又は職業用建物に関する特則

第 R412-1条① 明渡執行は，明渡対象者又はその者の権原に基づいて占有す

195　第 R221-4条の注（85）参照。

-197-

る全ての者の主たる住居[196]について行うときは，建物を明け渡すべき旨の催告書は，第 R411-1 条に規定する事項のほか，第 L412-1 条から第 L412-6 条までの規定の文言の記載を含まなければならず，これに反するときは，無効とする。

② 前項の規定にかかわらず，第 L412-7 条を適用するときは，第 L412-3 条から第 L412-6 条までの規定の文言は，〔前項の催告書に〕記載しない。

③ 第 L412-8 条を適用するときは，第 L412-1 条から第 L412-6 条までの規定の文言は，〔第 1 項の催告書に〕記載しない。

第 R412-2 条① 明渡執行は，明渡対象者又はその者の権原に基づいて占有する全ての者の主たる住居について行うときは，明渡しを命じる裁判官又は第 L411-1 条に規定する建物を明け渡すべき旨の催告書の交付の前に，第 L412-3 条及び第 L412-4 条に基づく明渡猶予の申立てについて裁判する裁判官は，住居権を実現するための1990年 5 月31日法律第449号に規定する困窮者の住居のための県の行動計画[197]の中で，代替住居を求める占有者の申立てが配慮されるようにするため，裁判所書記課を介し，その命令又は判決を県知事に送付する旨を，職権でも，決定することができる。

② 第 L412-5 条の適用については，執行吏は，不動産の所在地の県知事に，配達証明付書留郵便又はオンラインで，建物を明け渡すべき旨の催告書の写しを送付する。

③ 〔前項の場合には〕執行吏は，可能な限り，明渡執行の対象とされる占有者及びその者と同居している者に関する全ての情報を伝達する。

---

[196] 2017年 1 月の改正により第 L412-1 条の「主たる住居」の文言は「住居」に改められている（第 L412-1 条の注〔136〕参照）ので，本条や第 R412-2 条の文言もいずれ同様に改正されるものと思われる。

[197] 1990年 5 月31日法律第 1 条は，困窮者とその家族に対し，適切で独立した住居へのアクセス等のために，地方公共団体の援助を受ける権利を認め，このための県の行動計画につき，同法第 2 条以下に詳しく規定する。この行動計画では，賃貸住宅の明渡執行（expulsions locatives）を回避するための措置等も定めることになっており（同法第 4 条Ⅳ第 4 号），その一環として，各県は，明渡執行回避要綱を策定し（同法第7-1条），賃貸住宅明渡執行回避活動調査委員会（CCAPEX）を設けることとされている（同法第7-2条）。CCAPEX に関し，第 L412-5 条及び同条の注（144）参照。

第 R412-3条 第 L412-3条の規定の適用については，裁判官は，職権でも，同条に規定される期間を付与することができる。

第 R412-4条 建物を明け渡すべき旨の催告書の執行吏送達以後は，第 L412-2条から第 L412-6条までの規定の適用に基づく全ての明渡猶予の申立ては，不動産の所在地の執行裁判官に申し立てる。

第2編　執行上の障害の回避　〔規定なし。法律部に規定あり。〕

第3編　明渡執行の実施

第1章　総則　〔規定なし。法律部に規定あり。〕

第2章　明渡執行調書

第 R432-1条① 執行吏は，明渡執行実施の調書を作成する。この調書は，次に掲げる事項を含まなければならず，これに反するときは，無効とする。

1　実施された手続の状況及び必要となった援助をした者の身元

2　明渡執行の実施に関する異議について裁判する管轄裁判所の表示

② 〔前項の〕調書には，前項第1号に該当する全ての者が署名する。署名を拒むときは，その旨を調書に記載する。

第 R432-2条 明渡執行調書は，明渡対象者に交付し，又は執行吏送達する。

第3章　動産の処理

第1節　総則

第 R433-1条 動産が現場に残置され，又は執行吏により適当な場所に保管されたときは，明渡執行調書は，〔第 R432-1条第1項各号に掲げる事項の〕 ほ

-199-

かに，次に掲げる事項を含まなければならず，これに反するときは，無効とする。

1　当該動産の目録及びそれらが市場価値を有すると認められるか否かの記載

2　当該動産が保管されている場所及びその建物のアクセスの条件の表示

3　当該調書の執行吏送達から1か月の更新することができない期間内に動産を引き取らなければならず，引取りのないときは，残された動産は，裁判官の決定に基づき，公の競り売りで売却し，又はその放棄を宣言することができる旨の極めて明瞭な文字による催告

4　明渡対象者は，指定された期日に，その日までに引取りのなかった動産の処理について決定するため，不動産の所在地の執行裁判官のもとに出頭すべき旨の召喚。当該期日は，前号に規定する期間の経過する日より前とすることができない。当該調書には，第R121-6条から第R121-10条までの規定の文言を記載する[198]。

第R433-2条　第L433-1条に規定する期間は，明渡執行調書の執行吏送達から1か月とし，この期間は，更新することができない。

第R433-3条①　明渡対象者の動産の全部又は一部が，保管された場所から引き取られなかった場合のための期日については，明渡執行調書の写しの提出と共に，裁判官に申し立てる。

②　前項の期日においては，執行吏を審尋することができる。

第R433-4条　〔前条の〕期日の日までに全部の動産が引き取られたときは，〔当該動産を保管していた〕建物の所有者は，裁判所書記課宛の書面又は陳述により，その旨を裁判官に通知する義務を負う。

第R433-5条①　現場に残置され，又は適当な場所に保管された動産が市場価値を有するときは，裁判官は，差押えが性質上禁止されるものも含め，当該動産を公の競り売りによる売却に付す旨を決定することができる。

---

[198] この第4号の後段部分は，前段に定める期日の手続に関する規定の記載を求めるものとみられる。

② 前項の動産は，その目録を作成した後，売却差押えの例により，その強制売却の手続を行う。

③ 売却代金は，費用及び賃貸人の債権があるときは，その債権額を控除した後に，明渡対象者のために預金供託金庫[199]に供託する。売却を担当する裁判所付属吏は，当該対象者に対し，その現在の居住地又はそれが不明のときは，その最後の住所地に宛てた配達証明付書留郵便により，その旨を通知する。

第 R433-6条① 市場価値の全くない動産については，放棄の宣言をすることができる。ただし，個人的な性格を有する文書については，この限りでなく，執行吏は，当該文書を封筒に入れて封印し，2年間保管する。

② 前項〔ただし書[200]〕に規定する処理は，前条第3項の例により，明渡対象者に通知する。

③ 第1項に規定する期間が経過したときは，執行吏は，保管していた文書を破棄し，かつ，調書を作成し，この調書に破棄した公文書及び銀行証書について記載する。

第2節　処分を禁止される動産

第 R433-7条 ①建物に所在する動産が，他の債権者の先行する差押えのために処分を禁止されているときは，当該動産は，係争物管理人に引き渡す。ただし，明渡対象者が，当該動産を移動すべき場所を指定したときは，この限りでない。明渡執行調書において，当該動産を保管する場所を表示するとともに，その目録を作成する。

② 〔前項の〕調書は，〔当該動産の〕差押債権者に通知する。建物の所有者が差押えに参加しようとするときは，当該調書の通知に伴い，参加申立てをする。

199　第 L143-2条第2項の注（48）参照。
200　本条第1項は，訳文では本文と但書に書き分けているが，原文では1文である。

−201−

第4編　執行上の障害

第1章　明渡対象者の再入居

第 R441-1条①　明渡対象者が無権原で同一の建物に再入居することは、明白な違法行為[201]となる。

②　以前に執行吏送達された建物を明け渡すべき旨の催告書は、引き続き効力を有する。第 R412-2条は、〔この場合には〕適用しない。

第2章　異議

第 R442-1条　本巻の規定の適用に関する異議は、不動産の所在地の執行裁判官に対して申し立てる。

第 R442-2条①　第 R121-11条の規定にかかわらず、明渡しを命じる裁判の執行に関する申立ては、配達証明付書留郵便により、又は受領証と引換えに〔口頭で〕陳述し、若しくは陳述書を提出することにより、執行裁判官の書記課にすることができる。

②　執行裁判官が小審裁判所裁判官の職務を兼務する場合において、申立てが大審裁判所書記課にされたときは、その申立ては、適法にされたものとみなし、直ちに小審裁判所書記課に送付する。この処理は、申立人に普通郵便で通知する。

第 R442-3条　前条の適用による申立ては、民事訴訟法典第58条[202]に規定する

---

[201]　第 L412-1条の注（137）参照。

[202]　申請又は陳述（déclaration）は、原告（申立人）が、相手方に予め通知せず、裁判所に事件を係属させる行為であるとし、申請書・陳述書の必要的記載事項として、①原告が自然人の場合は、氏名、職業、住所、国籍、生年月日及び出生地、法人の場合は、種類、名称、主たる事務所の所在地及び法律上の代表機関、②訴訟の目的（objet de la demande）を挙げる（相手方に関する記載も必要であるが、これは、第 R442-3条に規定する事項と同様のため、省略）。こ

事項のほか，理由の要旨，相手方の氏名及び住所又は相手方が法人のときは，その名称及び主たる事務所の所在地を含まなければならず，これに反するときは，無効とする。

第 R442-4条① 第 R442-2条を適用するときは，裁判所書記課は，申立人に，期日の場所及び日時を何らかの方法で通知する。

② 相手方の召喚は，配達証明付書留郵便によってする。この召喚状には，申立て〔書〕の写しを含み，相手方に対し，出頭せず，又は防御方法を提出しないときは，申立人が提出した資料のみに基づいて判決を受けるおそれのある旨を警告し，第 R121-6条から第 R121-10条までの規定の文言を記載する。この召喚は，欄外署名[203]と引換えに口頭でもすることができる。

③ 書留郵便が名宛人に交付されることができず，裁判所書記課に返送されたときは，裁判所書記官は，その旨を申立人に通知し，民事訴訟法典第670-1条[204]の例による手続を行うよう促す。

第５編　放棄された建物の取戻しに関する固有の規定

単独章

第 R451-1条 第 L451-1条の規定の適用について，執行を職務とする執行吏は，次に掲げる場合に，建物の取戻しの手続をする。

1 明渡対象者及びその者の権原に基づいて占有する者が，第 L411-1条に規定する催告書の執行吏送達後に任意に建物を退去した場合

の他，③原則として，ADR による紛争解決のための努力を明らかにし，④日付・署名を付す旨を定める。

203 第 R125-2条第３項第１号の注（42）参照。

204 配達証明書に署名のない送達書面が裁判所書記課に返送された場合，裁判所書記官は，当事者に，執行吏送達の方法によるよう促す旨を定める。

2　1989年7月6日法律第462号第14-1条[205]の適用のための2011年8月10日デクレ第945号第1条から第8条までの規定[206]が定める要件に従い，確定した裁判により，放棄された建物の取戻しが認められた場合

第 R451-2条　執行を職務とする執行吏は，第 R432-1条に規定する要件に従い，建物の取戻し実施の調書を作成し，第 R432-2条の規定に従い，当該調書を執行吏送達する。

第 R451-3条　第 R451-1条第1号に規定する場合においては，建物の取戻し実施の調書は，建物を明け渡すべき旨の催告書に定める期間が経過する前に作成することができる。

第 R451-4条①　第 R451-1条第2号に規定する場合については，次のとおりとする。

1　現場に残置された動産の競り売りによる売却の場合には，この売却は，第 R433-5条第2項及び第3項に規定する要件に従って行う。個人的な性格を有する文書の処理については，第 R433-6条の定めるところによる。

2　建物の取戻しの実施の際に，当該建物が明渡対象者又はその者の権原に基づく全ての者により再び占有されたことが判明したときは，執行吏は，

---

[205]　賃貸住宅の賃借人による放棄に関する規定で，次のようなことを定める。賃貸住宅が放棄されたとみられる場合，賃貸人は，賃借人に対し，住宅の占有を証明するよう，付遅滞の手続（執行吏の作成する証書の送達）をとり得る。1月以内に賃借人がこれに応じないときは，執行吏は，本法典第 L142-1条及び第 L142-2条の要件に従い，住宅の放棄状態を確認する手続をとり得る。賃貸借契約の解約の裁判に備えて，執行吏は，調書を作成し，住宅が放棄されたものと認めるときは，調書に，残置された動産の目録やその市場価値の有無を記載する。裁判官は，賃貸借契約の解約を認めるときは，残置された動産につき売却の許可・放棄の宣言ができる。本条（1989年7月6日法律第14-1条）の適用に関し，デクレで定める（2011年8月10日デクレがこれに該当する）。

[206]　放棄された賃貸住宅の取戻しのため，1989年7月6日法律第14-1条に基づき，賃貸借契約の解約を求める裁判手続について定める。この手続は，小審裁判所の管轄に属し，申請によって申し立て，執行吏が作成した放棄を証明する調書（前掲注（205）参照）も添付する。申請を排斥する裁判に対しては，不服を申し立てることができない。裁判所が申請を認めるときは，賃貸借契約の解約を認め，建物の取戻しを命じるほか，賃貸借契約に基づく金銭の支払，残置された動産の売却の許可・その放棄の宣言をすることもできる。この裁判（命令の形式をとる）に対しては，その執行吏送達から1月内に，賃借人は，異議を申し立てることができるが，この期間内に異議の申立てがないときは，上記裁判は確定する。

新たな明渡しの執行名義を要しないで，本巻第1編から第4編までの規定
に従い，手続を行う。

3　第 R441-1条の適用について，建物の取戻しの実施後に明渡対象者が無
権原で再入居し，明白な違法行為となる場合においては，建物の取戻しを
認める確定した裁判の執行吏送達は，建物を明け渡すべき旨の催告に代わ
るものとする。

4　第 R442-1条から第 R442-4条までの規定は，適用する。

②　〔本巻〕第1編から第4編までの他の規定は，適用しない[207]。

---

[207]　この第2項の規定は，前項柱書の場合に関するもののようである。

第5巻　保全処分

第1編　総則

第1章　実施の要件

第 R511-1条① 　第 L511-1条に定める許可は，申請によって申し立てる。

② 　第 L511-2条に定める場合を除き，裁判官の事前の許可が必要とされる。

第 R511-2条 　保全処分の許可については，債務者が居住する地の裁判官が管轄権を有する。

第 R511-3条 　第 L511-3条又は第 R511-2条の規定に反するあらゆる約定は，無効とする。申立ての係属した裁判官は，管轄違いについて，職権で顧慮しなければならない。

第 R511-4条 　裁判官は，保全処分の許可によって保全されるべき債権の額を定め，保全処分の対象となる財産を特定しなければならず，これらに反するときは，その命令は無効とする。

第 R511-5条① 　裁判官は，保全処分を許可するときは，その裁判又は執行方法につき，対審の弁論により再審査することを決定することができる。

② 　前項の場合には，裁判官は，期日を指定する。ただし，より早い期日を求める債務者の権利を妨げない。

③ 　債権者は，必要な場合には保全処分の通知書において，債務者を呼び出す。

第 R511-6条 　裁判官の許可は，保全処分が発令の日から3か月の期間内に執行されない場合には，効力を失う。

第 R511-7条① 　保全処分につき執行名義が存する場合を除き，債権者は，処分の執行から1か月以内に，執行名義を取得するための手続を開始し，又は取得に必要な方式を履践（accomplit les formalités nécessaires）[208]しなければ

---
[208] ここでいう必要な方式の履践とは，既に判決等があるが，執行力取得のためになお一定の

－206－

ならず，これに反するときは，保全処分は効力を失う。

② 前項の規定にかかわらず，前項の定める期間内に申し立てられた支払命令（injonction de payer）[209]の申請が却下された場合には，却下命令から1か月以内は，なお本案事件の裁判官に有効に申立てをすることができる。

第R511-8条 処分が第三者に対して実施される場合には，債権者は，第R511-7条の規定を遵守したことを証する文書の写しを，遵守の日から8日の期間内にその第三者に対して執行吏送達する。これに反するときは，保全処分はその効力を失う。

第2章 異議申立て

第R512-1条① 第R511-1条から第R511-8条までに定める要件が満たされていない場合には，第L511-2条が保全処分に許可を要しないと定める場合であっても，裁判官は，当事者を聴取し，又は呼び出して，何時でも，処分の取消しを命ずることができる。

② 要件が満たされていることについては，債権者が証明しなければならない。

第R512-2条 取消しの申立ては，処分を許可した裁判官に対してする。処分が裁判官の事前の許可を要しないときは，申立ては，債務者が居住する地の執行裁判官に対してする。ただし，処分が商事裁判所の管轄に属する債権を理由とするときは，取消しの申立ては，あらゆる訴訟に先立ち，同じ地の商事裁判所所長に対してすることができる。

第R512-3条 その他の異議の申立ては，処分を執行した地の執行裁判官に対してする。

手続が必要な場合，例えば，外国判決や仲裁判断について執行命令の取得が必要な場合などを指すものとされる。

[209] injonction de payer は，日本の支払督促に相当する簡易な債務名義取得手続である。民事訴訟法典第1405条以下参照。

－207－

第2編　仮差押え

第1章　総則

第 R521-1条　仮差押えは，裁判官の許可又は保全処分の根拠とすることが法律で認められる名義の提示に基づき，債務者に属する有体動産又は無体財産に対して，することができる。動産等が第三者によって所持され，又は先行する仮差押えの対象となっている場合であっても，仮差押えは妨げられない[210]。

第2章　有体動産の仮差押え

第1節　仮差押えの実施

第 R522-1条① 　執行吏は，先行する差押えの対象となっている動産があるときは，執行吏にその動産を報告し，その調書を送付する義務を負う旨を債務者に指摘した後に，仮差押書を作成する。

② 　この仮差押書は，次に掲げる事項を含まなければならず，これに反するときは，無効とする。

1 　裁判官による仮差押えの許可又は仮差押え実施の根拠とされる名義。ただし，公正証書のある債権又は国，地方公共団体若しくは公施設法人（établissements publics）の債権であるときは，日付，名義の種類及び債務の額のみを記載する。

2 　仮差押物の詳細な表示

3 　債務者の立会いがあるときは，同一物にかかる先行差押えの有無に関する債務者の陳述

---

[210] 原文は1文であるが，便宜2文に分けて訳出した。

-208-

4　仮差押物の処分が禁止される旨，仮差押物は，債務者の管理の下におかれる旨，第 R221-13条第 2 項に定める場合を除き，譲渡又は移動ができず，これに違反したときは刑法典第314-6条に定める制裁の対象となる旨，及び債務者は同一の動産にかかる新たな差押えをしようとする全ての債権者に対し，この仮差押えについて知らせる義務を負う旨の，極めて明瞭な文字による表示

5　債務者は，仮差押えがその有効要件を欠くときは，その住所地の執行裁判官に対して，その取消しを申し立てることができる旨の極めて明瞭な文字による表示

6　仮差押えの執行に関する異議その他の異議を申し立てるべき裁判所の表示

7　仮差押えの実施に立ち会った者があった場合には，その氏名及び資格の表示。〔差押書の〕原本及び写しには，立会人の署名を付する。署名が拒否された場合には，その旨を証書に記載する。

8　刑法典第314-6条[211]及び本法第 R511-1条から第 R512-3条までの文言

③　第 R221-12条の規定が準用される。

第 R522-2条　債務者が仮差押えの実施に立ち会うときは，執行吏は，債務者に，第 R522-1条第 4 号及び 5 号の記載事項の内容について，債務者に口頭で指摘する。

第 R522-3条　債務者が仮差押えの実施に立ち会わないときは，証書の写しが債務者に執行吏送達され，債務者が執行吏に先行する差押えの存在を報告し，その調書を伝達するために，8 日間の期間が認められる。

第 R522-4条　第 R221-14条及び第 R221-19条の規定は，有体動産の仮差押えに準用される。

第 R522-5条①　仮差押えが第三者の下で行われる場合には，その手続は，第 R221-21条から第 R221-29条までの定めるところによる。ただし，第 R221-21条第 1 項及び第 R221-26条は，適用されない。

211　刑法典第314-6条については，第 R221-16条注（94）を参照。

-209-

② 仮差押書は，8日の期間内に債務者に執行吏送達され，これに反するとき
は効力を失う。この証書は，次に掲げる事項を含まなければならず，これに
反するときは，無効とする。

1　裁判官による仮差押えの許可又は仮差押え実施の根拠とされる名義

2　債務者は，仮差押えがその有効要件を欠くときは，その住所地の執行裁
判官に対して，その無効を申し立てる権利を有する旨の極めて明瞭な文字
による表示

3　第 R511-1条から第 R512-3条までの文言

第 R522-6条　仮差押えの実施に関する附帯事件については，必要な限度で，
第 R221-49条から第 R221-56条までの規定を準用する。

第2節　売却差押えへの転換

第 R522-7条①　その債権の存在を証する執行名義を取得した債権者は，債
務者に対して転換書（acte de conversion）を執行吏送達する。この転換
書は次に掲げる事項を含まなければならず，これに反するときは，無効と
する。

1　仮差押え調書の特定

2　執行名義の表示

3　元本，費用及び既発生の利息を区別した執行名義上支払義務のある金額
の明細並びに利率の表示

4　8日の期間内に前号の金額を支払わないときは，差押動産の売却が実施
される旨の催告

②　転換書は，判決と同一の文書に記載して執行吏送達することができる[212]。

---

[212] 執行吏は，送達に際し原本から送達用の副本を作成し，原本は自ら保管するが，本項は，
判決を記載した副本に転換書をも記載し，1通の文書として送達することを認めるもののよう
である。なお，2通の文書を交付しても送達の効力には影響はないが，不要な費用を生じさせ
ることになることにつき，LAUBA, *Le contentieux de l'exécution*, LexisNexis, 2017, p. 954, n°
1664参照。

－210－

③ 仮差押えが第三者の下で実施された場合には，転換書の写しがその第三者に交付される。

第 R522-8条① 転換の日から 8 日の期間を満了したときは，執行吏は，仮差押動産の検認（vérification）[213]を行う。紛失又は破損した動産を記載した検認調書が作成される。

② 前項の調書には，債務者は 1 か月の期間内に第 R221-30条から第 R221-32条までの定める要件の下で仮差押動産の任意売却をすることができる旨を，極めて明瞭な文字で表示する。

第 R522-9条① 動産がもはや仮差押えをした場所に所在しない場合には，執行吏は，債務者に対し，8 日の期間内にその所在場所を知らせ，その動産について売却差押えがあった場合には，その手続を行った執行吏又は差押債権者の氏名[214]及び住所を伝達すべき旨を命ずる。

② 回答がないときは，債権者は，前項に定める事項の報告を間接強制によって命ずるよう，執行裁判官に申し立てることができる。この申立ては，差押物の横領を理由とする刑事訴追を妨げない。

第 R522-10条 所定の期間内に任意売却がされないときは，第 R221-33条から第 R221-39条までの定める要件の下で，仮差押動産の強制売却が行われる。

第 3 節　仮差押えの競合〔及び仮差押えと差押えの競合〕

第 R522-11条 一又は複数の先行する仮差押えにより処分が禁止されている財産に対して仮差押えを行おうとする執行吏は，先行する仮差押債権者に対して，差押調書の写しを執行吏送達する。

第 R522-12条① 仮差押えの対象動産が後に売却差押えの対象となったときは，執行吏は，先行仮差押えをした債権者に対して，差押調書の写しを執行吏送達する。

213　この検認については，第 L221-5条注（88）も参照。
214　原文は nom（氏）のみである。

② 同様に，仮差押えの売却差押えへの転換書は，転換前に同一の動産の仮差押えをした債権者に対して，執行吏送達される。

第 R522-13条① 債務者が任意売却の申出をしたときは，これを受諾する仮差押債権者は，差押え又は転換の前に同一の動産の仮差押えをした債権者に対して，その内容を配達証明付書留郵便により伝達する。この書面には，本条第2項から第4項までの文言を，極めて明瞭な文字で記載しなければならず，これに反するときは，通知は無効とする。

② 各債権者は，前項の書面の受領から15日の期間内に，任意売却の申出に対する諾否を決定し，仮差押債権者に対してその債権の種類及び金額を知らせる。

③ 前項の期間内に回答をしないときは，その債権者は申出を受諾したものとみなされる。

④ 同一の期間内にその債権の種類及び金額に関する情報を提供しなかった債権者は，売却の代金から配当を受ける権利を失う。ただし，配当実施後に生じた残金に対する権利の主張を妨げない。

第 R522-14条① 強制売却のために動産の回収手続を行う仮差押債権者は，仮差押え又は転換の前に同一の動産の仮差押えをした債権者に対して，その旨を配達証明付書留郵便により通知する。この通知書には，売却を担当する裁判所附属吏の氏名[215]及び住所を記載し，次の項の文言を極めて明瞭な文字で記載しなければならず，これに反する場合には，通知は無効とする。

② 各債権者は，前項の通知書の受領から15日の期間内に，回収手続の日におけるその債権の種類及び金額を，売却を担当する裁判所附属吏に知らせる。この期間内に回答をしなかった債権者は，売却の代金から配当を受ける権利を失う。ただし，配当実施後に生じた残金に対する権利の主張を妨げない。

---

[215] 原文は nom（氏）のみである。

第3章　債権の仮差押え

第1節　差押えの実施

第 R523-1条①　債権者は，執行吏証書を第三債務者に対して執行吏送達して，差押えをする。

②　この証書は，次に掲げる事項を含まなければならず，これに反するときは，無効とする。

　1　債務者の氏名及び住所又は法人の場合にはその名称及び主たる事務所の所在地の表示

　2　差押えの許可又は差押え実施の根拠とされる名義の表示

　3　被保全債権額の明細

　4　第三債務者が債務者に対して負う債務の限度で請求額の弁済を禁止される旨

　5　第 L141-2条第3項及び第 L211-3条の文言

第 R523-2条①　全ての利害関係人は，合意により選任され，又は合意のないときは申請により執行裁判官が選任した係争物管理人に対して差押えに係る金額を支払うべきことを，申し立てることができる。

②　係争物管理人に対する元本の支払により，第三債務者に対する利息の発生は停止する。

第 R523-3条①　仮差押えは，8日の期間内に執行吏証書によって債務者に通知されなければならず，これに反するときは，その効力を失う。

②　この証書は，次に掲げる事項を含まなければならず，これに反するときは，無効とする。

　1　仮差押えの許可又は仮差押え実施の根拠とされる名義。ただし，公正証書のある債権又は国，地方公共団体若しくは公施設法人（établissements publics）の債権であるときは，日付，名義の種類及び債務の額のみを記

-213-

載する。

2　仮差押調書の写し

3　仮差押えの有効要件が満たされていないときは，債務者は，その住所地の執行裁判官に対して，その取消しを申し立てる権利を有する旨の，極めて明瞭な文字による表示

4　その他の異議，とりわけ仮差押えの執行に関する異議を申し立てることができる裁判所の表示

5　第 R511-1 条から第 R512-3 条までの文言

6　口座の仮差押えの場合には，第 R162-2 条の規定に従い債務者による処分が許される生活費の額及びこの処分が認められる口座の表示

第 R523-4 条①　第三債務者は，執行吏に対して，第 L211-3 条に定める情報を直ちに提供し，証拠書類を伝達しなければならない。

②　前項の義務の履行は，差押書に記載される。

第 R523-5 条①　第三債務者が，正当な理由なく所定の情報を提供しないときは，債務者が敗訴した場合に仮差押えに係る金額を支払うべき責任を負う。ただし，債務者に対する求償を妨げない。

②　前項の第三債務者が過失により陳述を懈怠し，又は不正確若しくは虚偽の陳述をした場合には，損害賠償金の支払を命ずることができる。

第 R523-6 条〔帰属差押えへの〕転換に先立って異議を述べない限り，第三債務者の陳述は，仮差押えに必要な限度で，正確なものとみなされる。

第2節　帰属差押えへの転換

第 R523-7 条①　債権の存在を証する執行名義を取得した債権者は，第三債務者に対して転換書（un acte de conversion）を執行吏送達する。この転換書は次に掲げる事項を含まなければならず，これに反するときは，無効とする。

1　仮差押え調書の特定

2　執行名義の表示

-214-

3　元本，費用及び既発生の利息を区別した執行名義上支払義務のある金額の明細並びに利率の表示

4　第三債務者が支払義務を自認し，又は債務者であると宣言された金額に至るまで前号の金額を支払うべき旨の請求

②　転換書は，前項第4号の請求が，同号の限度で，被仮差押債権について債権者のために即時帰属の効果を生ずる旨を，第三債務者に通知する。

第R523-8条　転換書の写しは，債務者に執行吏送達される。

第R523-9条①　債務者は，その居住する地の執行裁判官に転換書に対する異議の申立てをするために，前条の執行吏送達から15日の期間を認められる。この期間を徒過したときは，申立ては受理されない。

②　異議は，仮差押えを実施した執行吏に対して，申立てと同日に，配達証明付書留郵便で通知されなければならず，これに反するときは，受理されない。

③　異議を申し立てた者は，これを第三債務者に普通郵便で通知する。

④　異議の申立てがない場合には，第三債務者は，裁判所書記局によって交付され，又は仮差押えを担当した執行吏によって作成された，転換書の通知から15日の間異議の申立てがなかったことを証する証明書の提示を受けて，支払をする。

⑤　支払は，債務者が転換書に対して異議を述べない旨を陳述した場合には，前項の期間の満了を待たずに，することができる。この陳述は，書面によって確認されなければならない。

第R523-10条　第R211-7条，第R211-8条，第R211-9条，第R211-12条，第R211-15条第2項及び第R211-22条は，必要な限度で仮差押えの転換に適用される。

第4章　社員権及び有価証券の仮差押え

第1節　仮差押えの実施

第 R524-1条① 債権者は，第 R232-1条から第232-4条までに定める者のいずれかに対して差押書を執行吏送達して，仮差押えをする。

② この仮差押書は，次に掲げる事項を含まなければならず，これに反するときは，無効とする。

1 債務者の氏名[216]及び住所又は法人の場合にはその名称及び主たる事務所の所在地の表示

2 仮差押えの許可又は仮差押え実施の根拠とされる名義の表示

3 被保全債権額の明細

4 仮差押えにより，債務者を権利者とする持分権又は有価証券の全体に付着する金銭的権利の処分が禁止される旨の表示

5 担保権又は差押えの対象となっているときは，その存在を知らせるべき旨の催告

第 R524-2条① 仮差押えは，8日の期間内に執行吏証書によって債務者に通知されなければならず，これに反するときは，その効力を失う。

② この仮差押書は，次に掲げる事項を含まなければならず，これに反するときは，無効とする。

1 仮差押えの許可又は仮差押え実施の根拠とされる名義。ただし，公正証書のある債権又は国，地方公共団体若しくは公施設法人（établissements publics）の債権であるときは，日付，名義の種類及び債務の額のみを記載する。

2 仮差押調書の写し

3 仮差押えの有効要件が満たされていないときは，債務者は，その住所地

---

216 原文は nom（氏）のみである。

－216－

の執行裁判官に対して，その取消しを申し立てる権利を有する旨の，極めて明瞭な文字による表示

4　その他の異議，とりわけ仮差押えの執行に関する異議を申し立てることができる裁判所の表示

5　第 R511-1条から第 R512-3条までの文言

第 R524-3条　第 R232-8条の規定は，これを準用する。

第2節　売却差押えへの転換

第 R524-4条①　その債権の存在を証する執行名義を取得した債権者は，債務者に対して転換書（acte de conversion）を執行吏送達する。この転換書は次に掲げる事項を含まなければならず，これに反するときは，無効とする。

1　仮差押え調書の特定

2　執行名義の表示

3　元本，費用及び既発生の利息を区別した執行名義上支払義務のある金額の明細並びに利率の表示

4　前号の金額を支払わないときは，差押物の売却が実施される旨の催告

5　債務者は，1か月の期間内に，第 R233-3条，又は，規制市場（marché réglementé）若しくは多角的取引システム（système multilatéral de négociation）[217]に上場されていない社員権若しくは有価証券の場合には，第 R221-30条から第 R221-32条までの定める要件の下で，差押物の任意売却をすることができる旨の，極めて明瞭な文字による表示

6　仮差押えが規制市場に上場されている有価証券を対象とするときは，債務者は，強制売却が行われる場合には，その実施までに，第三債務者に対して，それらが売却される順序を指定することができる旨の表示

7　第 R221-30条から第 R221-32条まで及び第 R233-3条の文言

第 R524-5条　転換書の写しは，第三債務者に執行吏送達される。

---

[217]　規制市場及び多角的取引システムに関しては，第 R232-6条注（129）を参照。

第 R524-6条　売却は，第 R233-3条から第 R233-9条に定める方法に従って実施される。

第5章　金庫内にある財産の仮差押え

第 R525-1条　金庫内にある財産の仮差押えは，第 R224-1条，第 R224-2条及び第 R511-1条から第 R512-3条までの規定の定めるところによる。

第 R525-2条①　第 R224-1条の規定による仮差押えに続く最初の取引日に，執行吏証書が，債務者に執行吏送達される。

②　この仮差押書は，次の各号に掲げる事項を記載しなければならず，これに反するときは，無効とする。

　1　仮差押えの宣言

　2　裁判官による仮差押えの許可又は仮差押え実施の根拠とされる名義。ただし，公正証書のある債権又は国，地方公共団体若しくは公施設法人（établissements publics）の債権であるときは，日付，名義の種類及び債務の額のみを記載する。

　3　申立てにより執行吏が立ち会う場合を除き，債務者の金庫へのアクセスが禁じられる旨

　4　仮差押えの有効要件が満たされていないときは，債務者は，その住所地の執行裁判官に対して，その取消しを申し立てる権利を有する旨の，極めて明瞭な文字による表示

　5　第 R511-1条から第 R512-3条までの文言

第 R525-3条①　債務者は，何時でも，執行吏の立会いの下での金庫の開扉を求めることができる。

②　前項の場合には，執行吏は，仮差押え又は引渡準備のための差押えの対象となっている財産の詳細な目録を作成する。これらの財産は，執行吏又は合意がない場合仮差押えの地の執行裁判官が申請により選任する係争物管理人の下で保管するために，直ちに回収される。必要な場合には，執行吏は，第

－218－

R221-12条に定める要件の下で，金庫から取り出された物品の写真を撮影することができる。

③　仮差押書の写しは，債務者に交付され，又は執行吏送達される。この写しには，仮差押えの実施に関する異議申立てを管轄する仮差押えの地の執行裁判官を記載しなければならず，これに反するときは，無効とする。

④　以後の手続は，動産の仮差押え又は引渡準備のための差押えについて定めるところによる。

第 R525-4条①　貸金庫契約が解除された場合には，金庫の所有者は，その旨を直ちに執行吏に通知する。

②　執行吏は，債務者に対して，金庫の開扉のため，指定する日時場所に債務者本人又はその代理人が立ち会うべき旨を，債務者が出頭せず，又は開扉を拒む場合には，その費用負担において強制的に開扉を行う旨の警告とともに，催告する。金庫の開扉は，債務者がより早い日における開扉を求めた場合を除き，催告の執行吏送達から15日の期間を満了するまでの間は，することができない。

③　第 R224-4条第 2 項，第 3 項及び第 R224-5条から第 R224-7条までの規定は，これを準用する。

第 R525-5条①　財産が金庫から取り出された後に執行名義を取得した債権者は，その名義が債権の存在を証するものであるときは，第 R522-7条から第 R522-14条までに定めるところにより，その名義が仮差押物の引渡し又は返還を内容とするときは，第 R222-25条の規定に従って，その権利を行使する。

②　金庫がなお開扉されていない場合には，第 R224-3条から第 R224-9条までの規定又は第 R224-10条から第 R224-12条までの規定が，準用される。

第3編　保全担保

第1章　総則

第 R531-1条　担保は，裁判官の許可又は保全処分の根拠とすることが法律で認められる名義の提示に基づき，債務者の不動産，営業財産（fonds de commerce），会社持分権及び有価証券に対して取得することができる。

第2章　仮の公示

第1節　方式

第 R532-1条　抵当権の仮の登記は，民法典第2428条[218]に定める要件の下で，土地公示局（service de la publicité foncière）[219]に2通の申請書（bordereaux）を提出して行う。この登記には，債権の元本及び附帯金を表示する。

第 R532-2条　営業財産質権（nantissement sur un fonds de commerce）の仮の登記は，無印紙の書面（papier libre）[220]に記載した2通の申請書を商事裁判所書記局に提出して行う。この申請書には，次の各号に掲げる事項を記載する。

1　債権者の表示，営業財産の所在地を管轄する商事裁判所の管轄区域内において債権者が選定する住所及び債務者の表示
2　許可又は登記の根拠となる名義の表示
3　債権の元本及び附帯金の表示

---

[218]　民法典第2428条は，先取特権及び抵当権の登記申請に必要な書類等を定める。
[219]　土地公示局については，第 R321-7条を参照。
[220]　Papier libre とは，印紙を貼付しない書面を指す。したがって，営業財産質権にかかる仮の公示の申請には印紙税がかからないということのようであるが，その趣旨については不明である。

－220－

第 R532-3条① 社員権質権（nantissement des parts sociales）は，次に掲げる事項を記載した書面を会社に執行吏送達して，設定する。

1 債権者及び債務者の表示

2 許可又は担保権設定の根拠となる名義の表示

3 債権の元本及び附帯金の表示

② 登録された民事会社の場合には，質権証書は商業・会社登記簿（registre du commerce et des sociétés）で公示する。

③ 質権は，質権証書に別段の記載のない限り，社員権の全体に及ぶ。

第 R532-4条① 有価証券質権は，第 R232-1条から第 R232-4条までに規定する者のいずれかに対して宣言書を執行吏送達して，設定する。

② この設定書には次の各号に掲げる事項を記載する。

1 債権者及び債務者の表示

2 許可又は担保権設定の根拠となる名義の表示

3 債権の元本及び附帯金の表示

③ 質権は，質権証書に別段の記載のない限り，有価証券の全体に及ぶ。

第2節 共通規定

第 R532-5条① 債務者は，登記申請書の提出又は質権証書の執行吏送達から遅くとも8日後までに，執行吏証書によって登記又は質権設定について通知を受けなければならず，これに反するときは，これらはその効力を失う。

② この執行吏証書は，次の各号に掲げる事項を記載しなければならず，これに反するときは無効とする。

1 裁判官の命令又は担保権設定の根拠とされた名義の写し。ただし，公正証書のある債権又は国，地方公共団体若しくは公施設法人（établissements publics）の債権であるときは，日付，名義の種類及び債務の額のみを記載する。

2 債務者は，第 R512-1条の規定により，担保権の取消しを申し立てるこ

とができる旨の，極めて明瞭な文字による表示

3　第R511-1条から第R512-3条及び第R532-6条の文言

第R532-6条　債権者が既に執行名義を取得している場合，仮の公示の取消しの申立ては，終局的な公示がされるまでの間，することができる。この場合，終局的な公示は，第R532-5条に定める執行吏送達から1か月を経過するまでの間は，することができない。

第R532-7条①　仮の公示は，3年の間，担保権を保全する。仮の公示は，同じ期間につき，更新することができる。

②　更新は，抵当権の仮の登記については不動産公示の改革に関する1955年1月4日デクレ第22号の適用のための1955年10月14日デクレ第1350号第61条以下[221]に定める要件に従い，その他の保全担保については当初の公示と同様の方式により行う。

第R532-8条①　担保目的財産が終局的な公示が完了する前に売却されたときは，保全担保を有する債権者は，約定担保権又は法定担保権の権利者と同様の権利を有する。ただし，売却代金の配当においてこの担保権者に帰すべき配当金は，預金供託金庫に供託される。

②　債権者が所定の期間内[222]に終局的な公示を完了したことを証明した場合には，前項の配当金は，この債権者に支払われる。この証明がない場合には，配当金は，これを受領すべき順位にある債権者又は債務者に支払われる。

第R532-9条　担保目的財産の価額が被担保債権額を明らかに超過するときは，債務者は，担保権が存続する部分が被担保債権額の2倍の価値を有することを証明して，仮の担保の効力の縮減を，裁判官に申し立てることができる。

---

[221]　1955年10月14日デクレ第1350号第61条から第66条までの規定は，民法典第2434条及び第2435条に定める抵当権及び先取特権の更新の登記のための申請の方式等を定めるものである。
[222]　終局的な公示をすべき期間については，第R533-4条参照。

第3章　終局的な公示

第 R533-1条　仮の公示は，終局的な公示によって確定されなければならない。この公示により，当初の公示によって保全されていた金額の限度において，当初の公示の日付による順位が担保権に付与される。

第 R533-2条①　終局的な公示は，抵当権については民法典第2428条に従い，営業財産質権については商法典第 L143-16条及び第 R143-6条以下[223]に従って，行われる。

②　仮の公示及び終局的な公示については，報酬又は租税一般法典第879条に定める不動産安定税（contribution de sécurité immobilière）[224]は，1回分のみで足りる。

第 R533-3条①　社員権及び有価証券に対する質権の終局的な公示は，仮の公示と同様の方式で行われる。

②　質権設定の承認（agrément）[225]が必要とされる場合には，債権者は，前項の方式を履践した後に，これを請求することができる。

第 R533-4条①　終局的な公示は，次のいずれかの日から2か月の期間内に行う。

1　債権者の権利を証する名義につき，形式的確定力を生じた日

2　〔仮の公示の〕手続が執行名義に基づいて実施された場合には，第 R532-6条に定める1か月の期間が満了した日，又は取消申立てがあったときは，申立てを棄却する裁判の日。ただし，その名義が仮に執行力を有するに過ぎないものであったときは，期間は1号の定めにより進行する。

---

[223]　商法典第 L143-16条は，売主及び質権者の有する優先権の登記及びその抹消の方式についてはコンセイユ・デタ・デクレで定めるものとし，これを受けて，同法典第 R143-6条以下では，必要書類やその記載事項等について定めている。

[224]　租税一般法典第879条によれば，不動産安定税は，不動産上の先取特権，抵当権その他の権利の公示のために要求される方式の申請の際に国に対する納付が要求されるものである。

[225]　ここでの承認とは，社員権の譲渡等について要求される他の社員による承認を指す。民事会社の場合につき民法典第1867条，商事会社の場合につき商法典第 L223-15条参照。

-223-

3　その名義の執行力が執行命令手続（procédure d'exequatur）[226]にかかる
　　ときは，執行を認める裁判が確定した日

② 債権者は，前項に定める要件が満たされたことを証する全ての文書を提出
する。

第 R533-5条　目的財産の売却後，その代金が配当のために適法に払い込まれ
たときは，終局的な公示に代えて，債権者の名義を，第 R533-4条に定める
2か月の期間内に，代金の配当を職務とする者に対して執行吏送達する。

第 R533-6条①　期間内に〔終局的な公示により〕確定されないときは，仮の
公示はその効力を失い，その抹消を執行裁判官に申し立てることができる。

② 債権者が開始した訴訟手続が消滅し，又はその請求が棄却されたときは，
前項の抹消の申立ては，本案訴訟の裁判官に対してする。この申立てがない
ときは，執行裁判官が抹消を命ずる。

③ 抹消は，確定した裁判の提示に基づいて行う。

④ 〔抹消の〕費用は，債権者の負担とする。

⑤ 仮の担保を有する債権者に対する配当金が供託されていた場合には，その
配当金は，これを受領すべき順位にある債権者又は債務者に支払われる。

第4章　バ・ラン県，オー・ラン県及びモーゼル県に適用される規定

第 R534-1条　（省略）

---

[226]　執行命令手続は，外国判決や仲裁判断に基く強制執行のために必要とされる手続である。
民事訴訟法典第1487条など参照。

第6巻　海外県に関する特則

（省略）

フランス民事執行法典（法律部・規則部）　書籍番号 30-05

平成30年4月20日　第1版第1刷発行

編　　集　　法務省大臣官房司法法制部

発　行　人　　平　　田　　　豊

発 行 所　一般財団法人　法　曹　会

〒100-0013　東京都千代田区霞が関1-1-1
振替口座　00120-0-15670
電　　話　03-3581-2146
http://www.hosokai.or.jp/

落丁・乱丁はお取替えいたします。　　印刷製本／㈱プライムステーション

ISBN978-4-86684-002-4

ISBN978-4-86640-002-4